Mary DeMuth

Ein Gott, der mich sieht

Über die Autorin

Mary DeMuth ist Verfasserin von mehr als vierzig Büchern, Podcasterin bei *Pray Every Day*, Künstlerin und Literaturagentin. Sie und ihr Mann Patrick haben drei erwachsene Kinder und leben in der Nähe von Dallas, Texas.

Mary DeMuth

Ein Gott, der mich sieht

Was wir von den Schicksalen biblischer Frauen über Heilung, Neuanfänge und einen Gott lernen können, der uns nie aufgibt

Aus dem Englischen von Elke Wiemer

GerthMedien

MIX
Papier | Fördert gute Waldnutzung
FSC
www.fsc.org
FSC® C014496

Originally published in the U. S. A. under the title:
The Most Misunderstood Women of the Bible by Salem Books,
an Imprint of Regnery Publishing, a Division of Salem Media Group
Washington, D. C.
www.SalemBooks.com

2. Auflage 2025
Bestell-Nr. 821032
ISBN 978-3-98695-032-3

Umschlaggestaltung: Mareike Schaaf
Umschlagfoto: Shutterstock / Wirestock Creators
Bearbeitung: Nicole Schol
Satz: Greiner & Reichel, Köln
Druck und Verarbeitung: GGP Media GmbH, Pößneck
Printed in Germany

www.gerth.de

Inhalt

Für Rebecca Carrell, Dr. Sandra Glahn
und Kelley Mathews.
Danke, dass ihr mir beigebracht habt,
die mutigen Frauen der Bibel durch die Brille
der Bibel zu betrachten.
Dieses Buch ist beeinflusst und geprägt
von euch und euren Gedanken.
Ich bin sehr dankbar
für unsere gemeinsamen Mittagessen.

Einleitung

Es ist schon mehr als zehn Jahre her, dass ich einer Freundin Ängste gestand. Diese gingen auf eine Erfahrung mit einem leitenden Mitarbeiter zurück, der ein völlig falsches Bild von mir gehabt hatte. All das Selbstmitleid strömte nur so aus mir heraus. „Er hat mir Motive unterstellt, die ich überhaupt nicht habe", sagte ich. „Und seine Einschätzung meiner Person war nicht nur ungerecht, sondern lag völlig daneben."

Sie sah mich besorgt an und nickte.

Ich überlegte angestrengt, ob ich auf den Mann zugehen und ihn zur Rede stellen sollte. Ich zählte wichtige Aspekte auf und überschlug schon beinahe im Kopf, *wie* recht ich hatte.

Doch dann hielt ich inne.

Ich holte tief Luft und sagte schließlich: „Ich glaube nicht, dass Gott mich dazu berufen hat, meinen Ruf zu verteidigen. Ich sollte ihm vertrauen, auch wenn ich missverstanden werde oder jemand eine falsche Einschätzung von mir hat."

In diesem Augenblick wurde die Saat für dieses Buch in mein Herz gepflanzt. Meine Freundin sah mich an und meinte dann: „Wusstest du, dass Jesus derjenige war, der am häufigsten missverstanden und verkannt wurde?"

Ich schwieg.

In diesem stillen Moment ging ich in Gedanken hastig das Leben von Jesus durch: Mit zwölf lehrte er im Tempel, während seine Eltern ihn panisch suchten und dann zurechtwiesen. Er hinterfragte die religiöse Elite, die angeblich die Schlüssel zum Königreich besaß (obwohl er der König über alles war). In seinen Gleichnissen äußerte er sich positiv über diejenigen, die verachtet und ausgestoßen wurden, während die Pharisäer, die „drin" waren und geachtet wurden, die Rolle der Schurken übernahmen. Er sprach an einem Brunnen mit einer samaritanischen Frau, während seine Jünger verwirrt zusahen. Obwohl Jesus von den Menschen offensichtlich missverstanden wurde, äußerte er sich meist nicht dazu. Er ertrug es. Er zog sich in die Berge zurück, um seinem Vater davon zu erzählen. Und dann schüttelte er den Staub von seinen Sandalen (und von seinem Herzen) und machte den nächsten Schritt in Richtung Königreich. Er erfüllte seinen Auftrag, obwohl er ständig hinterfragt wurde. Und weil er das tat, sollten wir versuchen, seinem Vorbild zu folgen.

Die Frage meiner Freundin eröffnete mir eine völlig neue Wahrheit: Jesus weiß, was es heißt, missverstanden und verkannt zu werden. Und weil er selbst ertragen hat, missverstanden und verkannt zu werden, hat er auch Mitgefühl für Menschen, denen es ebenso ergeht. Im 12. Kapitel des Hebräerbriefs finden wir eine ermutigende Botschaft, die der Verfasser gleich nach den Versen darüber, dass Jesus den Tod am Kreuz erduldet hat, einflechtet: „Denkt an alles, was er durch die Menschen, die ihn anfeindeten, ertragen hat, damit ihr nicht müde werdet und aufgebt" (Hebräer 12,3).

Ich bin inzwischen an einem Punkt in meinem Leben angelangt, an dem wichtige Lektionen langsam Form annehmen, und das ist eine davon: Missverstanden und verkannt zu werden, gehört zum Schwierigsten, was wir Menschen in diesem Leben ertragen müssen. Was aber nicht bedeutet, dass wir bis zu unserem Tod stumm zuschauen oder Strategien entwerfen müssen, wie wir unseren Ruf schützen können. Es gibt eine kraftvollere, dynamischere Art zu leben.

Meine Freundin hat mir zwar eine wichtige Erkenntnis über Jesus vermittelt, aber wenn wir einen Blick in die Bibel werfen, merken wir, dass es darin noch viele andere Berichte von Menschen gibt, die es ertragen mussten, missverstanden, verkannt oder in irgendwelche Schubladen gesteckt zu werden. Ich glaube, gerade in den Geschichten der biblischen Frauen kommt das noch stärker zum Ausdruck – und mit vielen dieser Berichte sind wir eben *nicht* vertraut, denn in den Gottesdiensten wird nur selten auf das wahre Leben dieser Frauen eingegangen. Und wenn es dann doch mal mit ausgeblichenen Filzfiguren dargestellt wird, werden diese Frauen oft in eine Schublade gesteckt oder verunglimpft.

Eva trägt den Zorn der gesamten Menschheit auf ihren Schultern.

Hagar spielt nur die zweite Geige.

Leas Herzschmerz wird mit einem vermeintlichen „Sehfehler“ abgetan und nicht genauer erforscht.

Rahab ist bloß als Rahab, die Hure, bekannt. Ihr mutiger Glaube wird unterschätzt.

Noomi, die Verbitterte aus dem Buch Rut, begegnet uns nur als depressiv Zurückschauende.

Batseba taucht in Predigten nur als Verführerin auf, ohne dass man dabei auch das Machtgefüge in Betracht zieht.

Über Tamars grausame Vergewaltigung liest man in 2. Samuel 13 schnell hinweg oder lässt sie gar links liegen.

Die Frau aus Sprüche 31 wird an diverse kulturelle Normen angepasst, ohne dass man sich dabei ehrlich mit dem Text oder dem Kontext auseinandersetzt, in dem dieses Kapitel entstand.

Maria aus Magdala wird (fälschlicherweise) oft als ehemalige Prostituierte bezeichnet.

Und Phöbe, von der viele Theologen glauben, dass sie den Römerbrief nach Rom gebracht hat, ist bloß eine Fußnote der Geschichte.

Und das sind nur eine Handvoll Frauen in der Bibel, die missverstanden oder verkannt werden. Wir können viel von ihnen lernen – in Bezug auf Entschlossenheit, Standhaftigkeit, Durchhaltevermögen und Hoffnung. Sie sollen in diesem Buch unsere Lehrmeisterinnen sein, während wir uns mit dem Gedanken und der Realität dessen beschäftigen, was es bedeutet, missverstanden und verkannt zu werden.

Ich werde versuchen, jede dieser Frauen literarisch zum Leben zu erwecken, sie als echten Menschen zu präsentieren (denn genau das waren sie). Wir lesen die Bibel oft so, als handelten die Berichte bloß von irgendwelchen schematischen Figuren, die eben mal kurz in der Menschheitsgeschichte aufgetaucht sind. Aber diese Frauen? Sie haben *wirklich gelebt*. Sie hatten so wie wir alle ihre schmerzlichen Geheimnisse, sind unter dem Druck, der auf ihnen lastete, und an den gleichen Dingen zerbrochen wie wir heute. Sie haben versucht, ihren Alltag zu bewältigen, haben um Rat gefragt, wenn sie nicht weiterwussten, und haben sich Gedanken über ihre Rolle im Leben gemacht. Sie haben Opfer gebracht, mit anderen mitgelitten und waren mit Krankheiten, Ungewissheit und dem Tod konfrontiert. Sie sind wir. Wir sind sie.

Ich werde meinen Autorinnen-Hut aufsetzen und auf den

Seiten dieses Buches jede dieser Frauen für dich lebendig werden lassen. Ich werde ihre jeweilige Geschichte in Übereinstimmung mit der Bibel und theologischen Erkenntnissen ausschmücken, und zwar so, dass du ihnen – vielleicht zum ersten Mal – wirklich begegnest. Nachdem ich ihre Geschichten erzählt habe, werde ich erklären, wie sie damit umgegangen sind, missverstanden oder verkannt zu werden. Dabei werde ich auch auf andere Bibelstellen hinweisen, die uns ein besseres Verständnis davon vermitteln, wie wir ganz praktisch in dem Bewusstsein leben können, dass Gott uns ein für alle Mal errettet und einen Neuanfang ermöglicht hat. Dieses Buch wird dir zwar neue Erkenntnisse vermitteln, aber ich habe es nicht nur für deinen Verstand, sondern auch für dein Herz geschrieben (und gewissermaßen für deine Füße). Paulus erinnert uns in Philipper 2,12 daran: „Meine geliebten Schwestern und Brüder, ich weiß, dass ihr mir nicht nur gehorcht, wenn ich bei euch bin, sondern auch jetzt während meiner Abwesenheit. Darum möchte ich euch noch einmal von Herzen ermahnen, mit allem Ernst und aller Entschiedenheit auf dem Weg der Erlösung durch Christus zu bleiben“ (WD). Ich glaube, dass wir lernen können, besser damit umzugehen, missverstanden und verkannt zu werden – und durch diesen Lernprozess immer mehr in der Lage zu sein, so zu handeln wie Jesus – mit viel Durchhaltevermögen. Du musst dein Leben nicht länger von der Meinung anderer bestimmen lassen. Wenn Freunde oder Angehörige schlecht über dich reden oder Wildfremde im Internet ihrer vorgefassten Meinung Luft machen, soll dir die Botschaft dieses Buches helfen, dich nicht von deinem Weg abbringen zu lassen.

Ich bete dafür, dass dieses Buch wie ein frischer Wind durch dein Leben weht und dir dabei hilft, jeden Tag erwartungsvoll anzugehen – obwohl das Stimmengewirr in unserer Gesellschaft dir das vielleicht nicht gerade leicht macht. Denn auch wenn es sich sehr real anfühlt, so bestimmt doch das falsche Bild, das andere von dir haben, nicht, wer du bist. Die Person, die am meisten missverstanden und verkannt wurde, bestimmt das.

Kapitel 1

Eva – der Sündenbock

Ihr Name klingt, als würde man tief Luft holen und dann besorgt wieder ausatmen. *Chavvah*. Ein und aus ... Evas Atemzüge kamen unter dem strahlend blauen Himmel langsam zur Ruhe. Adam hatte ihr nach dem finstersten Tag ihres Lebens, dem Tag der Nacktheit, der Selbsterkenntnis und des Gerichts, diesen Namen gegeben – Lebenspenderin. Dieses Leben war ein unglaubliches Geschenk von Jahwe, nachdem ihre eigene Entscheidung zum Tod geführt hatte. Wenn sie diesen Griff zur Frucht doch nur rückgängig machen könnte! Die Vorstellung, genauso viel Erkenntnis zu besitzen wie Gott, war zu verlockend gewesen. Aber manche Dinge konnte man eben nicht mehr in Ordnung bringen.

Jetzt besaßen Adam und Eva Begriffe, die die Zeit bestimmten – jetzt gab es ein „Vorher" und ein „Nachher".

Vorher, das war die glückliche Zeit. Die Bäume trugen saftige Früchte. Der Boden brachte mühelos die Ernte hervor. Die Tiere schüttelten einander freundschaftlich die Pfoten. Kein Tod. Kein Verfall. Keine Scham. Kein bisschen Fleisch. Nur das Leben, das Leben im Überfluss.

Als Eden, der große Garten, noch jung war, hatte sie keinen

Namen gehabt. Während Adam damit beschäftigt war, die Geschöpfe zu benamsen, kam Gott zu ihm (zumindest hatte er ihr das später so erzählt) und ließ ihn einschlafen. Und während er schlief, entnahm ihm der Herr einen Knochen aus dem Brustkorb und formte daraus eine Gefährtin – eine *ezer kenegdo*. Sie – jemand, der dort stark war, wo er schwach war, eine Retterin an seiner Seite. Diese beiden Worte sollten sich später einmal auf Gott beziehen, der, der immer auf einer geheimen Rettungsmission war, auch wenn alles verloren schien. Aber diese Kreatur vor ihm verwirrte Adam, und so gab er ihr keinen Namen. Stattdessen beschrieb er sie gewissermaßen. „Männin", nannte er sie. *Ishah*, weil sie ein Teil von *Ish*, dem Mann, war. Sie entsprach ihm und passte perfekt in seine Umarmung.

Das war das *Vorher*.

In der Kühle des Tages hatten sie sich immer unter die anderen Wesen begeben, hatten nach Belieben Nahrung gesammelt und sich an ihrer gemeinsamen Unterhaltung erfreut. Sie lernten die Vorlieben des anderen kennen, während sie neben Gott hergingen, der ihnen selbstlose Liebe vorlebte. Lerne dein Gegenüber kennen. Finde heraus, was den anderen zum Lächeln bringt. Freue dich über den anderen. Gib, gib, gib.

Das Zischen dieser Kreatur verfolgte sie im *Nachher* noch in ihren Albträumen. Verführerisch. Klüger, als ihr Schlangendasein vermuten ließ. Clever. Plausibel. Auch dieses Wesen wollte wie Gott sein, wollte durch den Garten wandeln – und es tat dies mit einer trügerischen Neugier, als sei es auf einer Mission.

Eva war gerade in der Nähe des verbotenen Baumes gewesen, als die Schlange sich zu ihr gesellte, obwohl Adam in der Nähe war. Der Baum hatte ihre Neugier geweckt, denn Adam hatte ihr eines Nachmittags – es war kurz nachdem sie zum ersten Mal die Augen geöffnet hatte – davon erzählt, dass dieser tabu war. Und da stand dieser Baum nun, stattlich, mit zum Himmel gereckten Ästen und Wurzeln, die sich tief in die Erde krallten. Mit einer eigenartigen Majestät erhob er sich hoch über alle anderen Bäume und die Tauben sangen Liebeslieder in seinen Zweigen. Sie nahm das alles tief in sich auf und atmete dann aus.

„Hat Gott wirklich gesagt, dass ihr die Früchte, die an den Bäumen des Gartens wachsen, nicht essen dürft?", fragte die Schlange lächelnd.

Die Frage brachte sie aus dem Gleichgewicht. *Was? Hatte Gott das wirklich gesagt?* Sie dachte an Adams Worte zurück – nein, alle Bäume waren erlaubt, nur für einen galt das schreckliche Verbot.

Sie sah zu Adam, aber dieser antwortete nicht. Obwohl er neben ihr stand, schien er weit weg zu sein.

„Selbstverständlich dürfen wir die Früchte von den Bäumen essen, die in diesem Garten wachsen." Ihr Blick glitt über die grünen Bäume, die die Hügel und die Täler überzogen. Dann deutete sie auf den *einen* Baum, dessen Früchte unter dem blauen Himmel rubinrot leuchteten. „Nur die Früchte von dem Baum in der Mitte des Gartens dürfen wir nicht essen." Bei diesen Worten bewegte eine sanfte Brise die Zweige des Baumes, sodass die Früchte zu tanzen schienen – und ihren Blick fesselten. Dann fand sie ihre Stimme wieder: „Gott hat gesagt: ‚Esst sie nicht, ja berührt sie nicht einmal, sonst werdet ihr sterben.' So hat Adam es mir gesagt. Stimmt doch, Adam, oder?"

Doch Adam blieb stumm und in seinen Augen war weder Sorge noch Beunruhigung zu sehen. Sie waren so ruhig wie ein See am frühen Morgen.

In der Zeit des Vorher kannte Eva die Bedeutung des Wortes „Tod" nicht. Es gab nichts, woran sie dieses Wort festmachen konnte. Es klang auf jeden Fall bedrohlich, vor allem abends, wenn ihre Gedanken darum zu kreisen schienen: *Tod.* Aber war Gott nicht der Schöpfer allen Lebens? Wer war er wirklich? War er nicht ihr liebevoller Gefährte, voller Energie und Kraft und Leidenschaft? Hatte er ihnen nicht zu verstehen gegeben, dass er nur ihr Bestes im Sinn hatte?

Die Schlange erhob sich, blickte ihr in die Augen und lachte. „Ihr werdet doch nicht sterben!"

Der Wind legte sich. Die Bäume waren vollkommen still. Die Luft war wie zum Schneiden, ganz ungewöhnlich. Die Lüge schmeckte süß, zumindest erinnerte sie sich im Nachher so an die Worte der Schlange.

„Im Gegenteil, Gott weiß nämlich ganz genau, dass euch dann die Augen aufgehen werden und ihr genauso wie er wissen werdet, was gut und was böse ist."

Gott ist knauserig, dachte sie. *Er enthält mir etwas vor, das mich klug machen würde. Ist er wirklich gut? Oder ist er selbstsüchtig und behält all die Weisheit und Macht für sich?* Als sie später beklagenswerterweise die Weisheit besaß, nach der sie sich gesehnt hatte, erkannte sie, dass dies die Gedanken einer Verrückten gewesen waren.

Mit dem leidenschaftlichen Verlangen nach *mehr* blickte sie zum Baum hinauf. Der Duft der Früchte zog ihr in die Nase – es war eine Mischung aus Rosen, Eukalyptus und Zitrusblüten. Wenn man diesen Duft trinken könnte, würde sie es tun. In diesem Augenblick wollte die Frau nur eines – diese Frucht, die so himmlisch duftete und die Gott ihr selbstsüchtig vorenthielt.

Sie stellt sich noch einmal die Frage: *Ist Gott wirklich gut?* Warum würde ihnen ein guter Gott eine so verlockende Frucht vorenthalten? Was hielt er sonst noch vor ihr und Adam zurück? Er hatte immer entgegenkommend und freundlich gewirkt – und auch mächtig. Aber verbarg sich hinter dieser Fassade vielleicht ein Geheimnis? Und würde sie die Welt besser verstehen, wenn sie diesem Geheimnis auf die Spur kam? Obgleich der Garten faszinierend war, war er doch zugleich auch kompliziert. Vielleicht würde dieser Baum der Weisheit ihr ein tieferes Verständnis davon ermöglichen, wie die Dinge wuchsen, wie sie die Tiere unter ihrer Obhut am besten hütete. All diese Fürsorge für die Pflanzen und Tiere war ermüdend.

Ein Sonnenstrahl fiel auf eine einzelne runde Frucht. Sie ging darauf zu. Sie sog ihren betörenden Duft ein. Sie schaute noch einmal zu Adam zurück – der weiterhin keinen Ton von sich gab. Ein Biss konnte doch nicht schaden! Ihr Magen knurrte. Mit einer einzigen, schrecklich geschickten Bewegung griff sie nach der runden Frucht mit der roten, geschmeidigen Haut und biss hinein. Das Fruchtfleisch tropfte blutrot von ihren Lippen, und noch bevor sie den Geschmack wahrnehmen konnte, hielt sie auch schon Adam die angebissene Frucht hin, der ebenfalls einen großen Bissen davon nahm.

Rückblickend erinnerte sie sich daran, wie sich der Geschmack der Frucht von berauschend und süßlich in bitter wie Galle verwandelte. Sie wollte ihn aus ihrem Körper entfernen, aber das Gift war schon in ihre Gedanken vorgedrungen. Eine tiefe Traurigkeit durchdrang sie. Und auch der erste Anflug von Grauen – zum ersten Mal machte sie die Bekanntschaft von Bedauern, das sich dann in Scham verwandelte. Sie sah auf ihren Oberkörper hinunter, ein Körper, über den sie nie nachgedacht hatte, und erkannte plötzlich, dass sie nackt war. Sie atmete hastig, während sie und Adam Blätter sammelten, um ihre Körper zu bedecken, und die Schlange wie verrückt lachte.

Den Rest des Tages verbrachten sie mühsam damit, sich zu bedecken und Feigenblätter in Kleidung zu verwandeln. Obwohl beide dachten, wenn sie schnell etwas zusammenschneiderten, würde das ihre schicksalhafte Entscheidung ungeschehen machen, kamen Verwundbarkeit und Panik in ihnen hoch. Bei einer so schlimmen „Verletzung" würden solche äußerlichen Maßnahmen nicht helfen. Sie wurden beide von Angst gepackt, die sich in ihre einst so wunderbare Beziehung schlich. Adam warf Eva Anschuldigungen an den Kopf. Und sie erwiderte sie prompt.

Doch als sich die Dämmerung über Eden legte, zog sich Evas Magen zusammen. Gott würde bald kommen und sie mussten ihm in die Augen sehen. Wo war denn die Schlange hin verschwunden, als Gottes Schritte durchs Unterholz drangen? Sie hatte sich verkrümelt, hatte ihren Job erledigt.

Adam zog die Frau hinter die Bäume und bedeutete ihr, sich zu verstecken.

Drei Worte drangen durch den Garten.

Wo …

… bist …

… du?

Adam trat mit Blättern bedeckt zwischen den Ästen hervor, hinter denen sie sich versteckt hatten. „Ich habe gehört, dass du kommst, da habe ich mich geschämt, weil ich ja nackt bin. Darum habe ich mich versteckt", sagte er und hatte seine Stimme wiedergefunden.

Da bemerkte sie den traurigen Blick des Herrn – Enttäuschung, heiliger Zorn, Trauer, Wut … und doch? Ruhe.

„Wer hat dir denn gesagt, dass du nackt bist?", wollte der Herr, Gott, von Adam wissen.

Warum hatte er nicht zuerst *sie* angesprochen? War sie es denn nicht gewesen, die alles ruiniert hatte? Warum richtete Gott seine Anschuldigungen gegen Adam, den großen Schweiger?

Gott fuhr fort: „Hast du etwa von dem Baum gegessen, von dem zu essen ich euch ausdrücklich verboten hatte?" Wieder war seine Frage an Adam gerichtet.

Sie erinnerte sich daran, wie schweigsam ihr Mann gewesen war, dass er die Entscheidung ganz ihr überlassen hatte. Sie hatte sich unter den durchdringenden Blicken der Schlange so hilflos gefühlt. Und obwohl der Allmächtige sie noch nicht angesprochen hatte, wollte sie schon mit einer Entschuldigung herausplatzen, aber Adam war schneller.

„Die Frau, die du mir an die Seite gestellt hast, hat mir die Frucht gegeben. Nur deshalb habe ich davon gegessen."

War mit der Erkenntnis von Gut und Böse etwa das gemeint: Schuldzuweisungen? Verrat? Dass man plötzlich nur noch „die Frau" war? Aber tief in ihr rührte sich eine noch größere Sorge: Wertlosigkeit. *Vorher* hatte sich der Boden unter ihren Füßen fest angefühlt. Sie hatte ihren Platz gekannt, er hatte ihr Gewicht verliehen. Ihre Füße hatten auf dem Felsen der Wertschätzung, des Gewolltseins, des Geliebtseins gestanden. Aber schon beim ersten Biss in die Frucht schlich sich der Argwohn ein und ließ sie an der Güte Gottes und an der liebevollen Zuneigung ihres Mannes zweifeln. Und jetzt, als Adams Schuldzuweisungen an ihre Ohren drangen, fühlte sie die Erde unter ihren Füßen plötzlich wanken, und ihre innere Ausgeglichenheit verwandelte sich in Chaos.

Gott sah Eva in die Augen, die nun von Falten umgeben waren und die Last der ganzen Welt widerspiegelten. Sie konnte seine Traurigkeit nicht ertragen. Sie wandte den Blick ab und schluckte, um ihre Tränen zu unterdrücken.

„Stimmt das? Hast du das getan?", fragte Er.

Zuerst schwieg sie. Sie sah zu ihrem engsten Gefährten, ihrem Vertrauten, aber Adam betrachtete sie nur mit einem höhnischen Grinsen. Sie seufzte voller Bedauern. Zu gern hätte sie gesagt, dass es ihr leidtat, aber diese Worte klangen in ihren Ohren so bedeutungslos. Vielleicht konnte sie Gott erklären, was passiert war, dass sie hereingelegt worden war.

„Die Schlange hat mich dazu verleitet", entgegnete sie deshalb. „Deshalb habe ich von der Frucht gegessen."

Und als sie das Wort „Schlange" aussprach, wand sich die Schlange mit einem siegreichen Ausdruck in ihren kalten Augen. Das Tier richtete sich zu seiner vollen Größe auf, aber neben dem Herrn wirkte es winzig, sowohl im Hinblick auf seine Statur als auch auf seine Güte.

Mit heiligem Zorn sprach Gott: „Weil du das getan hast, sollst du unter allen zahmen und wilden Tieren verflucht sein. Dein Leben lang sollst du auf dem Bauch kriechen und Staub fressen." Bei diesen Worten schrumpfte die Schlange und glitt zum Boden hinab. Sie würde sich nie wieder erheben.

Dann wandte sich Gott Eva zu. „Von nun an wird zwischen dir und der Frau sowie deinen Nachkommen und ihren Nachkommen Feindschaft herrschen. Während sie dich am Kopf fassen werden, wirst du versuchen, nach ihrer Ferse zu schnappen."

Im *Nachher* dachte sie oft über diese Worte nach, bewegte sie in Gedanken, konnte aber ihren Sinn nicht durchdringen.

Als das Licht der Sonne über dem Horizont versank, sprach Gott: „Ich werde deine Geburtsschmerzen verschlimmern. In Zukunft wirst du unter großen Mühen und Schmerzen Kinder zur Welt bringen. Du wirst deinen Mann kontrollieren wollen, doch er wird über dich herrschen."

Und auch über diese Worte würde sie während ihres Daseins auf der Erde oft nachdenken. Als sie sie zum ersten Mal hörte, verstand sie noch nicht, dass sie in Zukunft das würde durchmachen müssen, was auch alle anderen Lebewesen im Garten erlebten: Schwangerschaft und Geburt. Keines dieser Wesen winselte dabei, aber sie sollte heulen und stöhnen, wenn ihre Zeit gekommen war. Das Miteinander zwischen ihr und Adam war unwiderruflich zerrüttet. Sie waren nicht länger Gefährten, sie kämpften gegeneinander, aber wegen seiner zähen Stärke gewann er immer die Oberhand. Die Schlange hatte die Wahrheit mit Lügen vermischt, als sie ihre leeren Versprechungen geflüstert hatte. Ja, sie kannte jetzt den Unterschied zwischen Gut und Böse, aber sie musste nun erleben, wie das Böse in ihr und in Adam am Werk war. Die angebliche Weisheit hatte ihr schlussendlich nur eines gebracht: Einsamkeit.

Gott wandte sich nun zu Adam und sagte: „Weil du auf deine Frau gehört und von der verbotenen Frucht gegessen hast, soll der Ackerboden deinetwegen verflucht sein."

Eva konnte hören, wie Adam aufstöhnte. Ihr gesegneter Boden war verflucht – was würde das bedeuten? Doch Adam schwieg auch in diesem Augenblick; es war genau wie früher am Tag bei der Schlange.

„Dein ganzes Leben lang wirst du dich abmühen müssen, um dich davon ernähren zu können", fuhr der Herr fort. „Dornengestrüpp und Disteln überwuchern deinen Acker, von dem du dich ernähren musst. Im Schweiße deines Angesichts wirst du zukünftig dein Brot essen, bis du selbst zu dieser Erde zurückkehrst. Denn von ihr bist du genommen, du bist nur Staub, und genau in den wirst du dich wieder verwandeln."

Da trat sie prüfend in den Erdboden. Bevor sie von der verbotenen Frucht abgebissen hatte, war es fetter, schwarzer Humus gewesen, aber jetzt? Sie wirbelte nur trockenen Staub auf und musste husten.

Alles schien verloren.

Bis Adam sich zu Wort meldete.

„Eva", sprach er in den staubigen Wind hinein. „Dein Name ist Eva, denn du bist die Mutter aller Lebenden." *Chavvah.*

Am finstersten Tag der Menschheitsgeschichte, als Tod und Fluch Einzug hielten, schwang in Adams Stimme ein Hauch von Hoffnung mit. Adam und Eva würden leben, bevor sie den Tod zu spüren bekamen. Das Leben würde weitergehen, wenn sie auch nie wieder das Leben im Überfluss erfahren würden – und es würde ein Ende haben. Unter dem nächtlichen Sternenhimmel, der nun erheblich weniger funkelte als in der Nacht zuvor, nahm Gott einem Tier das Leben, dessen Blut auf die durstige Erde floss. Jetzt roch Eva, die Mutter aller Lebendigen, zum allerersten Mal den Geruch des Todes. Sie ahnte, dass das Blutvergießen im *Nachher* für viel Unheil sorgen würde. Aber durch das Opfer dieses einen Tieres bedeckte der Herr sie mit seinem Fell – ein weiteres Symbol der Gnade inmitten dieses Chaos.

Gott erhob seine Hände zum Himmel, und die Erde bebte unter seiner Stimme, als er sprach: „Nun ist der Mensch wie einer von uns geworden. Er weiß jetzt um Gut und Böse. Damit er aber jetzt nicht auch noch von dem Baum des Lebens isst und dadurch ewig lebt, muss er gehen!"

Er verbannte Adam und Eva aus dem Garten Eden. Adam, der aus Erde erschaffen worden war, würde die Dornen dieser Erde bekämpfen müssen. Gott, der Herr, stellte mächtige Cherubim mit flammenden Schwertern im Osten des Gartens auf, die den Weg zum Baum des Lebens bewachen sollten.

Und so begann das *Nachher*, das mit eintöniger Arbeit, dem Bestellen des Landes und Konflikten einherging. Sie war zuerst die „Frau" gewesen und schließlich „Eva". Aber zwischen diesen beiden Bezeichnungen ereignete sich die größte Menschheitstragödie überhaupt – sie türmte sich so hoch auf wie der Baum der Erkenntnis von Gut und Böse, der jetzt hinter den flammenden Schwertern verborgen war.

In den Tagen nach ihrer Verbannung fand Eva Trost in den Armen von Adam. Obwohl seine Hände vom Arbeiten in der Erde rau geworden waren, war ihr seine Umarmung doch willkommen. Die Übelkeit, die sie beim Essen der Frucht erlebt hatte, war ein ständiger Begleiter, aber diesmal konnte sie die Nahrung ausstoßen. Monatelang ging es ihr so, und dabei wuchs ihr Bauch nach außen – eine seltsame Angelegenheit. Sie erinnerte sich an die geschwollenen Bäuche der weiblichen Tiere, kurz bevor sie Junge zur Welt brachten, und dankte Gott für das Geschenk des Lebens. Obwohl sie eine todbringende Entscheidung getroffen hatte, schenkte Gott ihr doch die Freude, ein Kind im Bauch zu tragen. Als der Tag gekommen war, schrie sie ihren Schmerz hinaus, doch als Kain die Welt betrat und in die Hände des verwirrten Adam glitt, der ihr zur Seite stand, musste Eva einfach hinausrufen: „Mit Gottes Hilfe habe ich einen Mann geboren." Sie nannten ihn Kain – „Erworbenes" –, denn er war *erworben* worden – war ein Geschenk Gottes.

Aber Eva hatte niemanden, der ihr zeigte, wie man eine Mutter war. Da sie aus Adams Seite erschaffen worden war, hatte sie keine eigene Mutter gehabt und hatte nie an einer Brust gesaugt. Alles, was mit Kain einherging, war ein Mysterium, ein Geschenk, das ihr manchmal Furcht einflößte. Wann würde er sich drehen? Wie sollte sie ihm Grenzen setzen, wenn er auf dem Boden herumkrabbelte? Wie lange sollte sie es zulassen, dass er an ihrer Brust trank? Und wann würde er aufrecht stehen? Jede neue Entwicklung erfüllte Eva mit Staunen und Furcht zugleich. Einerseits war es ein Privileg, wie Gott zu sein und ein menschliches Wesen zu hüten, andererseits war es aber auch eine große Verantwortung. Alles, was zum Muttersein dazugehörte, musste sie von den Tieren lernen, doch sie stellte fest, dass Kain viel länger von ihr abhängig war als das Löwenjunge von seiner Mutter. Sie musste nicht monatelang, sondern jahrelang für ihn sorgen. Wenn etwas sie überforderte, dann fragte sie Adam, und wenn es ihnen beiden zu viel war, dann wandten sie sich damit an Gott und baten ihn um Hilfe.

Kurz nachdem Kain auf die Welt gekommen war, zeigten sich an Evas Bauch wieder Veränderungen. Noch einmal dehnte er sich aus. Abel, der Junge, dessen Name „Vergänglichkeit" bedeutete, betrat diese Welt laut schreiend – und als er das tat, wuchsen Kains Eifersucht und Feindseligkeit ihm gegenüber.

Kain – ganz der Sohn seines Vaters – war mit dem Erdboden tief verbunden, und alles, was er anpackte, gedieh erstaunlich gut unter seiner Fürsorge. Die erste Ernte verschlang er stolz, weil er sich nach Anerkennung für seine Leistung sehnte. Sie war der Siegespreis für sein Können. Nachdem die ersten Früchte wieder in der Erde waren, um neue Frucht hervorzubringen, sammelte Kain auf, was noch übrig war, weil ihm eingefallen war, dass er sie ja zum Dank Gott opfern könnte. Und dann richtete er seine ganze Aufmerksamkeit auf die nächste Jahreszeit, wie alle Bauern nach ihm es tun würden.

Abel hingegen liebte die Tiere, die in seiner Obhut waren. Aufmerksam kümmerte er sich um seine Lämmer, seine Liebe wie ein sanfter Wind, der leise in den Ästen raschelte. Während die Schafe im Chor blökten, antwortete Abel mit Lobpreis: Er brachte die besten Tiere seiner Herde Gott, dem Herrn, als Opfer dar. Eva fiel seine Hingabe auf und sie ermutigte Abel in seiner Treue zu Gott.

Aber sie bemerkte auch Kains finstere Blicke, vor allem, nachdem Gott sein Opfer abgewiesen und Abels Opfer angenommen hatte. Gott hatte Kain davor gewarnt, dass etwas

Schlimmes geschehen würde, wenn er nicht lernte, seine Wut zu beherrschen, doch die Miene des jungen Mannes verfinsterte sich vor Zorn. Eva wusste, dass ihn dieser innerlich zerstören würde, und so tat sie ihr Bestes, um Abel vor Kains Zorn zu schützen.

Doch wie sie bald lernen musste, kann man nicht jeden immer beschützen.

Eines Tages gingen die Brüder zusammen aufs Feld, aber Kain kam allein zurück.

In der Abenddämmerung sprach Gott Kain an: „Wo ist denn dein Bruder Abel?“

Eva musste sofort an Gottes erste Frage denken, nachdem sie die verbotene Frucht gegessen hatten: *Wo bist du?*

„Woher soll ich das wissen?“, entgegnete Kain. „Soll ich etwa ständig auf ihn aufpassen?“

Doch Gott fuhr fort: „Was hast du getan?“ – die gleichen vier Worte, die er im Garten auch zu Eva gesagt hatte. Damals war der rote Saft der verbotenen Frucht aus ihrem Mund getropft, und jetzt glänzte das tiefrote Blut in der brennenden Sonne an Kains Händen. Er konnte das Blut nicht abwischen, also schwieg er – wie der Vater, so der Sohn.

Eva glaubte, Abels letzten Atemzug in ihrer Lunge zu spüren. Sie, die als Mutter aller Lebendigen Leben ein- und ausatmete, atmete nun Grauen aus. Der Junge, dessen Name „Vergänglichkeit“ gewesen war, atmete nicht länger Leben ein. Jetzt verstand Eva wirklich, was der Fluch des Todes bedeutete und die Kenntnis von Gut und Böse. Die Frucht des Baumes hatte keine Lebensenergie gebracht, sondern nur tiefen Kummer, die Art von Kummer, die ein Kind aus dem Leben reißt. Sie hatte durchaus Weisheit erlangt – Weisheit im Hinblick darauf, was Trauer angeht. *Was tust du, wenn du keine Tränen mehr hast?*

„Kannst du es nicht hören?“, entgegnete Gott. In diesem Augenblick erschütterte das gewaltige Brüllen eines Löwen die Erde. „Das Blut deines Bruders schreit zu mir.“ Gott verfluchte Kains Beziehung zum Acker noch mehr, als er schon Adam verflucht hatte – und diese Last würde schwer zu ertragen sein. Doch weil er auch gnädig war, versah Gott Kains Körper mit einem Zeichen – als Warnung an jeden, der ihm etwas antun würde. Kain verließ seine Eltern und ließ Eva allein mit Adam zurück – verlassen und kinderlos.

Aber selbst inmitten von Tod und Tragödie entstand neues Leben. Ein dritter Sohn bereicherte Evas Leben, und sie nannte ihn Set, „den Ersatz“. Und durch Sets Kinder wurde wieder alles anders: Genau wie Adam und Eva im Garten Eden mit Gott gesprochen hatten, so beteten auch Sets Kinder ihn an.

Eva starb jenseits des Gartens Eden, aber das Leben ging weiter.

Die biblische Erzählung

Jedes Mal, wenn ich die ersten Kapitel der Bibel lese, entdecke ich neue Details und habe neue Erkenntnisse. Beim letzten Mal fielen mir die Parallelen zwischen Adam und Kain auf. Gott stellte beiden ähnliche Fragen: *Wo bist du?* bzw. *Wo ist dein Bruder?* Und beide Male verfluchte er den Erdboden als Folge ihrer Sünde. Wie der Vater, so der Sohn.

Aber was ist mit Eva? Was können wir über sie lernen, wenn wir in den Schätzen der Bibel graben?

Zunächst ist dir vielleicht aufgefallen, dass Eva von Adam zuerst nur als „Männin“ bezeichnet wurde, und erst nach dem

Sündenfall nannte er sie „Eva". Diese Namensgebung an beiden Enden der Geschichte bezeichnet man auch als *Inclusio* – „die Wiederholung von zwei Gedanken, die den Diskurs umschließen. Eine solche Inclusio ist ein nützlicher Orientierungspunkt. Sie kennzeichnet einen wichtigen Gedanken im Text."[1] In unserem Fall bedeutet dies: Zwischen diesen beiden Namensgebungen zerbrach die gesamte makellose Welt – und Gott würde dieses Problem lösen, indem er seinen Sohn auf diese Erde sendet.

Nachdem Gott die Frau erschaffen hat, ruft Adam aus: „Endlich! … Sie ist ein Teil von meinem Fleisch und Blut! Sie soll ‚Männin' heißen, denn sie wurde vom Mann genommen" (1. Mose 2,23). In Vers 24 begegnen wir zum ersten Mal dem Ehebund, bei dem ein Mann seine Herkunftsfamilie verlässt und eine neue Familie gründet, indem er eins wird mit seiner Frau. Das Kapitel endet mit dem Satz: „Adam und seine Frau waren beide nackt, aber sie schämten sich nicht" (Vers 25).

Die Geschichte beginnt damit, dass Adam den Tieren Kategorienamen gibt und dann das Gleiche in gewisser Hinsicht auch bei seiner Frau macht. Man beachte, dass sie als „Frau" bezeichnet wird, als die Schlange zu ihr kommt, und noch nicht als „Eva", weil sie eben noch keinen Namen erhalten hat. Erst nachdem sie vom Baum der Erkenntnis gegessen und damit Gottes Gebot übertreten haben, gibt Adam ihr einen persönlichen Namen – „Eva" –, in dem Leben und Hoffnung mitschwingen. Im Laufe dieser Geschichte über Verführung und das Essen der verbotenen Frucht überkommt den Mann und seine Frau Scham – etwas, das es bis dahin nicht gegeben hat – und bringt sie dazu, sich zu verstecken und zu bedecken. Frau, keine Scham, Versuchung und Sünde, Scham, Eva. Inclusio.

Wenn wir die Bibel lesen, merken wir, dass dort Adam die Verantwortung für den Sündenfall trägt, obwohl kein Zweifel daran besteht, dass er diese Schuld mit der Schlange und Eva teilt. „Genauso, wie wir alle sterben müssen, weil wir von Adam abstammen, werden wir alle lebendig gemacht werden, weil wir zu Christus gehören" (1. Korinther 15,22; NGÜ). Es ist jedoch weitverbreitet, Eva die alleinige Schuld am Fall der Menschheit zuzuschieben. Doch lies den Text noch einmal.

Gott konfrontiert zuerst Adam. Auch im gesamten Neuen Testament wird ihm die Schuld an den Ereignissen gegeben, nicht seiner Frau. „Weil ein Mensch [Adam] Gott ungehorsam war, wurden viele Menschen zu Sündern. Doch weil ein anderer Mensch [Jesus] Gott gehorchte, werden viele Menschen in Gottes Augen gerechtfertigt" (Römer 5,19).

Nicht nur das. Im Gegensatz zu Adam gibt Eva auch ehrlich zu, was sie getan hat, und deutet auf den wahren Übeltäter. Satan hat sie getäuscht, woraufhin sie von der Frucht aß. Aber als Adam zur Rede gestellt wird, wälzt er die Schuld nicht nur auf Eva ab, sondern macht auch Gott zum Übeltäter: „Die Frau, … die *du* mir zur Seite gestellt hast …" (Hervorhebung der Autorin). Während Eva Gott nicht infrage stellt oder ihm die Schuld gibt, entscheidet sich Adam hingegen dafür, gleich zwei andere zu beschuldigen. Ja, Eva hat ihm die verbotene Frucht gegeben, aber eigentlich ist das Ganze Gottes Fehler, denn der hat die Frau schließlich erschaffen, über die Adam sich einst so gefreut hat. Dass sie ein Teil von ihm ist, ist im Licht des Sündenfalls nun zu einer Belastung geworden – ein schreckliches Geschenk, mit dem Gott Adam nur geschadet hat. Eva schiebt die Schuld auf das personifizierte Böse. Adam schiebt sie auf Gott.

Wir verlieren manchmal aus den Augen, dass ja beide die Frucht gegessen haben. Und wir überlesen schnell, dass Adam dabeistand, als die Schlange ihre Lügen zischelte, und dass er nichts auf ihre Verleumdungen erwiderte. Beim Sündenfall der

Menschheit haben beide Geschlechter sich falsch verhalten und Gottes Gebot übertreten, aber oft gibt man nur Eva die Schuld daran.

Was bedeutet das für dich?

Als ich darüber nachdachte, ein Kapitel über Eva in dieses Buch aufzunehmen, war mir bewusst, dass viele Menschen ihre Rolle verkennen und ihr die gesamte Schuld am Problem der Menschen mit der Sünde geben. Aber wie war das bei dieser Begebenheit selbst? War sie auch schon im Garten Eden verkannt worden? Und was bedeutet das für uns heute?

Als Adam gefragt wurde, was er und seine Frau denn beim Baum der Erkenntnis von Gut und Böse verloren hatten, gestand er, wie gesagt, seine eigene Schuld nicht ein. Er beichtete sein Vergehen nicht zerknirscht und aus Ehrfurcht vor Gott. Stattdessen wies er die Schuld von sich und unterstellte erst Eva und dann Gott böse Absichten. Sie war ganz allein daran schuld, sie hatte die Frucht gegessen – obwohl auch ihm deren Saft noch vom Kinn tropfte. In Wahrheit trugen beide die Schuld. Beide waren daran beteiligt gewesen und beide mussten die Konsequenzen tragen. Dass man die Schuld an einem Fehlverhalten von sich weist, ist also so alt wie der Garten Eden selbst, aber das macht es nicht weniger schmerzhaft.

Wie reagierst du, wenn jemand dir ganz allein die Schuld an etwas gibt? Wie fühlst du dich, wenn du der Sündenbock für die ständigen Probleme einer anderen Person bist? Das erleben wir bei Scheidungen, wo gewöhnlich beide schuld an der Situation sind, aber eine der Parteien die Verantwortung für die

Auswirkungen vollständig auf die andere schiebt. Beide ziehen Freunde und Familienangehörige auf ihre Seite, indem sie sie von ihrer Version der Geschichte überzeugen, und weil diese das Erste ist, was der Betreffende, dem sie sich anvertrauen, davon hört, neigt er schnell dazu, ihr Glauben zu schenken. Das beweist, was in Sprüche 18,17 steht: „In einer Streitsache scheint jede Geschichte wahr zu sein, bis sie von jemandem zurechtgerückt wird."

Eine Sache habe ich in meinen Jahren als Jesus-Nachfolgerin gelernt: Wenn wir verleumdet und verkannt werden, ist es nicht unsere Aufgabe, unseren Ruf zu schützen. Natürlich sollten wir die Wahrheit sagen, aber wir sollten uns auch nicht an dem unfairen Verhalten anderer festbeißen. Bevor wir auf die scheinbar ungerechten Anschuldigungen eines anderen reagieren, sollten wir erst mit Jesus darüber sprechen und einen Blick auf uns selbst werfen. Als ich einmal das Gefühl hatte, ich sollte mit einer Freundin über ihre Neigung zum Tratschen sprechen, wurde mir klar, dass ich eine Heuchlerin war. Ich hatte auch getratscht. Ich bat Gott, mich zu prüfen und mir zu zeigen, wo ich mich selbst falsch verhielt, und erst nach viel Reue, Bibellesen und einem Gespräch mit einem erfahrenen Christen wagte ich es, meine Freundin anzusprechen. Trotzdem verstand sie meine Absichten falsch und zog sich von mir zurück.

Wenn wir jemanden auf sein Fehlverhalten ansprechen, erleben wir nur selten exakt das, was in Matthäus 18,15–17 beschrieben wird.

„Wenn dir ein Bruder unrecht getan hat, geh zu ihm und weise ihn auf seinen Fehler hin. Wenn er auf dich hört und seine Schuld zugibt, hast du ihn zurückgewonnen. Wenn es dir nicht gelingt, nimm einen oder zwei andere und geht noch einmal gemeinsam

zu ihm, sodass alles, was du sagst, von zwei oder drei Zeugen bestätigt werden kann. Wenn er auch dann nicht zuhören will, trage den Fall deiner Gemeinde vor. Wenn die Gemeinde dir Recht gibt, aber der andere auch dieses Urteil nicht anerkennt, dann behandelt ihn wie einen, der Gott nicht kennt, oder wie einen bestechlichen Steuereinnehmer."

Konfrontation beginnt gewöhnlich im Kleinen, im direkten Kontakt, und breitet sich dann auf andere aus. Allerdings machen wir es in der heutigen Zeit gern umgekehrt: Anstatt ein Missverständnis unter vier Augen zu klären, breiten wir es in den sozialen Netzwerken aus, um andere davon zu überzeugen, dass wir recht haben. Doch wenn wir uns gleich an die große Menge wenden, laufen wir Gefahr, selbstgerecht zu sein, und dann wird unser Herz hart, wir werden verbittert, und schließlich versperren wir so den Weg zur Versöhnung.

Bei Adam war das ähnlich. Er begann auch gleich im ganz großen Stil: Gott war schuld. Eva war schuld. Einen Blick auf sich selbst warf er allerdings nicht. Und er nahm Eva auch nicht beiseite, um gemeinsam das Fehlverhalten unter die Lupe zu nehmen und es zu bereuen. Sein erster Schritt war ein öffentlicher Rundumschlag, bei dem er die Schuld von sich auf andere schob.

Ein weiteres Missverständnis, das mir in dieser Geschichte auffällt, ist ein wenig subtiler. Während Adam die Schuld von sich wies, missverstand Eva die guten Absichten ihres gütigen Gottes. Als sie der Stimme der Schlange Gehör schenkte, vernebelte das ihre Gedanken. Obwohl sie schon im Garten Eden erlebt hatte, wie gütig Gott ist, und sie keinen Grund hatte, an seinem Wohlwollen zu zweifeln, ließ sie zu, dass die Zweifel, die Satan in Form einer Frage gesät hatte, ihr Wissen um die

Wahrheit untergruben. Im *Vorher* fiel es ihr leicht, Gott zu vertrauen. Er kümmerte sich gut um die erste Familie. Er sorgte für Nahrung, Licht und Frieden. Am Dreh- und Angelpunkt zwischen Vorher und Nachher keimte dann der Zweifel. Evas ungeteilte Hingabe an Gott geriet ins Wanken. Sie vertraute nicht länger auf seine unbedingte Fürsorge und beschloss, die Dinge selbst in die Hand zu nehmen. Ihre neu entdeckte Sorge veranlasste sie dazu, genau das zu tun, wovor Oswald Chambers uns warnt: „All unser Ärger und unsere Sorgen kommen daher, dass wir ohne Gott planen.“[2]

Wenn wir Gott und seine Güte verkennen, verursacht das allen möglichen Kummer. Wenn wir uns von Angst leiten lassen, sind wir viel anfälliger für Fehlverhalten und verlieren den großen Auftrag aus den Augen, den Gott für uns hat. Der Apostel Paulus warnte davor, als er schrieb: „Doch ich habe Angst, es könnte euch etwas von eurer reinen und schlichten Hingabe an Christus abbringen, so wie Eva von der Schlange getäuscht wurde“ (2. Korinther 11,3). Wenn wir der Versuchung nachgeben, haben wir in der einen oder anderen Hinsicht ein falsches Bild von Gott und kehren unserem wichtigsten Auftrag für Gottes Reich den Rücken: unser Leben in ungeteilter Hingabe zu führen.

Deshalb sollten wir darauf achten, worüber und wie wir nachdenken, denn Verführung und Täuschung sind die Sprache der Welt, in der wir leben. Als Jesus die Pharisäer zurechtwies, verglich er sie mit dem Teufel: „Ihr habt den Teufel zum Vater: Ihr tut mit Vorliebe die bösen Dinge, die er tut. Er war von Anbeginn an ein Mörder und hat die Wahrheit immer gehasst. In ihm ist keine Wahrheit. Wenn er lügt, entspricht das seinem Wesen, denn er ist ein Lügner und der Vater der Lüge“ (Johannes 8,44).

Satan wird alles in seiner Macht Stehende tun, damit wir die guten Absichten unseres Vaters verkennen. Wenn wir an Gottes Güte zweifeln, besteht die Gefahr, dass wir nach eigenen Lösungen Ausschau halten. Deshalb warnt Paulus uns eindringlich: Wenn wir Gottes Charakter verkennen, führt das zu Fehlverhalten. „Es war auch nicht Adam, der vom Verführer getäuscht wurde; die Frau ließ sich täuschen und übertrat das Gebot Gottes“ (1. Timotheus 2,14; GN).

Aber auch als alles verloren schien, als der rote Saft von ihrem Kinn tropfte und die Welt sich unwiederbringlich verfinsterte, war das nicht das Ende von Gottes Gnade. Aus der „Frau“ wurde *Chavvah* – die, die Leben spendete, die Verkörperung allen Lebens.

Das Gleiche gilt für dich: Wenn Menschen dich zu Unrecht beschuldigen, kannst du dich dennoch dafür entscheiden, Gott weiter für den Lebensatem in deinen Lungen zu loben. In dieser kaputten Welt wird er dir auch weiterhin Kraft schenken. Wenn du Gottes gute Absichten missverstehst und in die Sünde „beißt“, dann schenkt er dir Vergebung – durch das Leben, den Tod und die Auferstehung von Jesus, der sich selbst als „das Leben“ bezeichnete (Johannes 14,6). Egal, ob du missverstanden wirst oder selbst jemanden oder etwas missverstehst, das Leben kann auch nach diesem einschneidenden Erlebnis gedeihen. Obwohl der Feind dir schaden und den Tod bringen wollte, wird sein Winter nicht ewig andauern; der Frühling wird wieder anbrechen. Diese Botschaft – die Wahrheit des Evangeliums – finden wir auch in Johannes 10,10: „Ein Dieb will rauben, morden und zerstören. Ich aber bin gekommen, um ihnen das Leben in ganzer Fülle zu schenken.“

Auch für Eva ging das Leben nach dem Sündenfall weiter. Sie bekam Kinder, trauerte um ihren Sohn und bestellte weiterhin den Acker. Die Bibel verrät nicht, wie lange sie lebte oder wie sie starb, was an sich schon eine deutliche Sprache spricht. Dass sie den Biss in die verbotene Frucht überlebte, zeigt, wie unglaublich die *hesed* (treue, verbindliche Liebe) Gottes ist. Der gleiche Gott hält dich in seiner Hand, auch wenn du dich durch Sünde von ihm entfernst. Er geht dir nach, liebt dich und trägt die Last deiner Sünde. Er versteht, was es bedeutet, die Schuld für das Fehlverhalten eines anderen tragen zu müssen. „Denn Gott machte Christus, der nie gesündigt hat, zum Opfer für unsere Sünden, damit wir durch ihn vor Gott gerechtfertigt werden können" (2. Korinther 5,21). Unser Leben wird zwar von dem überschattet, was Adam und Eva getan haben, aber durch das, was Jesus Christus für uns getan hat, kommen wir in den Genuss von Vergebung und einem neuen Leben. Das ist die gute Nachricht, in der wir innerlich zur Ruhe kommen können.

Ein paar gute Nachrichten über dein wahres Ich

- Du begehst zwar Fehler, aber Gottes Gnade ist größer.
- Auch wenn dir jemand die Schuld an etwas zuschiebt (oder es tatsächlich dein Fehler ist), hast du immer die Möglichkeit, jetzt das Richtige zu tun.
- Es gibt ein Leben nach dem Kummer.
- Weil Gott dir seinen Heiligen Geist geschenkt hat, kannst du die Versuchung erkennen und ihr widerstehen.

Kurz nachgedacht

1. Was hat dich an Evas Geschichte überrascht? An welchem Punkt hattest du sie bis jetzt missverstanden?
2. Wie ändert sich dein Verständnis dieses Bibeltextes, wenn du dir bewusst machst, dass Adam wahrscheinlich dabei war, als Eva von der Schlange angesprochen wurde?
3. Welchen Lügen bist du im vergangenen Jahr auf den Leim gegangen? Wie hast du erkannt, dass du es mit Lügen zu tun hattest? Hast du deinen Verstand „umprogrammiert", um wieder an die Wahrheit zu glauben, und, wenn ja, wie hast du das getan?
4. Niemand ist vollkommen gut (außer Jesus) oder vollkommen böse. Wir haben es hier mit einer komplexen Geschichte über den Ursprung von Sünde und Gnade zu tun. Inwiefern hilft es dir, Gottes Gnade besser zu verstehen, wenn du dir die menschliche „Anfälligkeit" für Sünde bewusst machst?
5. Wie zeigte Gott Eva seine Gnade? Wie zeigt er dir seine Gnade?

Kapitel 2

Hagar – die Vergessene

Hagar hatte keine Zeit gehabt, sich auf das vorzubereiten, was dieser Tag bringen würde, aber sie hätte wissen müssen, dass das Leben wieder einmal Veränderungen für sie bereithalten würde. Sie, deren Name „die Flüchtige" bedeutete, wurde gewissermaßen von den Segnungen des Nils in das Sklavendasein bei einer reichen Familie „geflüchtet", die weit von ihrer Heimat entfernt lebte. Sie hatte immer nur Verlust erlebt – aber ganz besonders trauerte sie um den Verlust ihrer ägyptischen Familie. Ob ihre Mutter noch am Leben war? Ihr Vater, der schon lange bei den Göttern schlief, hatte ihnen so wenig hinterlassen, dass ihrer Mutter nichts anderes übrig geblieben war, als das Mädchen zu verkaufen, um ihr eigenes Überleben zu sichern. Hagar konnte sich nach all der Zeit schon nicht mehr an den Jasminduft ihrer Mutter erinnern, obwohl sie in ihren Träumen manchmal noch den Klang ihres Liedes vernehmen konnte. Dann streckte sie ihre Arme nach ihr aus, aber ihre Mutter verschwand immer im Nebel der Erinnerung. Die Träume waren ihre Oase des Glücks, aber wenn diese der Realität wich, fand sie sich in der Wüste von Kanaan wieder.

An einem dieser staubigen Tage dort in der Ebene setzte sich

Sarai auf die schlimmste Weise über Hagars Wünsche hinweg. Hagar arbeitete gerade in sich gekehrt unter den prüfenden Blicken ihrer jammernden Gebieterin, doch in Gedanken war sie weit weg und stellte sich vor, wie das Leben außerhalb dieses Lagers wohl war. Aber Sarai hörte nicht auf zu reden. Worte wie „unfruchtbar", „leer" und „kinderlos" zogen sich wie ein roter Faden durch ihre Sätze, bis das Ganze eines Tages unerträglich wurde.

Sarai packte Hagar am Unterarm und zog sie in die Nähe von Abrams Zelt. Dort ließ sie sie wieder los. Hagar drehte sich um und wollte gehen, weil sie dachte, Sarai habe wieder einmal nur einen ihrer Anfälle von Trauer, aber diese gebot ihr zu bleiben – nicht mit Worten, sondern mit einem finsteren Blick, der Hagar in der staubigen Hitze erstarren ließ.

In diesem Augenblick trat Abram aus seinem Zelt und nickte Sarai zu. Er erkundigte sich, wie es ihr ging, und sah sie an in Erwartung des Redeschwalls, der ihn nun unweigerlich erwarten würde.

„Der Herr hat mir keine Kinder geschenkt", sagte Sarai.

Und was war mit der Verheißung?, fragte sich Hagar. Abrams Gott hatte ihr fest versprochen, dass sie einmal einen Sohn bekommen würde. Das gesamte Lager kannte die Geschichte von dem rauchenden Feuerofen und der brennenden Fackel, als Jahwe seine Verheißung mit Feuer unterstrichen hatte. Sarai würde sich doch sicher an das Versprechen erinnern, dass sie ihrem Mann einmal einen Erben schenken würde!

Sarai packte Hagar erneut am Unterarm und zog sie zu Abram. „Schlaf mit meiner Sklavin", sagte sie. „Vielleicht kann ich ja durch sie Kinder haben."

Eine Sklavin hatte bei solchen Dingen kein Mitspracherecht, aber Hagar wünschte sich, ihr würden plötzlich Flügel wachsen und sie könnte nach Ägypten zurückfliegen. Sie wusste zwar, dass es dumm war, aber sie hatte oft von der Freiheit geträumt, davon, zu heiraten und Mutter zu werden – aber auf diese Weise? Jetzt kamen ihr all ihre Träume grausam vor, ja sogar lächerlich. Sarais Worte schmerzten in ihren Ohren und alle Hoffnung erstarb in ihr. Sie vermochte nichts zu sagen, aber sie wünschte sich so sehr, Abram könnte ihren stillen Aufschrei hören: *Nein, warte darauf, dass sich die Verheißung durch deine Frau erfüllt! Nimm nicht mich. Tu das nicht!*

Hagar verfiel in einen Schockzustand, als sie merkte, dass Sarai sie in die Dunkelheit von Abrams Zelt schob. Das war nicht die Hoffnung, die Heirat, das Zuhause, von dem sie geträumt hatte.

Aber Abram, den das lange Warten auf einen Sohn ebenfalls zermürbt hatte, willigte ein. Er redete sich ein, Gott habe vielleicht nie gemeint, dass er das Kind mit Sarai haben würde, sondern auf irgendeine andere Weise. Schließlich sagte man, dass seine Wege unergründlich waren.

Wäre Hagar vielleicht nicht länger Sklavin, wenn sie Abrams Kind gebar? Würde das Leben dann besser werden? Sie wollte darauf hoffen, wagte es aber nicht.

Einige Wochen später erwachte etwas in Hagar, als sie wie so viele Frauen vor ihr ahnte, dass sie schwanger war. Die morgendliche Übelkeit, ihr Bauch wurde runder. Die leidenschaftliche, unerschütterliche Sehnsucht nach einem Kind wuchs in ihr – nach jemandem, der ihr gehörte, den sie lieben konnte. Doch das war noch nicht alles. Sarai, die keine Mutterfreuden kannte, die Hagar in Abrams Arme gestoßen hatte, wurde jetzt in Hagars Augen immer bedeutungsloser. Dieses winzige bisschen Macht verleitete sie zu Spott. Sie konnte schwanger werden und Sarai nicht. Wenn sie Worte an ihre Herrin richtete, bekamen diese einen beißenden Klang.

Sie sah zu, wie Sarai ihre Arme in den Wüstenhimmel erhob. Mit einer Handbewegung in Hagars Richtung sagte Sarai zu Abram: „Jetzt, wo Hagar weiß, dass sie schwanger ist, verachtet sie mich. Du bist schuld daran, dass ich so gedemütigt werde! Der Herr soll entscheiden, wer von uns beiden im Recht ist!"

Abram ließ den Kopf hängen und schüttelte ihn dann langsam. Er legte Sarai zärtlich die Hand auf die Wange. „Schau", sagte er, „sie ist doch deine Sklavin. Mach mit ihr, was du willst."

Nach diesen unbedachten Worten wurde Hagar ganz kleinlaut und ließ Sarais Behandlung schweigend über sich ergehen. Abrams Frau quälte sie mit bissigen Bemerkungen, machte sich über sie lustig und enthielt ihr gutes Essen vor. Hagar bekam schimmeliges Brot und betete, dass diese Mahlzeiten ihrem ungeborenen Kind nicht schaden würden. Die Verachtung, mit der Hagar Sarai behandelt hatte, fiel nun auf sie zurück, und sie bedauerte sehr, dass sie damit angefangen hatte. Alle im Lager konnten den Zorn der kinderlosen Frau spüren.

Hagar nahm Sarais Worte klaglos hin. Sie ertrug die schroffe Behandlung und wehrte sich nicht. Sie schlief nur wenig und immer mit einem offenen Auge. Sie fürchtete um ihr Leben. All das tat sie für das Kind, das sich in ihr bewegte – damit es ein Zuhause haben und als Abrams Kind in Sicherheit sein würde. Ihr eigenes Leben war nicht länger von Bedeutung. Sie vergaß ihre Wünsche, Ägypten, bis sie sich nur noch auf eine einzige Sache konzentrierte: Sie wollte durchhalten – nicht für sich selbst, sondern für das Kind.

Eines Tages schwang in Sarais höhnischen Worten ein Hauch von Gewalt mit. In diesem Augenblick brach sich die Angst in Hagar Bahn. Sie fürchtete um das Leben ihres Kindes. Ohne zu packen oder zu zögern, rannte sie mitten in der Nacht aus dem Lager davon, um der Tyrannei der Frau eines Sklavenhalters zu entrinnen. Wilde Tiere und Hunger schienen leichter zu ertragen als die kalten, wütenden Blicke dieser teuflischen Frau.

Jetzt, wo sie Kadesch nicht länger ihr Zuhause nennen konnte, hoffte Hagar, sich bis Bered durchzuschlagen. Anfangs wurde sie auf ihrer Flucht von der wilden Aufregung und ihrer Angst getrieben, aber je näher sie Schur kam und zunehmend auf ihr unvertraute Bäume am Rande der Wildnis traf, umso mehr zweifelte sie an ihrer Entscheidung. Schließlich waren ihre Beine geschwollen von dem zu langen Marsch und ihre Augen müde vor Erschöpfung, und Hagar setzte sich an einen Brunnen. Sie versuchte, wieder zu Atem zu kommen, aber ihre Atmung wollte nicht ruhiger werden. Sie legte die Hand auf ihre Brust und spürte das gehetzte Schlagen ihres Herzens durch die Rippen hindurch. Der Rhythmus klang in ihren Ohren wie Kriegstrommeln, aber statt nach einer Weile ruhiger zu werden, klopfte ihr Herz nur immer wilder.

„Beruhige dich", sagte sie zu sich selbst. Doch ihr Blickfeld verengte sich zunehmend, während das Pochen in ihren Schläfen sich verstärkte.

Schließlich gab sie einen Schrei von sich und ließ ihren Tränen freien Lauf. „Hilfe! Hilfe! Hilfe!", schrie sie, aber ihre Worte verhallten zwischen den Bäumen.

Und plötzlich meinte sie eine Präsenz zu spüren. „Hagar, Sklavin von Sarai", sagte eine Stimme neben ihr.

Doch sie klang weder wie die Stimme eines Mannes noch wie die einer Frau. Es schwang ein tiefer Widerhall darin mit. Hagar zwang sich, sich zu der Stimme umzudrehen. Sie sah eine Gestalt und erschrak angesichts ihrer Größe. Hatte sie eine Vision?

Jetzt stand die Gestalt vor ihr und ihre Haut leuchtete wie der Vollmond bei der Ernte. „Woher kommst du und wohin gehst du?", fragte sie.

Was sollte Hagar sagen? Gab es auf diese Frage eine richtige Antwort? War das eine Täuschung von Sarai, die diesen Mann gesandt hatte, um sie auf die Probe zu stellen? Sie merkte, dass sie die Luft angehalten hatte, und atmete hastig aus. Dann atmete sie noch einmal tief durch und beschloss, die Wahrheit zu sagen.

„Ich bin auf der Flucht vor meiner Herrin Sarai", antwortete sie.

Als sie die Wahrheit sagte, wurde ihr klar, dass das kein Mensch war, der da am Brunnen vor ihr stand. Es war ein Engel. Sie hatte schon in Ägypten von solchen Erscheinungen gehört, davon, dass Menschen Visionen von den Kriegern des Gottes aller Götter hatten, aber sie hatte nie selbst einen gesehen. Bis zu diesem Augenblick hatte sie sie für Mythen gehalten.

„Kehr zu deiner Herrin zurück und ordne dich ihr wieder unter", erwiderte der Engel.

Das waren nicht die Worte, die Hagar hatte hören wollen. Sie stöhnte auf.

Der Engel sah Hagar voller Mitgefühl an. „Ich werde dir mehr Nachkommen geben, als du zählen kannst."

Was hatte das zu bedeuten? Wie konnte eine Erscheinung ihr so etwas versprechen? Hagar schlang ihre Arme um ihren runden Bauch.

„Du wirst einen Sohn zur Welt bringen."

Einen Sohn? Bei dem Gedanken war sie ganz aufgeregt. Einen Sohn!

„Nenne ihn ‚Ismael', denn der Herr hat deine Hilferufe gehört", fuhr der Engel fort. „Dein Sohn wird so ungezähmt sein wie ein wilder Esel! Er wird sich mit allen anlegen, aber auch alle mit ihm. Ja, selbst seinen Brüdern gegenüber wird er sich ablehnend verhalten."

Ismael ... Gott hört. Er hatte ihren Hilfeschrei gehört, und jetzt sollte sie ihren Sohn „Ismael" nennen – „Gott hört". Was konnte das bedeuten? Das war doch kein Engel, der da so schimmernd vor ihr stand – es war bestimmt Gott selbst, der Schöpfer von allem, was sie sehen konnte. Sie dachte über seine Worte nach, darüber, dass ihr Sohn so ungezähmt sein würde wie ein wilder Esel, aber sie konnte die Bedeutung dieses Satzes nicht ganz erfassen. Stattdessen verstummte sie vor Ehrfurcht, während der Brunnen neben ihr sprudelte.

„El-Roï", sagte sie schließlich und gab auch ihm einen Namen, „du bist der Gott, der mich sieht."

Als Sarai sie misshandelt hatte, da hatte der Gott, der über den Himmeln lebte, das gesehen. Als sie in die Wüste geflohen war, hatte Gott sie bemerkt. Und als ihr Kind in seiner Wildheit gegen ihren Bauch trat, wusste Gott auch davon.

„Habe ich wirklich den gesehen, der mich sieht?", fragte sie. Aber noch während sie diese Frage aussprach, löste sich die riesige Gestalt regelrecht auf, und sie stand wieder allein am Rand des Brunnens.

Aber sie war ja nicht allein. Sie wurde *gesehen.*

Hagar nahm das feuerrote Band aus ihrem Haar und band es an diesem neuen Tag um den Baumstamm, an den sie sich zuvor gelehnt hatte. Sie nannte den Ort Beer-Lachai-Roï, „Brunnen des Lebendigen, der mich sieht". Statt von dort aus weiter Richtung Bered zu gehen, machte sie kehrt, gehorchte der Stimme des Einen, der sie sah, und ging zurück nach Kadesch ... und zu Sarai.

Sarai misshandelte sie weiter, aber Hagar ertrug es, denn sie wusste, dass Gott alles sah. Als ihre Zeit gekommen war, schrie sie Evas Schmerzen zum Himmel hinauf und bat Gott darum, ihr diese zu nehmen. Und wie versprochen schrie sich ein Sohn seinen Weg in die Welt hinaus – der kleine Ismael. Er schrie so laut, dass Hagar sicher war, dass Gott es hören konnte. Sie brachte diesen ungezähmten Jungen zu Abram, der inzwischen 86 Jahre alt war, aber vor Freude über seinen Sohn immer noch jugendlich wirkte.

Dreizehn Jahre lang ertrug Hagar Sarais Zorn. Dreizehn Jahre voller Unbeständigkeit und Sticheleien. Hagar tröstete sich mit der Erinnerung an ihre Begegnung mit dem Gott, der sie sah, aber mit jedem Tag rückte diese Erinnerung weiter in die Ferne, sie war wie eine Wanderdüne. Hatte sie diese Begegnung wirklich erlebt?

Abram war inzwischen 99 Jahre auf dieser von der Sonne verbrannten Erde gewandelt und Gott hatte sein Gebet um ein Kind mit Sarai noch immer nicht beantwortet. Hagar fragte sich inzwischen, ob Ismael womöglich sein einziger Sohn bleiben würde. Sie hoffte es. Diese Tatsache garantierte ihr Sicherheit und den versprochenen Segen und das Erbe für Ismael.

Aber eines Tages spürte Hagar jene Gegenwart, die sie auch am Brunnen in der Wüste erlebt hatte. Sie sah den Herrn von Weitem, als er Abram erschien. Sie schlich sich hinter das nächstgelegene Zelt, um dem Gespräch zu lauschen, und fragte sich dann, ob Gott vielleicht auch zu ihr sprechen würde.

„Ich bin der allmächtige Gott", sagte der Besucher. Seine Stimme klang wie Donner und wie Gesang, sie war Melodie und Harmonie gleichzeitig. Hagar hätte beinahe geweint vor Sehnsucht.

Abram verneigte sich mit tief geneigtem Kopf bis zum Boden.

„Diene mir treu und lebe so, wie es mir gefällt."

Abram nickte, sprach aber kein Wort.

„Ich will einen Bund mit dir schließen und dir unzählige Nachkommen schenken."

Jetzt kniete Abram nicht länger. Stattdessen küsste er die staubige Erde und lag ausgestreckt da.

„Dies ist der Bund, den ich mit dir schließen will: Ich will dich zum Vater vieler Völker machen!"

Hagar fragte sich, was das zu bedeuten hatte. Hatte Gott ihr nicht gesagt, dass Ismael der Vater vieler sein würde?

„Außerdem gebe ich dir einen neuen Namen. Du sollst nicht länger ‚Abram' heißen, sondern ‚Abraham', denn ich werde dich zum Vater vieler Völker machen. Ich will dir so viele Nachkommen schenken, dass aus ihnen ganze Völker entstehen werden. Auch Könige werden von dir abstammen!"

Abraham-ehemals-Abram verharrte auf dem Boden.

„Dieser Bund zwischen uns soll auch für die kommenden Generationen gelten", fuhr Gott fort. „Er wird für alle Zeit Gültigkeit haben. Ich will dein Gott sein und der Gott aller Generationen, die nach dir kommen werden. Das ganze Land Kanaan, in dem du jetzt schon lebst, werde ich dir und deinen Nachkommen für immer zum Eigentum geben. Und ich werde ihr Gott sein."

Während Abraham weiter im Staub lag, sprach Gott über das Zeichen für den Bund – die Beschneidung. Er schloss mit den Worten: „Auf diese Weise werdet ihr das Zeichen für meinen ewigen Bund an eurem Körper tragen. Wenn sich ein Mann nicht beschneiden lässt, soll er aus dem Volk ausgestoßen und getötet werden, weil er meinen Bund gebrochen hat."

Hagar dachte über diese Worte nach. Würde Ismael das Messer auch über sich ergehen lassen müssen?

Dann wandte Gott sich an Sarai, während Abraham-ehemals-Abram den Boden küsste.

„Von jetzt an soll sie ‚Sara' heißen", sagte er. „Und ich werde sie segnen und dir auch durch sie einen Sohn schenken. Ja, mein Segen wird groß sein, denn sie wird die Mutter vieler Völker sein. Sogar Könige werden unter ihren Nachkommen sein!"

O Gott, nein. Hagar spürte Gottes Worte schwer auf ihrem Herzen lasten. Ismael würde durch Sara-ehemals-Sarai einen Halbbruder bekommen. Doch was würde aus ihnen werden?

Abraham erhob sich vom Boden und verbeugte sich erneut. Hagar hörte, dass er lachte.

Er denkt wohl daran, wie lächerlich diese Verheißung klingt, schließlich ist er schon 100 Jahre und Sara 90!, mutmaßte sie.

„Ja, aber lass Ismael am Leben! Und schenke auch ihm deinen Segen!", rief er aus.

Da war Hagar erleichtert. Ismael war Abrahams Sohn. Daran würde sich doch sicher niemals etwas ändern?

Aber Gott – der Gott, der sieht – sagte Nein. Ein neuer Sohn würde geboren werden – Isaak, Saras lang ersehntes Kind. Ismael würde gesegnet sein, aber dieser Segen würde verblassen im Vergleich zum Segen seines jüngeren Bruders, obwohl er der Vater von zwölf Fürsten sein würde.

Nach diesen Worten ging Gott. Für Hagar war seine Abwesenheit wie ein Schlag ins Gesicht. Und sobald Gott gegangen war, machte Abraham sich ein steinernes Messer und schnitt Ismael und allen anderen Jungen und Männern in seinem Haushalt die Vorhaut ab.

Ein Jahr später, in Abrahams einhundertstem Lebensjahr, schrie die neunzigjährige Sara unter Evas Fluch ihren Schmerz zum Himmel hinauf. Isaak war von nun an der offizielle Erbe und Hagars Welt geriet ins Wanken.

Isaak war der Prinz der Familie und trank an der uralten Brust seiner Mutter. Als er entwöhnt war, platzte Abraham fast vor Stolz und veranstaltete ein großes Fest, um dieses Ereignis zu feiern. Obgleich Hagar ihren wilden Sohn ermahnt hatte, artig und vorsichtig zu sein – sie wusste, dass ihre Zeit abgelaufen war –, neigte er zum Übermut, genau wie sie, als sie noch jung und dumm gewesen war. Und wenn Ismael erst einmal angefangen hatte, konnte niemand seinem Redeschwall Einhalt gebieten.

Als er seinen kleinen Bruder in Saras Gegenwart bei den Feierlichkeiten zu seiner Entwöhnung ärgerte, wandte diese sich wutentbrannt an Abraham.

„Jag diese Sklavin und ihren Sohn fort!", zischte sie. „Ich will nicht, dass mein Sohn Isaak sich mit ihm das Erbe teilen muss!" Als Abraham diese Worte hörte, war er damit nicht einverstanden. Hagar wusste, dass er seinen Erstgeborenen nicht im Stich lassen wollte. Das hatte er ihr zu verstehen gegeben. Dennoch gab er seiner Frau nach.

Am nächsten Morgen weckte Abraham Hagar und Ismael bei Sonnenaufgang. Vorsichtig legte er ihr Vorräte und einen Wasserkrug über die müden Schultern. Dann deutete er wortlos in Richtung der Wüste von Beerscheba, aber sie verstand, was er ihr sagen wollte. *Geh. Verlass uns. Geh weg.*

Diesmal hatte sie kein Ziel. Ihre Fußspuren zogen Kreise in den Sand, weil sie ganz verwirrt mal vorwärts, mal rückwärts und mal zur Seite ging. Obwohl Hagar das Wasser gut eingeteilt hatte, kam der Tag, an dem der Krug ausgetrocknet war. Die beiden stießen auf einen Strauch, und sie sagte ihrem vierzehnjährigen Sohn Ismael, er solle sich darunterlegen und ein bisschen ausruhen. Dann entfernte sie sich einige Meter.

„Ich kann nicht mit ansehen, wie mein Sohn stirbt!", sagte sie unter Schluchzen.

Der Gott, der Ismael „Gott hört" getauft hatte, hörte auch diesmal ihr Weinen in der Wüste. Ein Engel Gottes rief Hagar vom Himmel aus zu: „Hagar, was ist mit dir?"

Konnte er denn nicht sehen, was los war? Sie würden beide sterben!

„Hab keine Angst! Gott hat das Weinen deines Sohnes gehört. Geh zu dem Jungen und tröste ihn, denn ich werde seine Nachkommen zu einem großen Volk machen."

In diesem Augenblick gingen Hagar im wahrsten Sinne des Wortes die Augen auf. Direkt vor ihr befand sich plötzlich ein Brunnen, der voller Wasser war. Rasch füllte sie ihr Gefäß und gab dem Jungen zu trinken.

Die biblische Erzählung

Du findest Hagars Geschichte in den Kapiteln 16 und 21 im 1. Buch Mose.

In diesem Abschnitt über Hagar geschehen viele Dinge zum ersten Mal: Sie ist die erste Person in der Bibel, die einem Engel begegnet. Sie ist die Erste, die Gott einen Namen gibt. Das Versprechen, das Gott Abraham gab, erinnert in seinem Wortlaut an die Verheißung, die auch sie bekommt: „Du wirst zahlreiche Nachkommen haben." Bis zu diesem Zeitpunkt hat noch keine Person in der Bibel ihrem Leid so intensiv Ausdruck verliehen, als sie ihren Sohn sterben sieht, wie Hagar. Sie ist der erste Mensch in der Bibel, der laut weint. Später lesen wir, dass sie (als Mutter) eine Frau für ihren Sohn Ismael sucht. Das ist das einzige Mal in der Bibel, dass eine Mutter eine Frau für ihren Sohn sucht. Sie ist die Stammmutter der Ismaeliten, die nach Zentral- und Nordarabien gezogen sind. Verfolgt man die Geschichte weiter, so sind es später Ismaeliten, die den jungen Josef kaufen, dessen Verschleppung nach Ägypten Israel vor der Hungersnot bewahrt.

Hagar erlebte zwei Aspekte von Gott: dass er hört und sieht. Er hörte ihr Schreien. Er sah ihre Not. Aber er betrachtete diese Sklavin im Exil nicht distanziert und emotionslos. An dieser Stelle kannst du erkennen, dass Gottes Herz für alle Völker der Welt schlägt, nicht nur für sein auserwähltes Volk. Selbst als das Volk Israel durch Isaak entstand, beschloss Gott gleichzeitig, eine ausländische, alleinerziehende Mutter zu segnen, deren Name vielerlei Bedeutungen hat: „Flucht“, „die andere“, „Außenseiterin“, „Fremde“ und „wer hat sie hereingelassen?“. Um es auf den Punkt zu bringen: Hagar wurde missverstanden, verleumdet und offenbar vergessen. Aber nicht von Gott!

Und nicht nur das. Hagars Leben war auch eine Vorankündigung dessen, was noch kommen würde. Sie selbst war aus Ägypten gekommen, so ähnlich wie das Volk Israel, das viele Generationen später von dort fliehen sollte. Ihr Leben war auch ein Hinweis auf die Zukunft, weil sie unwissentlich Abrahams Reise in die Wüste vorwegnahm, als er später Isaak Gott auf einem Altar opfern sollte. Und so wie sie um den verdurstenden Ismael weinte, würde auch Abraham später mit dem bevorstehenden Tod Isaaks konfrontiert sein. Beide Kinder wurden auf übernatürliche Weise mit ganz gewöhnlichen Mitteln gerettet – Ismael durch das Auftauchen eines Brunnens und Isaak durch das Auftauchen eines Bockes, der sich im Dickicht verfangen hatte. Wenn wir einen Blick in das Neue Testament werfen, so entdecken wir in der Geschichte auch Anklänge an die Worte des Engels Gabriel, als er Maria ankündigte, dass sie einen Sohn bekommen würde.

Später verwendet der Apostel Paulus Hagar als Metapher für die Sklaverei, als er schreibt:

In der Schrift heißt es, dass Abraham zwei Söhne hatte, einen von seiner Sklavin und einen von seiner frei geborenen Frau. Der Sohn der Sklavin wurde geboren, weil Abraham versuchte, die Erfüllung der Verheißung Gottes mit menschlichen Mitteln zu erzwingen. Der Sohn der freien Frau aber wurde geboren, weil Gott selbst sein Versprechen erfüllte. Diese beiden Frauen dienen uns als Sinnbild für die zwei Bündnisse Gottes. Die Sklavin Hagar ist ein Sinnbild für den Berg Sinai, an dem die Menschen erstmals Sklaven des Gesetzes wurden. Und heute entspricht auch Jerusalem dem Berg Sinai in Arabien, weil es mit seinen Kindern in der Sklaverei lebt (Galater 4,22–25).

Man beachte, dass Paulus Hagar hier nicht notwendigerweise einen Vorwurf machte. Sie hatte keine Wahl, was ihre Umstände anging. Das bestätigt ihr Sklavendasein in vielerlei Hinsicht – und doch gibt es auch einen Bezug zwischen ihr und dem Gesetz. Denke einmal an das, was Jesus über das Gesetz gesagt hat: „Versteht nicht falsch, warum ich gekommen bin. Ich bin nicht gekommen, um das Gesetz oder die Schriften der Propheten abzuschaffen. Im Gegenteil, ich bin gekommen, um sie zu erfüllen. Ich versichere euch: Solange der Himmel und die Erde bestehen, wird selbst die kleinste Einzelheit von Gottes Gesetz gültig bleiben, so lange, bis ihr Zweck erfüllt ist“ (Matthäus 5,17–18).

Das Gesetz war Teil von Gottes großem Heilsplan. Und wenn wir es mit Hagar vergleichen, dann erkennen wir, dass auch sie Teil dieses Plans war; sie wurde von Gott gesehen und gehört, ja er begegnete ihr sogar. Ihre Nachkommen sollten Josef retten und so die Zukunft seines Volkes sicherstellen. Und wenn wir den neuen Bund betrachten, dann steht sie für diejenigen, die durch das Leben, den Tod und die Auferstehung von Jesus Teil von Gottes Familie werden, denn: „Nun gibt es nicht mehr Juden oder Nichtjuden, Sklaven oder Freie, Männer oder Frauen. Denn ihr seid alle gleich – ihr seid eins in Jesus Christus" (Galater 3,28).

Am Ende seiner Gegenüberstellung von Sklaverei und der Freiheit, die er sich für jeden Jesus-Nachfolger wünscht, schließt er: „Auch ihr, liebe Brüder, seid Kinder der Verheißung, genau wie Isaak. Einst wurde Isaak, der Sohn der Verheißung, von Ismael, dem Sohn der Sklavin, verfolgt. So ist es auch noch heute" (Galater 4,28–29).

Dahinter verbirgt sich folgendes Prinzip: Diejenigen, die frei sind, werden oft von denen verfolgt, die es nicht sind – aus Eifersucht und Wut. Das ist eine wichtige Erkenntnis für diejenigen, die sich missverstanden fühlen – vielleicht werden wir genau deshalb verkannt, weil wir Kinder der Verheißung sind und die Freiheit genießen, die nur Gott schenken kann. Aber um es noch einmal zu sagen: Das heißt nicht, dass Hagar verurteilt wird; sie dient Paulus nur als Sinnbild, um eine grundlegende Wahrheit zu vermitteln.

Weiter fasst er Hagars Schicksal so zusammen: „Doch was sagt die Schrift darüber? ‚Jag die Sklavin und ihren Sohn fort, denn der Sohn der Sklavin soll nicht mit dem Sohn der Freien Anteil am Erbe erhalten.' Liebe Freunde, wir sind keine Kinder der Sklavin und stehen nicht unter dem Gesetz. Wir sind Kinder der Freien, und Gott nimmt uns wegen unseres Glaubens an" (Galater 4,30–31). Obwohl Hagar vertrieben und in die Wüste geschickt wurde, können wir doch sehen, dass Gott sie nicht im Stich ließ, sondern ihr Überleben und das ihrer Nachkommen sicherte. Und das ist ein tolles Zeugnis dafür, dass er auch diejenigen sieht, die ausgestoßen werden oder innerlich zerbrochen sind!

Weil Hagar rechtlos war (um es einmal in unserer heutigen Sprache auszudrücken), hatte sie in ihrer Situation nur einen

Ausweg: Sie musste sich in ihrer Verzweiflung an Gott wenden. Und Gott griff ein. Obwohl ihr Kind nicht der Sohn war, den er Abraham versprochen hatte, sondern das Ergebnis eines menschlichen Versuchs, Gottes Verheißung auf andere Weise Wirklichkeit werden zu lassen, wurde er trotzdem gesegnet, und Gott sorgte für ihn.

Was bedeutet das für dich?

Dass Hagar missverstanden, verkannt und einfach nur falsch behandelt wurde, ist schlicht auf ihr Schicksal als Mensch und als Frau zurückzuführen. In der damaligen Kultur würde man sie nur als Sklavin, als Besitz betrachten – das war alles. Ihr Menschsein wurde ignoriert, als Sarai sie zwang, mit ihrem Herrn, Abram, zu schlafen. Hagar war für sie kein Mensch, sondern nur eine Schachfigur, und ihr blieb nichts anderes übrig, als zu gehorchen – genau wie ein Pferd, das mit Zügeln gelenkt wird. Diese Art von grundlegendem Unverständnis ist in unserer heutigen Kultur weitverbreitet, obwohl wir wahrscheinlich zu stolz sind, um das zuzugeben.

Wann immer wir wegen seiner Hautfarbe, seines Migrationshintergrunds, seines scheinbaren Mangels an Intelligenz, seiner Armut oder seiner politischen Überzeugungen auf einen anderen Menschen herabblicken, verkennen wir das *Imago Dei*, das Ebenbild Gottes, in dieser Person. Bevor wir uns damit befassen, wo andere ein falsches Bild von uns haben, sollten wir die Sache von der anderen Seite betrachten und uns selbst ein paar kritische Fragen stellen: *Bin ich vielleicht voreingenommen? Sehe ich auf Menschen herab, die anders sind als ich? Sind manche*

Menschen für mich weniger wert als andere? Jesus erinnert uns daran, dass es beim Reich Gottes vor allem um zwei Gebote geht: Liebe Gott und liebe deine Mitmenschen. Und oft verrät unsere mangelnde Liebe zu anderen Menschen unsere mangelnde Liebe zu dem Gott, der uns alle erschaffen hat. Der Apostel Johannes findet dafür sehr deutliche Worte: „Wenn jemand sagt: ‚Ich liebe Gott', aber seinen Bruder hasst, dann ist er ein Lügner; denn wer die Menschen nicht liebt, die er doch sieht, wie kann er da Gott lieben, den er nie gesehen hat?" (1. Johannes 4,20). Die Frage ist doch: Wann gefällt es uns, andere falsch zu verstehen? Wann genießen wir es? Wann fällt es uns leicht? Und warum?

Wenn wir so einen Blick auf uns selbst geworfen haben, verstehen wir auch unsere eigenen Schwierigkeiten mit dem Missverstanden- und Verkanntwerden besser. Warum? Weil wir jetzt verstehen, inwiefern wir andere durch ein solches Verhalten selbst verletzt haben. Gott für solche Vorurteile um Vergebung zu bitten, bedeutet nicht nur, unsere Schuld zu bekennen, sondern auch Mitgefühl zu haben – bereit zu sein, den Schmerz einer verkannten Person mitzufühlen. Oberflächliche Buße versucht nicht, den Schmerz nachzuempfinden, den wir einander zugefügt haben. Sie verharmlost die Sache bloß und weigert sich anzuerkennen, dass unser Handeln oder unsere Worte Schlimmes angerichtet haben. Wahre Buße bedeutet dagegen, sich auf den Schmerz einzulassen, den wir jemandem zugefügt haben, ihn nachzuempfinden und dann den oder die Betreffende(n) und Gott reumütig um Vergebung zu bitten. Erst dann werden wir frei sein, uns mit unserem eigenen Schmerz darüber auseinanderzusetzen, wo man ein falsches Bild von uns hat oder uns missversteht.

Ich schreibe das, weil ich mich nur allzu gut kenne. Es fällt mir leicht, mich selbst als die verkannte Heldin zu sehen, die die

Strafe anderer erträgt – doch wesentlich schwieriger ist es, mir erst einmal einzugestehen, wo ich andere verletzt habe. Aber je mehr wir uns dafür entscheiden, aufrichtig zu beten: „Erforsche mich, Gott, und erkenne mein Herz, prüfe mich und erkenne meine Gedanken. Zeige mir, wenn ich auf falschen Wegen gehe, und führe mich den Weg zum ewigen Leben" (Psalm 139,23–24), umso besser werden wir verstehen, dass wir uns alle gegenseitig verletzen. Wir sind davon nicht ausgenommen. Wenn wir meinen, wir seien die Einzigen, die unter der Tyrannei der Menschheit leiden, machen wir uns etwas vor. Wir haben alle gesündigt. Wir haben andere mit unseren Worten erschlagen. Wir haben viele Menschen verkannt.

Wenn wir den Weg der Buße einmal hinter uns haben, können wir uns auch die Zeit nehmen, uns unseren eigenen Schmerz einzugestehen. Wenn wir den Weg der Vergebung einschlagen, wird uns deutlicher bewusst, wie sehr wir Gott brauchen, wenn wir selbst missverstanden werden. Und dazu kann Hagar uns ganz konkret ermutigen. Sie wendet sich nicht flehentlich an diejenigen, die sie zur Sklavin gemacht haben. Sie streitet nicht und versucht nicht, ihre Umstände zu ändern – obwohl sie schon dazu neigt, auf Sara herabzuschauen (sie ist eben nicht immun gegen die Sünde). Als es ihr so vorkommt, als würde ihr alles über den Kopf wachsen, wendet sie sich stattdessen an Gott. Sie macht ihren Gefühlen und ihrer Angst Luft. Sie kann sich buchstäblich an niemand anderen wenden. Sie hat keine Freunde. Keine Verwandten außer Ismael, als sie das zweite Mal das schützende Lager verlässt. Kein Heimatland. Nichts.

Hast du dich schon einmal so gefühlt? Hattest du schon einmal das Gefühl, dass du heimatlos warst? Dass du niemanden hast, an den du dich wenden kannst? Warst du schon einmal an dem Punkt, wo andere dich so missverstanden haben, ein so falsches Bild von dir hatten, dass du ihnen einfach den Rücken kehren musstest? Dann kann uns Hagars Reaktion in dieser verzweifelten Situation helfen. Wenn uns absolut niemand zu Hilfe kommt, wenn wir allein sind, können wir uns wie Hagar an den Gott wenden, der unser Rufen hört und unser Dilemma sieht. Wir können wie der Psalmist ausrufen: „Wen habe ich im Himmel außer dir? Du bist mir wichtiger als alles andere auf der Erde. Bin ich auch krank und völlig geschwächt, bleibt Gott der Trost meines Herzens, er gehört mir für immer und ewig" (Psalm 73,25–26).

Hagar erinnert uns daran, dass Gott uns hört. In den Psalmen stoßen wir immer wieder auf Gottes Versprechen, dass er unser Schreien hört, wie zum Beispiel hier: „Aber Gott hat mich erhört! Er hat mein Gebet vernommen! Lobt Gott, der mein Gebet ernst nimmt und mir seine Gnade nicht entzogen hat" (Psalm 66,19–20). Sprüche 15,29 erinnert uns ebenfalls an diese Tatsache: „Der Herr ist den Gottlosen fern, aber er erhört die Gebete der Gerechten."

Was für eine gewaltige Zusage, vor allem, wenn wir dabei Hagar im Blick haben. Gott hat ihr verzweifeltes Rufen gehört und ihr geantwortet – was bedeutet, dass er sie einer Antwort für würdig erachtet hat. Jesus erinnert uns ebenfalls daran, dass „wir wissen, dass Gott Sünder nicht erhört, aber er erhört die, die ihn anbeten und seinen Willen tun" (Johannes 9,31).

Wenn man uns nicht versteht, wenn wir abgewiesen, verleumdet oder auf die hinteren Plätze verwiesen werden, dürfen wir die Gewissheit haben, dass Gott nicht nur unsere Schreie hört, sondern auch unser Dilemma sieht. 2. Chronik 16,9 erinnert uns daran, dass Gottes Augen auf uns gerichtet sind: „Die Augen des Herrn blicken über die ganze Erde, um die zu stärken, deren Herzen ganz ihm gehören."

Wenn wir das Gefühl haben, dass wir völlig allein sind, sieht Gott uns doch. Er will uns in unserer Schwachheit so gern neue Kraft schenken. Und im Gegensatz zu anderen sieht er die Sache richtig. Er hat den vollkommenen Blick. Er sieht über das Äußere hinweg in unsere Herzen. Das ist vor allem dann tröstlich, wenn du unter jemandem leidest, der äußerlich betrachtet über jeden Tadel erhaben zu sein scheint. Gott hat Samuel folgenden wichtigen Ratschlag gegeben, als er David zum König erwählte: „Lass dich nicht von seinem Äußeren oder seiner Größe blenden, ich habe ihn nicht erwählt. Der Herr entscheidet nicht nach den Maßstäben der Menschen! Der Mensch urteilt nach dem, was er sieht, doch der Herr sieht ins Herz“ (1. Samuel 16,7). Später erinnert König David seinen Sohn Salomo genau daran: „Denn der Herr sieht ins Herz der Menschen und versteht es; er kennt jeden unserer Gedanken“ (1. Chronik 28,9). In seinem letzten Gebet wiederholt David vor dem versammelten Volk Israel noch einmal: „Ich weiß, mein Gott, dass du unsere Herzen prüfst und dich über Aufrichtigkeit freust“ (1. Chronik 29,17). Dass Gott uns genau sieht, ist sowohl ein tröstlicher als auch ein beklemmender Gedanke. Vielleicht sieht er unsere Aufrichtigkeit, vielleicht sieht er aber auch Bereiche, denen wir uns noch stellen oder in denen wir noch wachsen müssen. Wenn wir den Gedanken willkommen heißen, dass Gott uns sieht, müssen wir also beides annehmen.

Als Salomo den Tempel einweihte, erwähnte er ebenfalls Gottes Ohren und Augen: „Bitte, mein Gott, verschließ deine Augen und Ohren nicht vor den Gebeten, die dein Volk an diesem Ort an dich richtet!“ (2. Chronik 6,40; Hfa). Im Neuen Testament fasst Petrus Gottes Fähigkeit, uns zu hören und zu sehen, in 1. Petrus 3,12 zusammen: „Denn der Herr sieht mit Freude auf solche Menschen, die nach seinem Willen leben, und hat immer ein offenes Ohr für ihre Bitten. Allen jedoch, die Böses tun, stellt sich der Herr entgegen" (Hfa).

Das ist der vielleicht tröstlichste Vers für alle Missverstandenen und Gedemütigten. Als Schöpfer aller Menschen, der auch unsere Herzen geformt hat, weiß er alles. Er sieht jede Kleinigkeit, jedes Motiv, jedes Detail jedes Handelns. Weil er allwissend ist, beurteilt er alles richtig – auch wenn andere das nicht sehen können.

Das erinnert mich an eine Freundin, die von einem scheinbar herausragenden christlichen Leiter bedrängt wurde. Sie schlug Alarm und erzählte, was passiert war – aber erst nachdem er sie wiederholt belästigt hatte. Die gesamte christliche Welt wandte sich gegen sie und überschüttete sie mit bösartigen Kommentaren. Wie konnte sie es nur wagen, dem Ruf dieses herausragenden Leiters zu schädigen? Sie hielt durch, aber nur unter großem persönlichen Schmerz, und es kostete sie beinahe alles. Zwei Jahre später kam alles ans Licht. Alles, was sie erzählt hatte, entsprach der Wahrheit, und der Leiter, den alle unterstützt hatten, erwies sich als Wolf im Schafspelz. Davor warnt uns auch Jesus: „Denn alles, was verborgen oder geheim ist, wird irgendwann ans Licht gebracht werden, sodass alle es sehen können" (Lukas 8,17).

Aber was passiert, wenn es den Anschein hat, als würde Gott unser Dilemma nicht sehen? Was wäre, wenn dieser christliche Leiter nie überführt worden wäre? Dann ist es wichtig, dass wir das Ende im Blick behalten. Im Licht von Gottes Reich zu leben heißt, nicht zu vergessen, dass es einen Tag geben wird, an dem alles vergolten wird. Kein einziger Mensch wird dann dem heiligen Blick des Allwissenden entgehen. Alles wird wieder in Ordnung gebracht werden. Die Gerechtigkeit wird siegen. Ich habe diese nachträgliche Genugtuung oft genug erlebt. Einige

Menschen, die mir wehgetan haben, sind bereits verstorben. Es scheint zwar, als seien sie der irdischen Gerechtigkeit allzu leicht entgangen, aber der göttlichen Gerechtigkeit im neuen Himmel und der neuen Erde werden sie nicht entrinnen. (Das erinnert mich allerdings daran, dass auch ich dringend einen Retter brauche. Ohne Jesus Christus käme ich vor das gleiche Gericht, bei dem alles offengelegt wird. Vor einem heiligen Gott könnte ich nicht bestehen.)

Von Hagar können wir lernen, dass Gott es hört und sieht, wenn jemand ein falsches Bild von uns hat, wenn wir verkannt oder für etwas verachtet werden, das wir nicht sind oder getan haben. Und diese beiden unumstößlichen Wahrheiten können uns Frieden schenken, während wir unseren Lebensweg weiter fortsetzen.

Ein paar gute Nachrichten über dein wahres Ich

- Gott sieht dich, auch wenn du das Gefühl hast, unbemerkt oder vergessen zu sein.
- Wenn du betest, hört Gott dich.
- Gott kann alle deine Bedürfnisse stillen.
- Wenn du durchhältst und an Gott festhältst, zählt das für die Ewigkeit.
- Du kannst innerlich ganz ruhig sein und dich auf Gottes souveränes Urteil und seine liebevollen Absichten für dich verlassen.

Kurz nachgedacht

1. Was hat dich bei der etwas ausgeschmückten Geschichte von Hagar besonders angesprochen?
2. Sarai und Hagar hatten eine schwierige Beziehung, in der es viel Streit gab – und ihr gesamtes Leben lang hat sich daran nichts geändert. Kannst du das nachempfinden?
3. Gott begegnet Hagar nicht nur einmal, sondern zweimal. Er versichert ihr in ausweglosen Situationen, dass er sie sieht. Wo ist Gott dir schon in deiner Verzweiflung begegnet?
4. Hagars Name bedeutet u. a. „Flucht". Warum könnte es verlockend sein, die Flucht zu ergreifen, wenn das Leben schwierig wird? Hast du schon einmal versucht, vor deinen Problemen zu flüchten? Was ist passiert, als du es versucht hast?
5. Hagar hielt trotz vieler Kämpfe durch. Wie kann ihr Vorbild dir helfen, dich deinen aktuellen Sorgen zu stellen? Wie gibt Gottes Gegenwart dir Kraft für den nächsten Schritt?

Kapitel 3

Lea – die Ungeliebte

Obwohl sie Labans älteste Tochter war, lebte Lea im Schatten ihrer strahlend schönen Schwester Rahel. Andere Hirten senkten den Blick, wenn Rahel vorüberging. Frauen murmelten zustimmend und spekulierten darüber, wer wohl diese Schönheit abbekommen würde, während Lea mit ihren glanzlosen Augen tatenlos zusehen musste. Sie konnte höchstens auf eine Zweckehe hoffen, durch die zwei bedeutende Familien ein Bündnis eingingen. Sie würde niemals begehrenswert sein – nicht so wie Rahel.

Als Jakob in ihr Lager kam, bemerkte Lea gleich das Aufblitzen in Rahels Augen. Jakob erklärte mit tränennassen Augen hastig, wer sein Vater war. Laban umarmte und küsste den Verwandten und rief: „Du gehörst zur Familie!"

Jakob war gutaussehend, jung und gesund und arbeitete vier Sabbate lang unter der sengenden Sonne. Er plagte sich fröhlich ab – dachte Lea zumindest. Da wagte sie zu hoffen, dass man sie ihm als die erstgeborene Tochter zur Frau gegeben würde – um ein Bündnis zwischen ihren beiden Familien zu schließen. Sie bemerkte seine schöne Gestalt, seine Arbeit, wie er sich um die Schafe und Ziegen kümmerte, die unter seiner Obhut waren, und fing an, von einer Zukunft außerhalb der beengenden Grenzen ihres Zuhauses zu träumen.

Als sie eines Tages in der Nähe einer Alraune stand, hörte Lea, wie ihr Vater zu Jakob sagte: „Du sollst nicht ohne Bezahlung für mich arbeiten, nur weil wir miteinander verwandt sind. Sag mir: Was willst du dafür haben?"

Lea verstand sich darum, Preise zu berechnen, überschlug rasch im Kopf, was Jakob verlangen sollte – ein Spiel, das sie oft spielte, um sich die Zeit bei den Geschäften ihres Haushalts zu vertreiben.

Als Jakob zu einer Antwort ansetzte, erwartete sie, dass er den Lohn für vier Sabbate verlangen würde. Aber es kamen keine Zahlen aus seinem Mund. „Ich werde sieben Jahre für dich arbeiten, wenn du mir dafür deine jüngere Tochter Rahel zur Frau gibst."

Leas Welt brach zusammen. Sie sog scharf die Luft ein. Sie verbot sich zu weinen. Aber ihr Verstand gab ihr Halt, als die beiden Männer schwiegen. Sicher würde ihr Vater Jakob an die Sitten und Gebräuche erinnern. *Das jüngere Kind sollte nicht vor dem älteren heiraten. Das macht man nicht. Warum versteht Jakob das nicht? Warum will er die gesellschaftlichen Konventionen über den Haufen werfen? Vater wird Jakob für so eine lächerliche Bitte zurechtweisen.*

Aber die Antwort ihres Vaters war niederschmetternd. „Einverstanden!"

Einverstanden? Hatte er denn die Bräuche vergessen?

Ihr Vater machte eine ausladende Geste und deutete auf sein gesamtes Land. Er lächelte. „Lieber gebe ich sie dir als irgendjemand anderem. Bleib bei mir und arbeite für mich."

Lea brach innerlich zusammen. Sie würde eine alte Jungfer werden, von ihrer jüngeren, hübscheren Schwester verdrängt.

Sie würde für den Rest ihres Lebens auf dieses unfruchtbare Land verbannt sein und unter den strengen Blicken ihres Vaters leben müssen.

Die Zeit war ihre einzige Hoffnung. Sieben Jahre Arbeit hatte ihr Vater aus Jakob herausgekitzelt. Vielleicht würde in dieser Zeit ein Verehrer kommen und Leas einzigartige Schönheit erkennen – ihre Intelligenz, ihren scharfen Verstand und ihr Mitgefühl.

Aber in diesen sieben Jahren kam keine derartige Ehe zustande.

Am gleichen Ort, bei den Alraunen, wo Vater und Jakob ihre Übereinkunft geschlossen hatten, erinnerte Jakob ihn einige Jahre später: „Ich habe die Abmachung erfüllt. Gib mir jetzt Rahel zur Frau, damit ich eine Familie mit ihr gründen kann."

Familien, Arbeiter und Leute aus dem nahe gelegenen Dorf strömten zu dieser Feier. Lea fiel dabei die Aufgabe zu, die Speisen zuzubereiten, denn es mussten Lämmer geschlachtet und zubereitet werden, Brot musste geknetet und gebacken und Wein angeboten werden. Pflichtbewusst und unter Tränen kümmerte sie sich zusammen mit ihrer Magd Silpa darum und versuchte, niemanden sehen zu lassen, dass etwas in ihr zerbrochen war. Nach den Feierlichkeiten – eine finstere, mondlose Nacht brach gerade herein – kam ihr Vater und befahl ihr, ihm zu folgen.

Als er sie am Arm packte, war sein Griff fest, und seine Finger gruben sich in ihr Fleisch. Während er sie zu Jakobs Zelt führte, zog er ihr einen Schleier über den Kopf und murmelte irgendetwas vom richtigen Gang der Dinge. Sie hielt die Luft an. Was hatte er da vor? Sie sehnte sich zwar nach einer Heirat, aber nicht durch Betrug. Doch bevor sie wusste, wie ihr geschah, griffen Jakobs raue Hände schon nach ihren Armen, und er zog sie auf das Bett in dem halbdunklen Zelt.

„Rahel, meine Geliebte“, sagte er und zog sie in eine leidenschaftliche Umarmung.

Sie bekam den ersten Kuss ihres Lebens in der Dunkelheit, weil sie vorgab, eine andere zu sein. Aber sie hatte sich noch nie so begehrt gefühlt wie in diesem Augenblick. Obwohl sie sich vor Jakobs Gesichtsausdruck am Morgen fürchtete, gab sie sich ihm hin und erwiderte sein Verlangen mit dem ihren. In dieser Nacht lauschte sie dem Atmen ihres Mannes – *ihres Ehemannes!* Sie konnte nicht einmal die Umrisse seines Gesichts erkennen, aber sie strich mit ihren Händen über seine Schultern, als er schlief. Lea wusste, dass diese letzten mitternächtlichen Stunden irgendwann dem Tageslicht weichen würden, und dann würde alles anders werden. Sie bat Gott, die Sonne nicht aufgehen zu lassen, aber die Morgendämmerung kam und mit ihr ein Aufschrei aus Jakobs Mund.

„Lea!“ Er spie ihren Namen aus, als sei dieser ein Schimpfwort, und in seinen Augen waren Verrat und Zorn zu lesen. Obwohl *sie* sich ihren Weg in sein Zelt nicht erschlichen hatte, glaubte er doch, dass es so war – und sein Verhalten bestätigte das.

Er stürmte wutentbrannt aus dem Zelt. Lea zog sich ihre Tunika an, verschleierte ihr Gesicht und stand draußen im unerbittlichen Sonnenlicht. Rahel kam zu ihr gerannt.

„Wie konntest du das nur tun?“, fragte sie.

Aber Lea wusste nicht, was sie sagen sollte. Und es war auch gleichgültig, was sie sagen würde – selbst wenn ihre Worte so überzeugend gewesen wären wie die eines Sehers, so wusste doch jeder, dass Vater letztlich das letzte Wort haben würde. Sie würde für immer als Betrügerin bekannt sein.

Jakob rief nach Laban, der schließlich aus seinem Zelt trat.

„Warum hast du mir das angetan?!“ Seine Stimme erinnerte

an das Brüllen eines Löwen. „Ich habe sieben Jahre für dich gearbeitet, um Rahel heiraten zu können." Er sah hinüber zu den beiden Schwestern, aber sein Blick ging an Lea vorbei, als sei sie gar nicht da, sondern ruhte auf der traurigen Rahel. „Warum hast du mich betrogen?"

Lea wusste, dass Jakob sich selbst mit dem Erstgeburtsrecht seines Bruders davongemacht und dessen Segen gestohlen hatte, bevor er zu ihnen gekommen war. Was für eine seltsame Anschuldigung: Er hatte nur das Gleiche erlebt, was er auch seinem Bruder angetan hatte. Angesichts der Ironie dieser Situation musste Lea lächeln.

„Bei uns ist es nicht üblich, die jüngere Tochter vor der älteren zu verheiraten", erwiderte ihr Vater ruhig. „Verbring die Hochzeitswoche mit ihr, dann kannst du auch Rahel haben. Aber du musst noch weitere sieben Jahre für mich arbeiten."

Lea fühlte sich im Stich gelassen und sie konnte Jakobs Abneigung ihr gegenüber spüren. Während der Hochzeitswoche tolerierte er sie und sie kämpfte gegen ihren Schmerz an. Und einen Sabbat später war Rahel an der Reihe, nun durfte sie das Zelt betreten, und sie erlebte das, was Lea nur durch einen Betrug hatte erfahren dürfen.

Vier Sabbate später zog sich Leas Magen zusammen, als sie von dem Quark aß, den sie an diesem Tag aus der Milch der Tiere gemacht hatten. Sie wischte sich den Mund ab, nachdem sie sich draußen auf dem Feld übergeben hatte, und lächelte. Jetzt würde Jakob sie sicher lieben, weil sie ihm den ersten Erben schenkte. Sie wartete noch einige Sonnenaufgänge, bevor sie es ihm sagte.

„Ich trage dein Kind unter meinem Herzen", sagte sie. Einen kurzen Augenblick lang konnte sie das Strahlen auf seinem Gesicht sehen.

„Das ist eine gute Nachricht", erwiderte er. Aber dann wandte er sich zu Rahel um, die den Blick still zum Himmel gerichtet hatte. „Du kommst als Nächste dran", fügte er hinzu.

Doch das geschah nicht.

Ruben bahnte sich seinen Weg schreiend auf diese Welt. Er war Leas ganzer Stolz. „Sieh nur, ein Sohn!", rief sie glücklich. „Der Herr hat meine Not bemerkt." Sein Name verlieh ihrer Hoffnung Ausdruck, dass Jakob sie eines Tages als seine erste Frau anerkennen und auch sie lieben würde. Sie verbrachte ihre Tage damit, Ruben großzuziehen, sich um den Haushalt zu kümmern und zu helfen, wo Not war, damit Jakob auch ihr einmal anerkennende Blicke zuwarf. Und es gab Augenblicke, in denen Jakobs Wunsch nach einem weiteren Kind stärker war als seine Abneigung ihr gegenüber. Lea lernte, mit jedem bisschen Zuneigung zufrieden zu sein, das Jakob ihr zugestand, und in dieser schwierigen Verbindung wuchs eine winzige Verbundenheit heran, wie ein Grashalm, der zwischen Felsen spross. Dennoch gab Jakob klar zu verstehen, dass es für ihn nur eine wahre Liebe gab – Rahel, die Unfruchtbare.

Als Nächstes betrat Simeon in Paddan-Aram schreiend diese Welt. Sein Name war ein regelrechter Schmerzensschrei – Lea war weiterhin die Ungeliebte und Gott hatte ihr Schicksal gesehen und belohnte sie mit weiterem Nachwuchs. Als sie in Simeons süßes Gesichtchen sah, tröstete sie sich damit, dass Gott ihr Rufen gehört hatte. Dieser Sohn war eine Gebetserhörung.

Auf Simeon folgte Levi – „Zuwendung". Lea nannte ihn so in der Hoffnung, dass sie durch diesen dritten Sohn endlich Jakobs Aufmerksamkeit bekommen würde – dass er sich ihr endlich zuwenden und einen kleinen Rest an Zuneigung für sie erübrigen würde. Aber seine Aufmerksamkeit galt weiterhin ungeteilt der traurigen Rahel.

Im Gegensatz zu seinen Brüdern schrie Juda nicht bei seiner Geburt. Er sah mit großen Augen um sich, als sei er erstaunt, die Wunder dieser Welt zu betrachten. Vier Jahre hatte Lea mit ihrem Schicksal gehadert. Obgleich sie niemandem außer den Säuglingen an ihrer Brust und Gott, dem Herrn, der ihr diese geschenkt hatte, ihren Schmerz verriet, so fand sie nun endlich Frieden. Ihr Schmerz gehörte der Vergangenheit an. Obwohl sie ungeliebt und ungewollt war, wusste sie, dass Gott mit ihr war. Judas Name – „Lobpreis“ – legte Zeugnis ab von dem Weg, den sie hinter sich hatte. „Nun will ich den Herrn preisen!“, verkündete sie den Sternen.

Lea musste mit ansehen, wie aus Rahels Unfruchtbarkeit erst Sorge, dann Trauer und zuletzt Verzweiflung wurde. „Sorge endlich dafür, dass ich schwanger werde, sonst will ich nicht länger leben!“, schrie sie Jakob an.

Endlich sah Lea Ungeduld in Jakobs Augen, wenn er Rahel anblickte, Ärger, der ihn hoffentlich erkennen ließ, dass *sie* ihm treu gewesen war. Sie würde niemals in so einem Ton mit ihm sprechen.

„Was kann ich denn dafür?“, fragte er. „Ich bin doch nicht Gott – er hat dir Kinder versagt.“

Da tat Rahel das, was auch Jakobs Großmutter getan hatte, und brachte ihre Dienerin Bilha zu ihm, so wie Sarai einst Hagar zu Abram gebracht hatte. Im folgenden Jahr brachte Bilha den aus dieser Begegnung entstandenen Jungen zu Rahel, die ihn Dan nannte – ein Name, der darauf hindeutete, dass Gott ihr zu ihrem Recht verholfen hatte. Dann kam auf die gleiche Weise Naftali zur Welt, dessen Name „Kampf“ bedeutete, und Rahel lächelte. In Leas Gegenwart sagte sie: „Ich habe mit meiner Schwester einen Kampf um Gottes Gunst ausgefochten – und ich habe gewonnen!“

Das entfachte in Lea den Wunsch, nicht nur, was die Zahl der Kinder anging, vorne zu liegen, sondern auch im Hinblick auf Jakobs Zuneigung. Sie wandte Sarais Taktik ebenfalls an und bot ihrem Mann ihre Dienerin Silpa an. Gad, dessen Name „Glück“ bedeutete, war der erste Junge, der auf diese Weise gezeugt wurde. Dann kam Asser („glücklich“) zur Welt, und als er seinen Namen erhielt, sagte Lea: „Ich bin so glücklich! Alle Frauen werden mich beneiden!“

Eines Tages kam Ruben, der auf den Weizenfeldern gearbeitet hatte, in Leas Zelt gerannt. „Sieh nur, was ich gefunden habe“, rief er und reichte ihr schöne Alraunen. „Jetzt kannst du wieder Kinder bekommen!“ Lea freute sich, dass Gott ihre Unfruchtbarkeit bemerkt und einen Weg gefunden hatte, etwas daran zu ändern. Jeder wusste doch, dass Alraunen fruchtbar machten.

Als Rahel von Leas Glück erfuhr, wandte sie sich mit einem Ausdruck der Verzweiflung an ihre Schwester: „Gib mir doch auch ein paar von den Alraunen, die dein Sohn gefunden hat.“

Als Lea den eindringlichen Blick von Rahel sah, bekam sie einen bitteren Geschmack im Mund. Rahel hatte doch Jakobs Zuneigung! Sie hatte durch ihre Sklavin zwei Kinder bekommen. Und außerdem galt sie im Gegensatz zu ihrer Schwester doch als große Schönheit. Sie hatte alles und Lea hatte nichts – jedenfalls nicht die Liebe, nach der sie sich sehnte.

„Reicht es denn nicht, dass du mir meinen Mann weggenommen hast?“, erwiderte sie mit schneidender Stimme. „Willst du mir jetzt auch noch die Alraunen nehmen, die mir mein Sohn gebracht hat?“

Rahel schossen die Tränen in die Augen und Lea hätte beinahe Mitleid mit ihr gehabt. „Ich mache dir einen Vorschlag“, entgegnete Rahel. „Du gibst mir die Alraunen und dafür schläft Jakob diese Nacht bei dir.“

Lea willigte ein. Als Jakob am Abend vom Feld nach Hause kam, ging Lea ihm entgegen. „Du schläfst heute Nacht bei mir."

Jakob sah sie verwirrt an und ließ seinen Blick dann gedankenverloren über den Horizont wandern.

„Ich habe mir dieses Vorrecht von Rahel erkauft. Sie hat dafür die Alraunen bekommen, die Ruben gefunden hat!", fügte sie hinzu.

Als sie sich an jenem Abend unter dem Wüstenhimmel vereinten, lächelte Lea. Sie flehte Gott an, ihren Mutterleib zu öffnen, und Gott erhörte ihr Gebet. Issachar, der Junge, dessen Name „Belohnung" bedeutet, kam neun Monate später auf die Welt, gefolgt von Sebulon („Anerkennung"), von dem sie hoffte, dass er ihr den lang ersehnten Respekt von Jakob einbringen würde. Und Gott, der Herr, belohnte sie gleich dreifach, denn anschließend wurde Dina geboren, eine Tochter, die die Augen ihres Vaters hatte.

Doch irgendwann war der Augenblick gekommen und Gott erhörte das endlose Flehen ihrer Schwester Rahel. Ihr Bauch schwoll neun Monate lang an und Jakob kümmerte sich liebevoll um sie. Die Freude der beiden machte Lea erneut eifersüchtig, obwohl sie Gott bat, dass sie lernen würde, den beiden zu vergeben und ihre Feindseligkeit abzulegen. Schließlich waren sie Schwestern und mühten sich beide auf dem kargen Land ihres Vaters ab. Endlich verstand sie, dass sie einander brauchten.

Rahel klagte laut, als das Kind schließlich zur Welt kam, aber dann verdrängte das Schreien des Babys ihre eigenen Schreie.

Zufrieden und mit rosigem Gesicht präsentierte sie ihn der Familie. „Gott hat meine Schande von mir genommen. Hiermit stelle ich euch Josef vor!" Bei diesen Worten öffnete das Baby die Augen und sah seine Mutter an. Rahel war entzückt und rief: „Hoffentlich schenkt Gott mir noch einen Sohn."

Weil er ein harter Arbeiter war und Gott ihm wohlgesonnen, wurde Jakob in all den Jahren überreich gesegnet – die Viehherden von Laban vergrößerten sich, sein Wohlstand wuchs, und Jakob selbst hatte viele Kinder. Die Jahre, die er für seinen Schwiegervater arbeiten musste, neigten sich schließlich dem Ende zu. Irgendwann erschien ihm Gott im Traum. Jakob erzählte später seinen Frauen die Geschichte. Gott hatte zu ihm gesagt: „Ich bin der Gott, dem du in Bethel begegnet bist. Dort hast du mir auch einen Stein geweiht und ein Gelübde abgelegt. Verlass dieses Land und kehre in deine Heimat zurück. Ich werde dir beistehen."

Zum allerersten Mal hatte Lea das Gefühl, dass sie alle eine Familie waren – eine Gemeinschaft, die unter der eisernen Faust und trotz der dreisten Forderungen ihres Vaters entstanden war. Sie hob müde den Blick, betrachtete den Sonnenuntergang und träumte von der Zukunft. Wartete jenseits des Horizonts die Freiheit auf sie? Würde ihre Familie endlich den *Schalom*, den Frieden Gottes, erfahren, wenn sie das Vertraute zurückließen und in das Ungewisse aufbrachen? Hoffnung stieg in ihr hoch. Sie beriet sich mit Rahel, während diese den kleinen Josef stillte. Sie waren sich einig.

„Wir sind einverstanden!", sagte Lea zu Jakob und war dankbar, dass er sie bei einer so wichtigen familiären Entscheidung nach ihrer Meinung fragte. „Vom Besitz unseres Vaters werden wir ohnehin nichts erben. Unser Vater hat uns wie Fremde behandelt. Er hat uns verkauft und den Gewinn für sich selbst eingestrichen. Darum gehört der ganze Reichtum, den Gott unserem Vater weggenommen hat, rechtmäßig uns und unseren Kindern! Wir halten zu dir! Mach das, was Gott dir aufgetragen hat."

Daraufhin machten sie sich klammheimlich auf den Weg nach Gilead. Lea verspürte ein bislang ungekanntes Gefühl:

Freude. *Aufbruch!* Während sie auf ihrem Kamel ritt, ihre Söhne an ihrer Seite, war ihr Blick felsenfest auf das gerichtet, was als Nächstes kommen würde. Aber schon bald war hinter ihnen das Donnern galoppierender Hufe zu hören und ihr Vater holte sie ein.

Lea wollte nichts mehr mit diesem Mann zu tun haben und verspürte auch nicht das Bedürfnis, sich zu verabschieden. Als er wortreich davon sprach, wie traurig es ihn mache, dass sie ihn verließen, schüttelte sie nur den Kopf. Es ging ihm doch nur um ihr Vermögen, nicht um die Beziehung. Doch Laban spielte weiterhin die Rolle des verlassenen Vaters.

„Warum hast du mich getäuscht und meine Töchter entführt?"

Lea spürte die Ironie in ihrem Bauch. Dort, in Paddan-Aram, war sie eine Gefangene gewesen. Jetzt, wo sie frei atmen konnte, wünschte sie, ihr Vater würde endlich schweigen. Aber das tat er nicht.

„Warum hast du dich klammheimlich davongemacht, hast mich getäuscht und mir nichts gesagt? Ich hätte dir doch ein Abschiedsfest ausgerichtet. Und warum durfte ich meine Töchter und Enkelkinder nicht zum Abschied küssen? Das war dumm von dir." Ihr Vater stieg von seinem Pferd, wischte sich den Staub ab und sagte: „Ich könnte es euch jetzt durchaus heimzahlen, aber Gott hat letzte Nacht zu mir gesagt: ‚Hüte dich davor, Jakob auch nur mit einem Wort zu bedrohen!' Ich weiß, dass du fortgezogen bist, weil du dich nach deiner Heimat sehnst. Aber warum hast du mir auch noch meine Hausgötter gestohlen?"

Lea verzog das Gesicht. Im Gegensatz zu Jakob wusste sie, dass ihre Schwester die Götter gestohlen und sie bei ihrer Flucht versteckt hatte. Rahel hatte die Götterfiguren unter ihren Kamelsattel gestopft und sich daraufgesetzt. Als ihr Vater das Zelt durchsuchen wollte, schob sie ihre Monatsblutung als Ausrede vor, um nicht aufstehen zu müssen. Was wäre, wenn ihr Vater sie fand? Würden sie dann ihre Reise abbrechen müssen? Würden sie sich dann wieder in seinem eisernen Griff befinden?

Doch nachdem die Suche nach den Götterfiguren erfolglos verlaufen war und es einige Wortwechsel zwischen ihrem Mann und ihrem Vater gegeben hatte, schlossen die beiden einen Bund. Sie häuften viele Steine auf und nannten den Steinhügel *Gal-Ed*, „Zeugenhügel". Laban gab ihm noch einen zweiten Namen: *Mizpa*, was „Wachturm" bedeutete. Er erklärte: „Gott soll darüber wachen, dass wir unsere Abmachung einhalten, wenn wir uns getrennt haben. Ich werde niemals erfahren, ob du meine Töchter schlecht behandelst oder dir noch weitere Frauen nimmst, aber Gott wird es sehen. Er ist Zeuge des Bündnisses zwischen uns."

Jakob versprach, die Grenze zwischen den beiden zu achten. Ihr Vater kehrte daraufhin wieder nach Hause zurück und Jakobs große Familie zog weiter Richtung Gilead.

Als Nachrichten von Jakobs Zwillingsbruder Esau, mit dem er sich entzweit hatte, ihr Lager erreichten, fiel Lea auf, dass Jakob Angst hatte. Er schickte seine gesamte Familie mit Geschenken für Esau vor sich her. Lea sträubten sich die Haare, als sie sah, in welcher Reihenfolge er die Familien lossandte – zuerst die beiden Sklavinnen mit ihren Söhnen und Töchtern, gefolgt von ihr und ihren Kindern und schließlich Rahel, seine große Liebe, die er weiterhin beschützte und verwöhnte.

Aber Lea zog hoch erhobenen Hauptes weiter, denn sie konnte die Freiheit schon schmecken. An dem fremden Ort würde es ihr endlich gelingen, ihr Schicksal abzuschütteln und ihre Kinder in Freiheit großzuziehen – weit weg von den strengen

Blicken ihres Vaters. Als Gott einige Stunden später dafür sorgte, dass Jakob und Esau sich versöhnten und nicht gegeneinander kämpften, atmete sie auf und dankte ihm für seine Fürsorge. Sie staunte darüber, dass sie jetzt eine richtige Familie hatte, obwohl ihre Heirat das Ergebnis einer Täuschung gewesen war – eine Familie, mit der Gott großartige Absichten hatte, wenn man den Geschichten von Jakobs Großvater Abraham Glauben schenken durfte. Man stelle sich nur einmal vor: Sie, die Ungeliebte, sollte in der Zukunft ihres Volkes so eine wichtige Rolle spielen! Sie sah sich um und sah Rahel, die liebevoll Jakobs Hand hielt und lächelte.

Das größte Wunder war aber vielleicht ihre wachsende Zuneigung zu ihrer Schwester.

Die biblische Erzählung

Auch heutzutage werden gut aussehende Menschen in vielen Bereichen noch bevorzugt. An dieser Tatsache hat sich selbst nach Jahrhunderten nichts geändert – attraktive Menschen kommen in unserer Gesellschaft einfach weiter. Das mag nicht gerecht sein, aber es kommt nicht selten vor, dass Schönheit dazu beiträgt, Zuneigung, Wertschätzung und Erfolg zu sichern.

In unserer Geschichte kann man das Missverhältnis schon an den Namen der beiden Schwestern ablesen. Rahel bedeutet „Schaf“ oder „Lamm“, was mit Reinheit assoziiert wird. Lea dagegen kann mit „die Arbeitsame“, aber auch „die Müde“ übersetzt werden, was vielleicht das erklärt, was die Bibel über ihre Augen sagt, die laut 1. Mose 29,17 glanzlos waren. Andere Übersetzungen sagen, sie waren „sanft“ (Luther 2017), „matt“

(Elberfelder) oder „ausdruckslos“ (Neue evangelistische Übersetzung). Im Gegensatz dazu legen andere Übersetzer die hebräische Beschreibung ihrer Augen anders aus. In der „Good News Translation“ heißt es, sie seien „hübsch“, während die „Holeman Christian Standard Bible“ sie als „gewöhnlich“ beschreibt. In der Übertragung „The Message“ heißt es: „Laban aber hatte zwei Töchter; Lea war die ältere und Rahel die jüngere. Lea hatte hübsche Augen, aber Rahel war atemberaubend schön.“

Ganz gleich, ob Lea nun attraktiv war oder nicht: Die Bibel macht klar, dass sie mit der äußerlichen Schönheit ihrer Schwester nicht einmal ansatzweise mithalten konnte. Diese Schönheit zog Jakob zwar an, aber würde das genügen?

Wichtig ist, dass beide Frauen von ihrem Vater höchstwahrscheinlich dazu benutzt wurden, dass ihm der Segen zuteilwurde, Jakob für sich arbeiten zu lassen. Diese „Geschäftsverbindung“ war zu Labans Vorteil, und selbst nachdem Jakob gemerkt hatte, dass er hereingelegt worden war, gelang es Laban, ihn dazu zu verpflichten, weitere sieben Jahre für ihn zu arbeiten. Kurz gesagt: Beide Frauen waren Labans Eigentum – Kapital, das er zu seinem eigenen wirtschaftlichen Vorteil nutzte.

Doch wenn wir der Geschichte folgen, können wir auch sehen, dass Lea geistlich reift, während sie mit ihrem Status ringt – eine ungeliebte Spielfigur ihres Vaters zu sein, der durch sie nach Wohlstand und Macht greift. Wir erleben ihre Trauer, als sie mit einer scheinbar ausweglosen Situation klarzukommen versucht. Ihr Mann liebt eine andere, und selbst als sie alles in ihrer Macht Stehende tut, um sein Herz zu gewinnen (was in ihrem Fall bedeutet, Kinder zu bekommen), muss sie erkennen, dass sie keinen Einfluss auf seine Zuneigung hat.

Doch ihr Weg zur Heilung lässt sich an den Namen ihrer Kinder ablesen:

Ruben, „siehe, ein Sohn“. *Vielleicht wird Jakob mich jetzt lieben.*

Simeon, „Erhörung“. *Gott hat gehört, dass ich nicht geliebt werde.*

Levi, „Zuwendung“. *Vielleicht wird Jakob sich mir jetzt zuwenden, wo ich drei Söhne habe.*

Juda, „Lobpreis“. *Nun will ich den Herrn preisen!*

Issachar, „Belohnung“. *Gott hat mich für mein Elend belohnt.*

Sebulon, „Anerkennung“. *Jetzt wird mein Mann mich annehmen und ich habe einen Platz in dieser Familie.*

Dina, „gerechtfertigt“. *Mir wurde Gerechtigkeit zuteil.*

Lea ist ein Beispiel dafür, wie man Trauer verarbeiten kann. Wir versuchen zu verhandeln, in der Hoffnung, irgendwas am Ergebnis ändern zu können. Wenn das nicht funktioniert, wenden wir uns an Gott und hoffen, dass er uns hört und erhört. Wir versuchen, ein moralisch einwandfreies Leben zu führen in der fälschlichen Annahme, dass sich das Leben mit Gott auf die einfache Formel „Wenn ich *dies* tue, muss Gott *das* tun“ reduzieren lässt.

Wenn all das nichts nützt, wenn unsere Welt zerbricht, obwohl wir alles gegeben haben, kommen wir an den Punkt, an dem wir eine Entscheidung fällen müssen: Werden wir Gott vertrauen oder aufgeben? Lea entscheidet sich für Ersteres. Sie lobt Gott, obwohl ihr Leben immer noch nicht so aussieht, wie sie sich dies erhofft hat. Und als sie anfängt, Gott zu loben und zu danken, können wir erkennen, dass sie ihren Blickwinkel nicht länger auf ihre Lebensumstände richtet, sondern auf ihren Schöpfer. Sie erkennt, dass Gott sie gesegnet hat, und lebt das vor, was wir auch im Hebräerbrief lesen können: „Ihr seht also, dass es unmöglich ist, ohne Glauben Gott zu gefallen. Wer zu ihm kommen möchte, muss glauben, dass Gott existiert und dass er die, die ihn aufrichtig suchen, belohnt“ (Hebräer 11,6). Schließlich findet sie ihren Platz – als jemand, der an Gott festhält, als Ehefrau, als Mutter, gerechtfertigt durch den einzig gerechten Richter, Gott selbst.

Ist dir aufgefallen, wer Labans Hausgötter stiehlt, als Lea und Rahel mit Jakob flüchten? Im Gegensatz zu Rahel hat Lea an Gott festgehalten. Und als Lea stirbt, wird sie im Familiengrab in der Höhle von Machpela begraben, wo später auch Jakob liegt, während Rahel unterwegs am Weg nach Bethlehem begraben wird. Vielleicht ist das ein Hinweis darauf, wem letztlich Jakobs Zuneigung galt, obwohl es natürlich auch die einzige Möglichkeit gewesen sein mag, weil die Familie eine so weite Strecke zurücklegen musste.

In den ersten Kapiteln der Bibel heißt es, dass die Ehe zwischen einem Mann und einer Frau geschlossen werden soll. „Das erklärt, warum ein Mann seinen Vater und seine Mutter verlässt und sich an seine Frau bindet und die beiden zu einer Einheit werden“ (1. Mose 2,24). Jakob setzte sich über das Konzept der monogamen Ehe hinweg, als er beschloss, Rahel zu „heiraten“, nachdem er bereits mit Lea vereint war. In dieser Hinsicht sollten wir keiner der beiden Frauen die Schuld für das Fehlverhalten ihres Mannes geben. Sie hatten in der damaligen Kultur schlichtweg nur wenige Rechte, und wir sehen ja, wie Laban sie behandelte. Als das Volk Israel später ein Gesetz erhielt, warnte Mose genau vor dem, was Jakob getan hatte: „Nimm nicht die Schwester deiner Frau als Nebenfrau, solange deine Frau noch lebt“ (3. Mose 18,18).

Lea hatte (wenn man Dina mitzählt) sieben Kinder – im biblischen Kontext die vollkommene Zahl –, Rahel hatte zwei; ihre Sklavinnen hatten gemeinsam vier Kinder, was insgesamt die Zahl der zwölf Stämme Israels ergibt. Diese Nation soll Gottes

Stadt auf dem Berg werden, durch die er die Völker zu sich zieht. Obwohl sie von ihrem Mann nicht geliebt wurde, war Lea im Leben doch erfolgreich und hatte die meisten Nachkommen. Im Buch Rut werden Lea und Rahel gemeinsam als Segen genannt. „Da sagten alle, die im Tor zusammen waren, und die Ältesten: ‚Wir sind Zeugen! Der Herr beschenke die Frau, die jetzt in dein Haus kommt, so reich wie Rahel und Lea, aus denen das ganze Volk Israel hervorgegangen ist! Dein Familienglück soll sich mehren in Efrata und dein Name bedeutend werden in Bethlehem'" (Rut 4,11).

Und wenn wir den Stammbaum von Jesus Christus zurückverfolgen, können wir nur staunen, wie gütig Gott mit Lea war. Durch ihren Sohn Juda sollte der Christus in diese Welt kommen. Sie vertraute darauf, dass Gott durch ihren Schmerz etwas bewirken würde, was im Lobpreis endete, und durch diesen Sohn des Lobpreises sollte schließlich das größte Geschenk überhaupt – die Erlösung – in diese Welt kommen.

Was bedeutet das für dich?

Lea wurde vor allem deshalb verkannt, weil sie nach ihrem Äußeren beurteilt wurde. Sie konnte nichts dagegen tun, dass man sie links liegen ließ, ganz gleich, wie sehr sie sich auch bemühte. Das ist ein weitverbreitetes Vorurteil. Diejenigen, die als attraktiv gelten, verdienen durchschnittlich mehr Geld, haben mehr Erfolg und mehr Möglichkeiten. Unsere Gesellschaft belohnt diejenigen, die sich den sozialen Normen anpassen oder sogar positiv herausstechen, und lehnt diejenigen ab, die das nicht tun.

Wenn wir mit dieser Art des „Missverstandenseins" oder gar Abgelehntseins konfrontiert sind, können wir nur eines tun: unsere Herzen und Gedanken neu auf die Realität von Gottes Reich ausrichten. Jesus erinnert seine Jünger daran: „Viele, die jetzt die Ersten sind, werden die Letzten sein, und die, die jetzt die Letzten sind, werden dann die Ersten sein" (Matthäus 20,16). Das äußere Erscheinungsbild kann trügen. Wir haben ja schon festgestellt, dass Gott die Dinge nicht so sieht wie wir – sein Blick sieht bis in unser Herz und zu unseren verborgenen Absichten. Wenn man einen Blick in die Bibel wirft, fällt auf, dass er immer wieder sehr unerwartete „Helden" erwählt, um seine Absichten auszuführen. Wir können oft sehen, dass Gott das jüngere Kind erwählt, den kleinsten Stamm, die unwahrscheinlichste Person und den Außenseiter, um einen überraschenden Sieg zu erringen. Und das ist eine gute Nachricht für all die Zerbrochenen, die Erniedrigten, die Unbeachteten. Wenn du die Bibel sorgfältig durchforstest, wirst du immer wieder Hinweise darauf finden, dass in Gottes Reich ganz anders „gerechnet" wird.

Lea, die Ungeliebte, ist die Stammmutter des Messias, der die ganze Welt liebt.

Mein eigenes Leben spiegelt dieses Paradox wider. Ich war ein wildes, vernachlässigtes, unbeachtetes, verletztes und durch traumatische Erfahrungen zerbrochenes Kind. Ich bin immer noch überrascht darüber, dass Gott vom Himmel herabgesehen und jemanden wie mich errettet hat. Rein logisch betrachtet, ergibt das keinen Sinn. Ich war nicht attraktiv, hatte ein total zerrüttetes Zuhause und keinerlei Fähigkeiten, außer vielleicht der, dass ich ein wenig schreiben konnte. Ich stelle mir gern vor, wie er diese Worte über mir ausgesprochen hat, während ich darüber nachdachte – das war, bevor ich ihn kennenlernte –, wie wertlos ich war:

Erinnert euch, liebe Brüder, dass nur wenige von euch in den Augen der Welt weise oder mächtig oder angesehen waren, als Gott euch berief. Gott hat das auserwählt, was in den Augen der Welt gering ist, um so diejenigen zu beschämen, die sich selbst für weise halten. Er hat das Schwache erwählt, um das Starke zu erniedrigen. Er hat das erwählt, was von der Welt verachtet und geringgeschätzt wird, und es eingesetzt, um das zunichtezumachen, was in der Welt wichtig ist, damit kein Mensch sich je vor Gott rühmen kann (1. Korinther 1,26–29).

So sieht es aus, wenn Gott einen Menschen erwählt und errettet. Es geht nicht darum, dafür zu sorgen, dass wir präsentabel sind oder dass unsere äußere Erscheinung uns Zugang zu seinem Reich verschafft – nein, er will diejenigen erlösen, die wissen, dass sie hilflos sind, die verachtet werden und die sich in dieser Welt voller Jemande wie ein Niemand fühlen. Wir können uns entweder wegen unserer Unzulänglichkeiten wie Lea an Gott wenden oder verzweifeln. Diejenigen von uns, die schon einmal verkannt oder ignoriert wurden, dürfen sich bewusst machen, dass wir da, wo wir zerbrochen sind, wahrscheinlich am eindrücklichsten erleben können, wie Gott Dinge zum Guten wendet. Unser Mangel kann ein Segen sein. Unsere vermeintliche Hoffnungslosigkeit kann der Weg sein, auf dem wir erleben, dass Gott Hoffnung schenkt.

Beurteilen dich die Leute nach etwas, das in deiner Vergangenheit geschehen ist? Lehnen andere dich wegen deiner wirtschaftlichen Verhältnisse ab? Schenken dir manche keine Beachtung, weil du nicht den gängigen Schönheitsidealen entsprichst? Weil du nicht mehr zwanzig oder dreißig bist? Das ist nur ihre Sicht der Dinge – in Gottes Reich sieht es ganz anders aus! Wirst du durch diese Aspekte an den Rand geschoben? Vielleicht.

Werden bissige Worte dich verletzen? Natürlich. Aber versuche trotzdem, dein Selbstwertgefühl nicht auf dem aufzubauen, was in dieser Gesellschaft zählt. Solche Maßstäbe sind einem ständigen Wandel unterworfen. Sie ziehen die Schönen und Starken den Unvollkommenen und Schwachen vor. Aber in Gottes Reich werden diese Maßstäbe auf den Kopf gestellt. In seinem Reich ist *wenig* viel, der Letzte ist der Erste und das Unwahrscheinliche ist am wahrscheinlichsten.

Wenn wir wegen der Dinge, die wir vielleicht nicht in der Hand haben, abgelehnt werden, wenn das Verhalten anderer uns das Leben schwer macht, wenn wir in den Augen dieser Leistungsgesellschaft weniger wert sind, weil uns in dieser Hinsicht Grenzen gesetzt sind, dann dürfen wir uns neu ausrichten, indem wir uns bewusst machen, dass diese Welt vergänglich ist. „Wer zu ihm kommen möchte, muss glauben, dass Gott existiert und dass er die, die ihn aufrichtig suchen, belohnt“, daran erinnert uns schon der Verfasser des Hebräerbriefes (Hebräer 11,6). Wir dürfen uns an der Tatsache festhalten, dass Gott den Schwachen Kraft schenken wird, denn sie sind sich ihrer Schwachheit bewusst und dass sie einen Retter brauchen!

Selbst wenn alle Menschen uns ablehnen würden, haben wir doch durch den Heiligen Geist einen Fürsprecher, einen Tröster, der uns in unserem Leid zur Seite steht, einen ständigen Begleiter, der uns nur zu gern daran erinnert, dass wir Kinder des Allerhöchsten sind. Wir können Gottes Handeln nicht immer verstehen. Er denkt anders, handelt anders, liebt anders, als wir erwarten. Diese Wahrheit finden wir schon im Buch Jesaja: „‚Meine Gedanken sind nicht eure Gedanken‘, sagt der Herr, ‚und meine Wege sind nicht eure Wege. Denn so viel der Himmel höher ist als die Erde, so viel höher stehen meine Wege über euren Wegen und meine Gedanken über euren Gedanken'" (Jesaja 55,8–9).

Auch der Apostel Paulus wiederholt später noch einmal den Gedanken aus Jesaja 64,4 als Verheißung an uns: „Aber es ist passiert, wie es in der Schrift heißt: ‚Kein Auge hat je gesehen, kein Ohr je gehört und kein Verstand je erdacht, was Gott für diejenigen bereithält, die ihn lieben'" (1. Korinther 2,9). Ist das nicht ein tolles Versprechen? Und eine tolle Art zu leben: in gespannter Erwartung auf das, was unser Überraschungen liebender, alles auf den Kopf stellender Gott in unserem Leben tun kann und wird?

Und Paulus erinnert uns noch einmal an den Heiligen Geist, der in uns lebt: „Und Gott hat uns nicht den Geist dieser Welt gegeben, sondern seinen Geist, damit wir das begreifen können, was Gott uns geschenkt hat" (1. Korinther 2,12). Wenn wir zu Gott gehören, sollten wir anders denken als die Gesellschaft, in der wir leben. Wir sollten andere nicht nach ihrer äußeren Erscheinung oder dem, was wir über sie gehört haben, beurteilen. Und warum? Weil wir „aber denken im Sinne von Christus" (1. Korinther 2,16).

Wenn du missverstanden, abgelehnt oder verkannt wirst, kannst du zwei Dinge tun: Mach dir zunächst einmal bewusst, dass du dem Beispiel von Jesus folgen kannst, der weiß, wie es ist, wenn man schlecht behandelt wird. Zweitens kann der Schmerz des Missverstandenwerdens in dir mehr Mitgefühl für andere wachsen lassen. Ganz abgesehen davon, dass du andere wahrscheinlich nicht so behandeln wirst, wenn du diesen Schmerz selbst durchgemacht hast.

In 1. Korinther 4,3 tröstet Paulus die Missverstandenen: „Mir ist es nicht so wichtig, wie ihr oder irgendein menschliches Gericht in diesem Punkt über mich urteilt. Ich maße mir auch über mich selbst kein Urteil an" (Hfa). Verstehst du, was er hier sagen will? Es ist völlig bedeutungslos, wenn andere uns falsch beurteilen, uns verkennen oder abschreiben. Wir dürfen die Gewissheit haben, dass Gott alles sieht. Er weiß alles. Und er beurteilt uns absolut richtig, er wird uns nie abschreiben. Und wenn wir einen Fehler begangen haben, dann haben wir die Freiheit, diesen zuzugeben und seine Vergebung dafür in Anspruch zu nehmen. Und das Wissen, dass er uns vergibt, kann dann unser Verhalten anderen gegenüber beeinflussen. Wir können beschließen zu tun, was auch Paulus in 1. Korinther 4,5 schreibt: „Deshalb urteilt niemals voreilig! Wenn Christus kommt, wird er alles ans Licht bringen, was jetzt noch verborgen ist" (Hfa).

Du kannst vielleicht nicht ändern, was andere über dich denken, selbst wenn sie wirklich im Irrtum sind. Du könntest es dein ganzes Leben lang versuchen, aber das würde nur dafür sorgen, dass du dich nicht weiterentwickelst. Du bleibst in der Vergangenheit stecken und das hindert dich daran, zu wachsen und nach vorn zu schauen. Auch Paulus fordert uns dazu auf, die Vergangenheit hinter uns zu lassen und uns ganz auf das zu konzentrieren, was vor uns liegt (siehe Philipper 3,13). Du hast nur eines selbst in der Hand: deinen Gehorsam Gott gegenüber. Wenn du ihm gehorchst und den nächsten richtigen Schritt gehst, gehst du auf diese herrliche Zukunft zu, und das zeigt, dass du innerlich entschlossen bist, dich weiterzuentwickeln.

Ob es schmerzt, wenn Menschen unwahre Ansichten über dich haben? Ja, natürlich. Aber ihre Meinung kann nur dann ihre bösartige Kraft entfalten, wenn du dich ständig damit beschäftigst und dir darüber Sorgen machst. Die Wahrheit sieht aber anders aus: Du wirst geliebt. Gott sieht dich. Das, was er über dich denkt, ist wichtiger als das, was andere über dich denken. Und mit der Hilfe von Gottes Heiligem Geist kannst du jede grobe Behandlung überstehen. Du musst nur eines tun: die Kraft anzapfen, die dir durch ihn zur Verfügung steht.

Der Apostel Paulus wusste aus eigener Erfahrung, wie es ist, von seinen Feinden schlecht behandelt zu werden. Er beschreibt das, als er über seine Zeit in der Provinz Asien nachdenkt.

Wir haben wirklich Vernichtendes erlebt, sodass wir schon glaubten, nicht mit dem Leben davonzukommen. Wir haben dem Tod ins Gesicht gesehen. Doch auf diese Weise haben wir gelernt, nicht auf uns selbst zu vertrauen, sondern auf Gott, der die Toten auferweckt. Und tatsächlich hat er uns aus der Todesgefahr befreit. Nun sind wir sicher, dass er es wieder tun wird (2. Korinther 1,8–10).

Paulus beschönigt seine Erfahrungen nicht und spielt auch nichts herunter. Er liefert die Fakten und dann verrät er uns etwas: Auf diese Weise auf die Probe gestellt und abgelehnt zu werden, kann auch etwas Positives haben. Es zeigt uns, dass wir jemanden brauchen, der uns hilft, der uns Kraft schenkt. Paulus vertraute nicht auf seine Leistungen, seine eigene Kraft (siehe Philipper 3,3), sondern setzte sein Vertrauen auf das, was Jesus Christus für uns getan hat – selbst wenn ihn der Tod erwarten sollte.

Lass dich nicht entmutigen, wenn du abgeschrieben wirst. Das falsche Bild, das andere von dir haben, und ihre Ablehnung dir gegenüber können nichts an der grundlegenden Wahrheit ändern, dass du geliebt wirst. Du wurdest als Ebenbild deines Schöpfers erschaffen, du wirst geliebt und bist wunderbar gemacht. Du wirst gehalten und gesehen. Du wirst getragen und gehegt. Du bist errettet und erlöst. Er kämpft für dich und schützt dich. Du bist gewollt und umsorgt. Du bist erwählt und wertgeschätzt. Er freut sich über dich und rettet dich. Er überschüttet dich mit Gnade und schenkt dir seine Verheißungen. Wenn du dir das bewusst machst, kannst du innerlich zur Ruhe kommen.

Ein paar gute Nachrichten über dein wahres Ich

- Du bist allein schon deshalb wunderschön, weil du das Ebenbild deines Schöpfers bist.
- Gott hat tolle, liebevolle Absichten für dich, die dich wahrscheinlich überraschen werden.
- Auch wenn du das Gefühl hast, dass es niemanden gibt, der dich liebt: Gott liebt dich leidenschaftlich.
- Durch dein Handeln und deine Treue zu Gott bringst du Leben und Licht in diese Welt.
- Dein Gehorsam wird spätestens in der Ewigkeit belohnt.

Kurz nachgedacht

1. Hattest du neue Erkenntnisse, als du Leas Geschichte gelesen hast? Welche?
2. Hast du schon einmal erlebt, dass eine Beziehung auseinandergegangen ist? Macht es dir Hoffnung, wenn du siehst, dass Lea und Rahel sich vielleicht irgendwann doch noch versöhnt haben? Was muss geschehen, damit eine zerrüttete Freundschaft

oder die Beziehung zu einem nahestehenden Menschen wieder in Ordnung gebracht wird?

3. Was bedeutet es für dich, Gott gehorsam zu sein? Gibt es etwas Konkretes, von dem du weißt, dass Gott es eigentlich von dir will? Warum fällt es manchmal schwer, ihm zu gehorchen?
4. Wo macht dir Leas Geschichte Hoffnung?
5. Wo beweist Gott in dieser Geschichte, dass er für Lea sorgt? Hat Gott dir in den vergangenen fünf Jahren irgendwo konkret gezeigt, dass er dich liebt und deine (emotionalen) Bedürfnisse sieht?

Kapitel 4

Rahab – die Hure

Das Tageslicht wich der hereinbrechenden Dämmerung, als Rahab durch die Gassen von Jericho eilte, ein summender Mückenschwarm ihr einziger Begleiter. Sie holte noch einmal tief Luft, nachdem sie schließlich die Eingangstür ihres Hauses verriegelt hatte, das direkt an die uneinnehmbare Stadtmauer gebaut war. Das würde dafür sorgen, dass der Pöbel draußen blieb – allerdings musste man ehrlicherweise sagen, dass die gleichen Leute in gewisser Hinsicht auch für den Lebensunterhalt ihrer Familie sorgten. Obwohl sie jung war und manche sie für schön hielten, kam sie sich manchmal älter als die Steine vor, aus denen ihre Stadt errichtet war. Wer würde sie heute Abend für ihre Dienste bezahlen? Würde sie genug Geld haben, um nicht nur für den morgigen Tag sorgen zu können? Ihr Magen knurrte, was ein Zeichen dafür war, dass es ihr wichtiger war, ihre Familie zu ernähren als sich selbst.

An diesem Abend regte sich kein Lüftchen in Jericho. Rahab spürte etwas Unergründliches, etwas, das sich ihren Sinnen entzog – als stelle diese Nacht einen Wendepunkt dar und als würde nun alles anders werden. Doch sie wusste nicht, was das bedeutete.

Sie blickte noch einmal zum tiefblauen, langsam dunkler werdenden Himmel hinauf. Obwohl sie in einer heidnischen Gesellschaft lebte, hatte Rahab viel über den Kosmos nachgedacht. Während ihre Nachbarn eine Vielzahl an Göttern anbeteten, hatte sie diese Vorstellung schon immer hinterfragt. Ihr Vater hatte sie bereits als kleines Kind liebevoll „die Fragestellerin“ genannt. Warum sollte man wütenden Göttern folgen? Und wenn diese Götter rachsüchtig waren, warum sollten sie dann zusammenarbeiten, um diese Welt zu erschaffen? Wäre der Sonnengott nicht wütend auf den Mondgott und würde versuchen, diesen zu vernichten? Und was war mit dem Donnergott? War er nicht auf die Unterstützung der Fruchtbarkeitsgöttin angewiesen, um in den Stürmen kostbare Samen auf die Erde zu schicken?

Nein, in ihren Augen wies die Welt auf einen einzigen Schöpfer hin, einen Gott, einen Geber von Geboten. Und wenn sie dem Getuschel ihrer Nachbarn Glauben schenken durfte, dann traf diese Beschreibung auf den Gott der Israeliten zu. Er war der Gott aller Götter. Der Schöpfer von allem. Die Furcht einflößendste Gottheit, die Sonne, Mond, Sterne und das Wetter beherrschte. Sein mächtiges Eingreifen hatte damals das Rote Meer zurückgehalten, damit sein Volk trockenen Fußes hindurchziehen konnte. Er hatte eine Feuersäule erschaffen, um sie dadurch nachts zu führen, und eine Wolkensäule, um sie tags zu führen. Ganz im Gegensatz zu Rahab, die für ihre Mahlzeiten arbeiten musste, hatte dieser Gott Nahrung aus dem Nichts erschaffen – Manna, Brot vom Himmel. Er sorgte dafür, dass die trockene Erde und sogar Felsen Wasser spien, damit sein Volk zu trinken hatte. Er hatte vierzig Jahre lang dafür gesorgt, dass die Sohlen ihrer Schuhe sich nicht abnutzten. Er war mächtig, griff auf übernatürliche Weise in das Leben der Menschen ein, die ihm folgten, und hatte sich liebevoll ihrem Schutz verschrieben. Und Rahab sehnte sich so sehr danach, derart beschützt zu werden. Sie sandte ihr Flehen in den nächtlichen Sternenhimmel hinauf.

Plötzlich vernahm sie in der Nähe Schritte auf einer der steinernen Treppen. Rahab blickte durch ein kleines Sichtfenster in der Eingangstür: Zwei Männer in Reisekleidung hasteten heran. Eine Gruppe einheimischer Schläger war ihnen auf den Fersen. Sie hörte, wie einer von ihnen sagte: „Was macht ihr hier, ihr Fremdlinge?“

Die beiden Männer sagten zunächst nichts, aber Rahab sah, wie einer von ihnen unter seinen Umhang griff. Blitzte da etwa im schwächer werdenden Tageslicht ein Dolch auf?

Instinktiv öffnete sie den Eingang und trat einen Schritt hinaus. Sie verspürte das Bedürfnis, Blutvergießen zu vermeiden.

„Da seid ihr ja!“, rief sie mit entschlossener Stimme. „Ich habe schon auf euch beide gewartet.“ Sie sah zu der Gruppe hinter den beiden, die abrupt innehielten und laut fluchten. „Ist schon in Ordnung“, sagte sie zu ihnen. „Das sind meine Gäste.“

Sie wandte sich zu ihrem Haus um und bedeutete den Reisenden, ihr zu folgen. „Keine Sorge“, flüsterte sie. „Ich weiß genug über diese Männer, um sie zum Schweigen zu bringen.“ Mit diesen Worten wollte sie sich selbst genauso beruhigen wie die Fremden, obwohl sie wusste, was für ein loses Mundwerk diese Typen hatten. Sie winkte die Männer herein und verriegelte dann von innen die Tür wieder. Wer waren diese Männer und was hatte sie da gerade getan?

Sie bat die Männer, sich zu setzen, während sie das wenige, das sie in der Küche fand, zusammensuchte und eine kleine Mahlzeit zubereitete.

„Danke“, sagte einer der Männer mit fremdländischem Dialekt und nahm einen großen Schluck vom Brunnenwasser. „Es ist dir hoch anzurechnen, dass du uns vor diesem Pöbel gerettet hast." In seiner Stimme schwang ein Hauch von Ironie mit. Rahab beschloss, nicht zu erwähnen, dass sie das Messer gesehen hatte.

„Ich kann nicht erklären, warum ich das getan habe – ich wusste einfach nur, dass ich euch helfen soll", erwiderte sie ausgesprochen ehrlich.

Einer der beiden Männer räusperte sich. „Ich bin Salmon. Das ist mein Freund Bezai."

„Das sind ungewöhnliche Namen." Sie goss den durstigen Männern noch mehr Wasser aus ihrem Tonkrug ein.

„Stimmt", sagte Salmon nur.

Es herrschte Stille zwischen ihnen, während die Männer aßen.

„Was sind eure Absichten?", fragte Rahab schließlich.

Ihre Gäste kauten nachdenklich, aber keiner setzte zu einer Antwort an.

„Bitte sagt mir, warum diese Gruppe von Männern euch gefolgt ist", bohrte sie weiter nach.

„Nichts, das man im Namen Gottes tut, ist ohne Prüfungen", sagte Salmon.

„Hast du gerade ‚Gott' gesagt? Welcher denn? Es gibt viele." Mit dieser Frage ließ Rahab allen Anstand fallen. Ihre gesellschaftliche Position beinhaltete, dass sie niemals Männern in die Augen sah, obwohl die sie häufig anstarrten. Doch diese Männer waren nicht wie ihre gesichtslosen Kunden. Nein. Sie musste erfahren, was diese Männer wussten – musste sehen, ob Aufrichtigkeit oder Lüge in ihren Blicken zu lesen war.

„Wir sind unterwegs im Auftrag des Allmächtigen", sagte Salmon. „Wir sind Israeliten."

Rahab schnürte es die Kehle zu. Und sie hatte diese Männer in ihr Haus eingeladen! Der König von Jericho hatte überall in der

Stadt seine Spione, und das bedeutete, wenn die fremden Männer unter ihrem Dach gefunden wurden, würde sie hingerichtet werden. Aber ihre Neugier auf diesen Gott und seine Macht drängte ihre Panik zurück. Vielleicht würde ja alles gut werden, wenn sie sich auf ihre Seite schlug?

Schließlich sprach Salmon offen mit ihr. Er erzählte vom Anführer der Israeliten, Josua, von ihrer Wüstenwanderung und von den jüngsten Eroberungen des Allerhöchsten. „Wir spionieren dieses Land und deine Stadt aus – wir wollen sie einnehmen", erklärte er ihr.

Bezai nickte. „Und Gott ist auf unserer Seite", fügte er hinzu.

Plötzlich war ein lautes Klopfen an der äußeren Tür zu hören. „Rahab! Mach auf!", rief eine Männerstimme.

Sie sandte ein Stoßgebet zum Gott der Israeliten und bat ihn um eine Eingebung.

„Schnell", drängte sie ihre Gäste dann flüsternd. „Aufs Dach."

Während das Klopfen an der Tür anhielt, hastete sie mit den beiden Männern nach oben, wies sie an, mucksmäuschenstill zu sein, und deckte sie dann mit Flachsbündeln zu. Bei jedem Schritt nach unten bat sie den fremden Gott um die richtigen Worte, um Schutz für ihr Haus und um Mut.

Unten angelangt, öffnete sie die Tür einen Spaltbreit. Draußen stand ein Bote des Königs von Jericho, an seiner Seite einige Soldaten des Königs. Der Blick des königlichen Dieners verfinsterte sich bei ihrem Anblick und wurde dann lustvoll. Sie kannte dieses anzügliche Grinsen nur allzu gut. Sie hatte es schon Tausende Male in den Gesichtern der Männer gesehen, die ihr ihren Lohn zahlten. Frauen wie Rahab standen nur wenige Möglichkeiten offen, ihren Lebensunterhalt zu verdienen, und so tat sie, was sie tun musste, um zu überleben.

Der Mann verschränkte seine Arme vor der kräftigen Brust

und sagte: „Wir haben erfahren, dass heute Abend einige Israeliten hier aufgetaucht sind, die unser Land ausspionieren wollen."

„Woher wisst Ihr das?" Rahab bemühte sich, ruhig zu klingen, obwohl ihr Herz laut pochte.

„Eine Gruppe von Männern hat gesehen, wie sie in dein Haus gegangen sind."

„*Viele Männer* kommen in mein Haus, Herr." Sie hielt die Tür weiterhin nur einen Spaltbreit offen. „Außerdem ist es ganz schön weit hergeholt, zwei Reisende gleich als Spione zu bezeichnen, oder? Wenn das so ist, dann werden meine Dienste ständig von Spionen in Anspruch genommen", sagte sie augenzwinkernd. „Aber es ist schon spät ..." Sie machte Anstalten, die Tür zu schließen, doch der Bote des Königs schob seine Sandale dazwischen.

Er sah sie mit einem höhnischen Grinsen an. „Das ist keine Bitte, sondern ein Befehl. Schick die beiden Männer heraus, die vor einer Weile dein Haus betreten haben. Wir wissen, dass sie hier sind, um das Land auszuspionieren!"

Sie machte eine abwehrende Geste. „Die Männer waren tatsächlich hier", gestand sie. „Aber ich hab keine Ahnung, woher sie kamen." Die Lüge ging ihr leicht von den Lippen – etwas, woran sie sich in ihrem Gewerbe gewöhnt hatte. Es war alles nur Lüge, wenn die Männer sie aufsuchten – ein notwendiges Übel, um zu überleben. Aber dieses Mal lag die Lüge ihr schwer im Magen und ließ ihr Herz schneller schlagen. „Sie haben die Stadt nach Einbruch der Dunkelheit wieder verlassen – kurz bevor die Stadttore geschlossen wurden", fuhr sie fort. „Ich weiß auch nicht, wohin sie gegangen sind. Wenn ihr euch beeilt, holt ihr sie vielleicht noch ein."

Die Männer zogen wütend davon und es blieb nur ihr unangenehmer Geruch zurück. Rahab merkte sich, welchen Weg sie eingeschlagen hatten – die Straße hinunter, die zu den Furten des Jordan führte. Sobald sie die Stadt verlassen hatten, vernahm sie das vertraute Geräusch der Stadttore, die mit einem lauten Schlag hinter ihnen geschlossen wurden.

Sie atmete tief durch. Es dauerte einige Zeit, bis sich ihr Puls wieder beruhigt hatte. Rahab kletterte mithilfe der Leiter aufs Dach hinauf und zog die Flachsbündel zur Seite, bis sie die Gesichter der Israeliten im Mondlicht sah.

Salmon dankte ihr.

„Ich weiß, dass der allmächtige Gott euch dieses Land geben wird", sagte sie zu ihnen und achtete sorgfältig darauf, den richtigen Namen zu benutzen.

Die beiden Männer warfen sich mit großen Augen Blicke zu.

Unruhig ging sie auf dem Dach hin und her, wog ihre Worte genau ab, damit sie das Richtige sagte. Ihr Überleben hing von diesen Sätzen ab. „Wir alle haben große Angst vor euch. Die Leute fürchten sich entsetzlich", sagte sie schließlich.

Rahab ließ sich auf einem Flachsstapel in der Mitte des Daches nieder und bedeutete den Männern, sich ebenfalls zu setzen. Sie wollte nicht, dass sie gesehen wurden, auch nicht von einem Kind, das zufällig auf der Stadtmauer entlanglief.

„Wir haben gehört", flüsterte sie, „dass euer Gott euch trockenen Fußes durch das Rote Meer gebracht hat, als ihr aus Ägypten ausgezogen seid. Wir wissen auch, was ihr Sihon und Og, den beiden Amoriterkönigen auf der anderen Seite des Jordan, angetan habt. Ihr habt ihre Völker vernichtet!"

Sie war eine gute Beobachterin – das musste man in ihrem Gewerbe sein – und betrachtete deshalb die Gesichter der Männer genau, um zu sehen, ob ihr Gesichtsausdruck ihre Worte bestätigte. Beide nickten.

Die Abendbrise löste eine ihrer Haarsträhnen und sie stopfte sie wieder unter ihr Tuch. „Als wir davon gehört haben, hat sich bei uns Angst ausgebreitet. Hier hat niemand den Mut, gegen euch zu kämpfen. Denn euer Gott herrscht nicht nur oben im Himmel, sondern auch unten auf der Erde.“ Es fühlte sich gut an, diese Worte laut zu sagen, in der Gegenwart von Männern, die sie verstanden. Sie hatte diese Worte lange in sich verschlossen, weil sie Angst hatte, den Bewohnern von Jericho von ihrer Neugier auf den fremden Gott zu erzählen, denn ihre Anführer verlangten, dass man *ihre* Götter anbetete. Sie holte tief Luft und hatte zum ersten Mal das Gefühl, frei zu sein – frei von diesen Mauern, dieser Situation und ihrem Beruf.

Rahab wusste, dass sie nur eine einzige Chance hatte, gerettet zu werden. Ein einziger Augenblick würde ihr Schicksal besiegeln. Sie flehte den Gott der Israeliten um Weisheit an, denn nur er wusste, wie man diese Männer überzeugen konnte. In diesem Augenblick schoss ein Gedanke durch ihren Kopf, so schnell wie ein Sandsturm in der Wüste. Sie deutete zur Stadtmauer und hoffte, dass die Männer ihre Notlage erkannten.

„Nun schwört mir bei eurem Gott, dass ihr mich und meine Familie verschonen werdet, weil ich euch geholfen habe.“ Da sie gehört hatte, dass dieser Gott der Eine war, der seine Zusagen hielt und von denen, die einen Eid leisteten, Gehorsam verlangte, hoffte sie, dass dieser Schachzug aufgehen würde.

Salmon und Bezai nickten einander zu. „Sprich weiter“, sagte Salmon.

„Gebt mir etwas, das beweist, dass ihr mich am Leben lasst, wenn Jericho eingenommen wird, aber nicht nur mich, sondern auch meine Eltern und Geschwister sowie deren Familien.“ Sie achtete sorgfältig darauf, jeden ihrer Verwandten zu nennen, denn sie liebte sie sehr. Sie konnte nicht zulassen, dass sie zu Schaden kamen.

Salmon stand auf und deutete auf sich und auf Bezai. „Wir bieten dir unser eigenes Leben als Pfand für eure Sicherheit", sagte er.

Sie spürte, wie sich eine Last von ihr hob und in den Himmel hinaufflog. Alle würden in Sicherheit sein – solange sie in ihrem Haus Zuflucht suchten.

„Wenn du uns nicht verrätst, werden wir unser Versprechen halten und euch verschonen, wenn der Herr uns das Land gibt", fuhr Salmon fort. Sie vertraute der Wahrheit, die sie in seinen Augen lesen konnte. Und seiner Stimme? Sie wankte nicht. Diese Versprechen waren in Stein gemeißelt.

Rahab dankte ihm und staunte dabei im Stillen über seinen Glauben. Salmon hatte nicht gesagt: *„falls* der Herr uns das Land gibt", sondern *„wenn"*. Sie hatte plötzlich Mitleid mit den Einwohnern von Jericho, deren fehlgeleitetes Vertrauen in ihre Stadtmauer sie unausweichlich in den Ruin führen würde. Wenn sie doch nur alle sehen könnten, was sie sah, und verstehen könnten, was sie verstand: Wenn der Gott der Israeliten kam, würde er siegen und auch ein vermeintlich unüberwindbares Hindernis überwinden.

Rahab blickte sich um und erkannte, dass die Morgendämmerung heraufzog. Sie musste schnell handeln, um diese Männer Gottes zu retten. Hastig griff sie nach einem roten Hanfseil, das unter den Flachsbündeln lag, und bedeutete den Männern, ihr in das nächste Stockwerk zu folgen. Dort band sie das Seil an einem Türpfosten fest und warf das andere Ende dann aus dem Fenster.

„Ich würde euch empfehlen, ins Bergland zu gehen", riet sie ihnen, „damit man euch nicht fasst. Versteckt euch dort drei Tage lang, bis die Männer, die euch verfolgen, in die Stadt zurückgekehrt sind, und zieht dann weiter."

Die beiden berieten sich kurz im Flur. Rahab wurde wegen ihres Zögerns ungeduldig. Sie befürchtete, dass die Männer des Königs zurückkehren würden.

Schließlich sagte Bezai: „Wir können unser Versprechen, das du uns unter Eid abgenommen hast, nur erfüllen, wenn du das tust, was wir dir sagen."

„Natürlich." Sie deutete auf das Fenster, wo das Seil herunterhing. „Aber ihr müsst euch beeilen."

„Lass das rote Seil, an dem du uns hier herunterlässt, aus dem Fenster hängen, wenn unsere Truppen vor der Stadt stehen", fügte Salmon hinzu. „Versammle außerdem deine gesamte Familie in deinem Haus. Wer das Haus verlässt, auf die Straße hinausgeht und dort getötet wird, ist selbst dafür verantwortlich. Dort gilt unsere Verpflichtung nicht. Wenn allerdings jemand umgebracht wird, der sich in diesem Haus aufhält, übernehmen wir die volle Verantwortung."

Rahab nickte.

Schon im nächsten Augenblick kletterten Salmon und Bezai die Mauer hinunter, dann landeten sie mit einem dumpfen Aufprall auf dem Boden und rannten in Richtung Bergland davon. Das rote Seil baumelte noch aus dem Fenster, als sie verwundert darüber nachdachte, was gerade geschehen war. Ihre Familie war gerettet.

In den nächsten Tagen verbreiteten sich in ganz Jericho Todesmeldungen. Als sie ein paar Feigen auf dem Markt im Zentrum der Stadt kaufte, konnte Rahab spüren, wie sehr sich die Bewohner fürchteten. Der König hatte einen Erlass herausgegeben. Die Tore von Jericho waren fest verschlossen, weil sich die Bewohner vor den Israeliten fürchteten; niemand durfte hinein oder hinaus. Jedes Mal, wenn Rahab nach Hause kam, warf sie einen

Blick aus dem Fenster und schaute suchend über die Ebene. Sie kniff die Augen zusammen, um zu sehen, ob sich eine Armee näherte. Tagelang rührte sich nichts.

Aber dann stieg in weiter Ferne eine Staubwolke in den blauen Himmel auf.

„Das sind sie", sagte sie zu ihrer Familie. „Keiner darf das Haus verlassen. Habt ihr mich verstanden?" Sogar ihre Nichten und Neffen nickten zustimmend. Sie wirkten nervös. Vielleicht hatte sich ihre eigene Anspannung auf die ganze Familie übertragen.

Rahab sah zu, wie die Israeliten sich langsam auf Jericho zubewegten. Sie vernahm den Aufmarsch der Soldaten und das Kriegsgeschrei in der Stadt – Schlachtrufe und Siegeslieder. Doch ihre Landsleute irrten sich. Sie waren stolz und dachten, sie seien mächtiger als der Gott, der alles erschaffen hatte – selbst die Felsen, aus denen die Mauer erbaut war, auf die sie so blind vertrauten.

Als das Volk Israel zum ersten Mal um die Stadtmauer marschierte, rechnete sie damit, dass diese sofort in sich zusammenfallen würde. Stattdessen führten bewaffnete Männer den Zug an, gefolgt von sieben Männern, die vor einer goldenen Kiste hergingen, die auf Stangen getragen wurde. Jeder der Männer vor der Kiste blies dabei in ein Widderhorn. Ihnen folgten bewaffnete Männer, die kein Wort sagten, als die Widderhörner ertönten. Und am Ende dann schweigend das restliche Volk, mit Kindern und allem.

Doch während die Menschen um die Mauer herumzogen, hielt sie nach Salmon Ausschau, dem größeren der beiden Spione. Als er vorbeikam, blickte er zu ihrem Fenster hinauf und nickte, als wolle er sagen: „Befolge unsere Anweisungen!"

Nachdem sie um die Stadt gezogen waren und ihre Hörner geblasen hatten, kehrten die Israeliten in ihr Lager zurück. Es hatte keine Invasion gegeben. Und keine Nachricht von Salmon oder Bezai. Alles war sehr verwirrend.

Furcht machte sich in Rahabs Gedanken und ihrem Herzen breit. In den folgenden Tagen geschah das Gleiche: bewaffnete Krieger, priesterliche Männer, die Kiste, bewaffnete Krieger, schallende Hörner und das schweigend marschierende Volk – all das flößte den Einwohnern von Jericho große Furcht ein. Salmon sah weiterhin jedes Mal zu ihr hinauf, wenn er unten an der Mauer vorbeizog. Ihr kleiner Neffe bettelte, das Haus verlassen zu dürfen, um mit seinen Freunden in den Straßen der Stadt zu spielen. „Bitte, Tante Rahab. Diese Angreifer marschieren doch nur und machen Musik. Da passiert doch nichts."

„Still", sagte Rahab. „Du musst mir versprechen, dass du hier drinnen mit uns in Sicherheit bleibst. Wenn du das nicht tust, wirst du umkommen."

Ihr Neffe gehorchte, wenn auch schmollend.

Sechs Tage dauerte dieser seltsame Marsch an.

Am siebten Tag spürte Rahab, dass etwas in der Luft lag. Es war, als schwiege die ganze Welt, und selbst die Vögel hatten aufgehört zu zwitschern. Kein Bienensummen war in der Stille zu vernehmen. Die Israeliten taten das Gleiche wie zuvor, nur dass sie diesmal nicht nach einem Mal aufhörten. Diesmal zogen sie weiter um die Stadt. Sie spürte das Donnern ihrer Schritte in ihrem Herzen und das Beben unter ihren Füßen. Etwas war im Anzug!

Sie zählte mit, wie oft Salmon vorbeikam. Eins, zwei, drei, vier, fünf, sechs …

Plötzlich schrie der Mann, von dem sie später erfuhr, dass es Josua war: „Jetzt schreit ganz laut! Gott, der Herr, hat diese Stadt in eure Hand gegeben! Und da wir ein Opfer für ihn bringen wollen, soll die gesamte Stadt und alles, was darin ist, bis auf den

Grund zerstört werden." Rahab schlang die Arme um sich, als er fortfuhr: „Nur die Prostituierte Rahab und alle, die in ihrem Haus sind, sollen am Leben bleiben, denn sie hat unseren Kundschaftern Unterschlupf gewährt", hörte sie ihn sagen.

Jetzt würde alles gut werden. Sie seufzte und ihre Familie drängte sich eng um sie.

Der Mann namens Josua fuhr erneut fort: „Ihr dürft euch nichts von dem nehmen, was für Gott bestimmt ist, sonst stürzt ihr euch und das Lager ins Unglück. Alle Gegenstände aus Silber, Gold, Kupfer oder Eisen sind Gott geweiht und müssen in seine Schatzkammer gebracht werden."

Als Josua geendet hatte, stieß das gesamte Volk einen unglaublichen Schrei aus – es klang wie das Brüllen eines Löwen, das Schreien einer Frau und Kriegsgeschrei. Gleichzeitig fing es an zu donnern. Dann war überall um sie herum das laute Krachen von fallenden Steinen zu hören. Rahab versammelte ihre Familie am sichersten Ort, den sie finden konnte – das Dach mit den Flachsbündeln –, und betete, dass ihnen nichts geschehen würde. Während die mächtige Stadtmauer in sich zusammenbrach, drang von den Israeliten lautes Rufen herüber. Es war, als ließe der Schöpfer aller Dinge die Erde genau um die Stadt herum erbeben und erschütterte sie bis in ihre Grundfesten. Als sie das Brüllen, den Hörnerschall, das schreckliche Poltern der Steine sowie die Schreie ihres eigenen Volkes vernahm, hielt Rahab sich die Ohren zu und schloss die Augen.

In dem danach folgenden Durcheinander drangen Salmon und Bezai schließlich zu Rahab und ihrer Familie vor und befahlen ihr, ihnen dicht zu folgen. „Wir bringen euch an einen sicheren Ort", versprach Salmon. An jenem Abend war Rahab mit ihrer Familie in der Nähe des israelitischen Lagers in Sicherheit.

Es würde schwer sein, in einer Stadt mit Mauern, in der Menschen mit Mauern in den Köpfen lebten, einen Neuanfang zu wagen. Eine Prostituierte würde dort immer eine Prostituierte bleiben, ganz gleich, wie sehr sie sich auch bemühte, ihrem Schicksal zu entrinnen. Aber unter diesen neuen Vorzeichen fand Rahab auch ein neues Leben. Sie war nicht länger als Prostituierte bekannt, sondern als Frau, deren Mut dazu beitrug, dass ein großer militärischer Sieg errungen worden war.

Salmon war der Erste, der ihrer Freundlichkeit vertraut hatte – er, der ihr schon vor der Flucht aus Jericho in die Augen gesehen hatte – und sie nicht mit Lust oder Begehren betrachtet hatte, sondern nur mit Bewunderung und Kameradschaft. Sie teilten die Last und feierten gemeinsam den Sieg. Und schon wenig später war Rahab nicht länger ehelos und kinderlos, sondern fühlte sich angenommen. Zusammen zogen sie ihren Sohn Boaz und später den Enkel Obed groß, während die Jahre ins Land gingen, so wie einst die Israeliten um Jericho gegangen waren.

Die biblische Erzählung

Schon bevor Rahab auf die beiden Spione traf, hatte sie von den legendären Taten des Allerhöchsten gehört. Ihr Vertrauen in ihn war nicht das Ergebnis persönlicher Erfahrung, sondern der Berichte über die Geschehnisse, die sich weit von Jericho entfernt ereignet hatten. Die Gerüchte wurden für sie schließlich zur Realität, und sie begann, daran zu glauben, dass dieser Gott ein Gott war, der sein Volk beschützte, dem Roten Meer Einhalt gebot und feindliche Völker vor ihren Augen vernichtete. Sie fürchtete nun nicht länger ihren eigenen König, sondern den König aller Könige.

Rahab wird im Buch Josua dreimal als *zonah* bezeichnet.[1] Das Wort bedeutet schlicht „Prostituierte" oder „Hure". Der Historiker Flavius Josephus schreibt hingegen, sie sei eine Gastwirtin gewesen, weil das hebräische Wort für „Prostituierte" und die Bezeichnung für „Frau, die Nahrung und Vorräte gibt" sich aus den gleichen Konsonanten zusammensetzen.[2] Aber auch da, wo sie an anderer Stelle in der Bibel erwähnt wird, verwenden die Verfasser der Texte das Wort „Prostituierte". Obwohl die Prostitution zu jener Zeit in einem weniger schlechten Ruf stand als heute, war es doch keine ehrbare Art, sich den eigenen Lebensunterhalt zu verdienen. Da Rahabs Haus in die Stadtmauer gebaut war, bekamen viele mit, was sie tat und welche Männer sie aufsuchten. Und trotzdem sehen wir, dass sie großes Mitgefühl mit ihrer Familie und ihren Verwandten hat. Es gibt kaum Hinweise darauf, dass diese sie wegen ihres Lebenswandels geächtet hätten. Und zu jener Zeit lebten Familien meist zusammen.

Einige Theologen glauben, dass Salmon einer der beiden Spione war, die Josua ausgesandt hatte, aber ob das stimmt, werden wir erst in der Ewigkeit beweisen können, wenn alles offenbar werden wird. (Ich habe diese Vermutung dennoch in meinen Text übernommen.) Salmon gehörte zum Stamm Juda, und nach seiner Heirat mit Rahab wurde er später zum Ururgroßvater von König David. Das bedeutet, die beiden waren Vorfahren von Jesus. Das bestätigt uns Matthäus 1,5: „Salmon war der Vater von Boas (seine Mutter war Rahab). Boas war der Vater von Obed (seine Mutter war Rut). Obed war der Vater von Isai." Diese Aussagen von Matthäus sind wirklich beeindruckend! Obwohl es ihnen streng untersagt war, ausländische Frauen zu heiraten, taten diese israelitischen Männer es trotzdem, indem sie

Rahab beziehungsweise Rut heirateten (die aus Moab stammte). Und dennoch sind die Frauen Teil des Stammbaums von Jesus! Das ist für mich ein weiterer Beweis dafür, dass es schon immer Gottes Herzensanliegen war, die gesamte Welt zu retten, nicht nur das Volk Israel.

Rahab war Amoriterin und damit Mitglied eines Stammes, der Götzen anbetete. Es war ihr zweifellos bewusst, wie wichtig es war, sich mit seinem Stamm solidarisch zu zeigen, aber sie entschied sich trotzdem, den König von Jericho zu verraten, indem sie den israelitischen Spionen Unterschlupf gab. Damit ging sie ein großes Wagnis ein. Wenn der König herausfand, was sie getan hatte, würde man sie hinrichten. Doch obwohl sie von Götzenanbetung umgeben war, besaß sie ein erstaunlich klares Verständnis von der Souveränität Gottes und glaubte mehr daran, dass er Wunder vollbringen konnte, als dass sie an die Macht irgendeines Götzen glaubte, dem Willen Gottes etwas entgegenzusetzen.

Und treffenderweise erinnern Rahabs Worte an das Lied, das anlässlich der Rettung der Israeliten gesungen wurde. Nachdem sie durch das Rote Meer gezogen waren, hatten diese gesungen: „Pferde und Reiter warf er ins Meer … Die Streitwagen des Pharaos und sein Heer warf er ins Meer. Die besten seiner Krieger ertranken im Roten Meer. Die Fluten bedeckten sie, wie Steine sanken sie in die Tiefe" (2. Mose 15,1.4–5). Entsprechend sagte Rahab zu den Spionen: „Denn wir haben gehört, wie der Herr euch trockenen Fußes durch das Rote Meer gebracht hat, als ihr aus Ägypten auszogt" (Josua 2,10). Obwohl sie nicht bei der Befreiung des Volkes Israel dabei gewesen war, war sie mit der Geschichte vertraut.

Auch die Farbe des Seils ist ein Hinweis auf die Errettung in der Vergangenheit des Volkes und in der Zukunft der Menschen.

Israeliten, die diese Geschichte lasen, dachten automatisch an das Passahmahl, bei dem das rote Blut sie vor dem Todesengel beschützt hatte. „Das Blut soll ein Zeichen sein an den Häusern, in denen ihr seid: Wenn ich das Blut sehe, werde ich an euch vorübergehen und euch verschonen. Diese Todesplage wird euch nicht treffen, wenn ich Ägypten strafe" (2. Mose 12,13). Man beachte, dass das Blut außen am Haus aufgetragen wurde, genauso wie das rote Seil als Schutzzeichen außen an Rahabs Haus herabhing. Die Bewohner von Jericho konnten das Zeichen nicht sehen, da sie innerhalb der Stadtmauern eingeschlossen waren. Doch die Spione konnten es klar erkennen. Es symbolisierte Rahabs Vertrauen in den Gott Israels und garantierte ihre Sicherheit. Später sollte das Blut von Jesus, das für uns vergossen wurde, zu unserem „roten Rettungsseil" werden. Wenn Gott, der Vater, diejenigen betrachtet, die zu Christus gehören, dann sieht er das äußerliche Zeichen des Opfers. Wir sind durch sein Blut gerettet.

An der Geschichte von Rahab ist vor allem eines wichtig: ihr Glaube. Sie wird vom Verfasser des Hebräerbriefes und von Jakobus, dem Bruder von Jesus, dafür gelobt. „Durch den Glauben kam die Prostituierte Rahab nicht mit den anderen Einwohnern der Stadt um, die sich geweigert hatten, Gott zu gehorchen. Denn sie hatte die Kundschafter freundlich aufgenommen" (Hebräer 11,31). Rahabs Gastfreundschaft gegenüber den Fremden zeigt, wie sehr sie Gott vertraute. Ihre ruhige Freundlichkeit wirft ein Licht auf ihren Glauben an Gott und seine Fähigkeit, seine Versprechen zu erfüllen. In der damaligen Zeit bedeutete Gastfreundschaft, dass man diejenigen beschützte, die in dem betreffenden Haus eingekehrt waren, aber Rahab übertraf diese Erwartungen noch, indem sie ihr Leben für die beiden Fremden aufs Spiel setzte. Außer Sara ist sie die einzige Frau in der Liste der Glaubenshelden, die wir im Hebräerbrief finden. Jakobus schreibt: „Auch die Hure Rahab wurde durch ihr Handeln vor Gott gerecht gesprochen, als sie die Kundschafter versteckte und sie auf einem anderen Weg in Sicherheit brachte" (Jakobus 2,25). Rahab erinnert uns daran, dass Glaube nicht nur eine innere Zuversicht ist – es ist eine Überzeugung, die durch opferbereites Handeln bekräftigt wird.

In beiden Abschnitten wird Rahab als Prostituierte bezeichnet. Das ist an dieser Stelle nicht wertend gemeint, sondern legt ein Zeugnis davon ab, dass Gott Menschen retten kann. Jeden Menschen. Rahabs Geschichte ist eine Geschichte von Rettung und Gnade. Aus dem gleichen Grund trägt auch die Frau, die beim Ehebruch erwischt wurde, immer noch diesen Namenszusatz; er beschreibt ihren Weg vom Zerbruch zu Wiederherstellung und Heilung. Als Jesus auf der Erde war, erinnerte er uns daran, dass sein Reich nicht für diejenigen gedacht ist, die meinen, dass sie seine Erlösung nicht nötig haben, sondern für diejenigen, die wissen, dass sie ein Problem haben. „Nicht die Gesunden brauchen den Arzt, sondern die Kranken. Ich bin gekommen, um Sünder zur Umkehr von ihren Sünden zu rufen, und nicht, um meine Zeit mit denen zu verbringen, die sich schon für gut genug halten" (Lukas 5,31–32). Als Jesus den Pharisäern das Gleichnis von dem Sohn erzählt, der verspricht, gehorsam zu sein, es aber nicht ist, und dem Sohn, der sagt, er werde nicht gehorchen, es aber dann doch tut, sagt er: „Ich versichere euch: Bestechliche Steuereinnehmer und Huren kommen eher ins Reich Gottes als ihr" (Matthäus 21,31).

An Rahabs Geschichte können wir ablesen, dass Gott jeden Menschen aus jeder Situation retten kann. Hier geht es also nicht nur um ihren mutigen Glauben, sondern sie ist auch ein Zeugnis für die Macht des Einen, in den sie ihr Vertrauen setzt.

Was bedeutet das für dich?

Das Beeindruckende an Rahabs Geschichte ist auch die Unvoreingenommenheit der beiden Spione. Obwohl der Text darüber nichts sagt, ist es sehr wahrscheinlich, dass die Spione wussten, welchem Gewerbe die junge Frau nachging. Trotzdem suchten sie bei ihr Unterschlupf und machten keinerlei herablassende Bemerkungen über sie. Sie können uns ein Vorbild sein, wenn es darum geht, jemanden eben *nicht* aufgrund seiner Umstände oder seiner Vergangenheit zu be- oder verurteilen.

Aber dennoch kann Rahab in der Bibel diesen Ruf niemals ganz ablegen. Die Bezeichnung haftet ihr noch jahrhundertelang an.

Vielleicht geht es dir ja genauso. Die Menschen erinnern dich nur zu gern an die Fehler, die du in der Vergangenheit begangen hast, und stempeln dich ab. In dieser Geschichte geht es darum, dass Rahab wegen ihres Lebenswandels verkannt wurde. Ihr gesellschaftlicher Status beruhte darauf, dass sie von Männern für deren sexuelles Vergnügen benutzt wurde. Prostituierte befinden sich meist in verzweifelten Situationen. Kein Mädchen träumt davon, Prostituierte zu werden, sondern Ausbeutung, Drogenmissbrauch, ein schlimmes Elternhaus oder andere Umstände bilden den Nährboden dafür, dass Prostitution und Menschenhandel heute florieren. Und leider wird meist nur die Frau stigmatisiert, die gezwungen ist, diesem Geschäft nachzugehen. Nur selten werden die Männer, die sie ausbeuten, dafür zur Verantwortung gezogen; auch schämen müssen sie sich in den Augen der Gesellschaft dafür nicht. Wir leben eben in einer Männerwelt.

Und das nicht nur heute. Im Neuen Testament wird von einer Frau berichtet, die beim Ehebruch erwischt wird. Sie wird daraufhin nackt und ohne Begleitung vor die religiösen Anführer gezerrt. Anscheinend trägt nur *sie* die Schuld an dem Ganzen, ist *sie* die Einzige, die hier Gebote übertreten hat. In seinem Mitte des 19. Jahrhunderts erschienenen weltbekannten Roman *Der scharlachrote Buchstabe* erzählt Nathaniel Hawthorne die Geschichte von Hester Prynne, die in ihrer Siedlung jederzeit öffentlich den Buchstaben „A" (für „Adultery" – „Ehebruch") als Strafe für ihren Ehebruch auf der Kleidung tragen muss, während der Mann, der gemeinsam mit ihr gesündigt hat, nicht gekennzeichnet wird. Wenn ein Mann wechselnde Geschlechtspartner hat, gilt er meist als „toller Hecht", während eine Frau als „Flittchen" bezeichnet wird. Die Keuschheitsbewegung, die in den 1990er-Jahren in den USA ihren Anfang nahm, legte den Mädchen eine schwere Last auf und verlangte von *ihnen*, sich „sittsam" zu verhalten, um die Jungen nicht in Versuchung zu führen. Aber das Problem mit der Lust, von dem man bei Jungen offensichtlich ausging, wurde nicht angesprochen. Oder mit anderen Worten: Es war die Pflicht der Mädchen und Frauen, dafür zu sorgen, dass die Jungen und die Männer keine sündigen Gedanken hatten. Auch hier galt und gilt vielerorts noch heute: Mädchen, die in der Oberstufe Sex hatten, hatten sofort ihren Ruf weg, während Jungen, die das taten, als männlich galten.

Was kann eine Frau, die an ihrer sexuellen Vergangenheit zerbrochen ist, tun? Viele Frauen haben sexuellen Missbrauch erlebt, was dann zu wechselnden Geschlechtspartnern geführt hat; im Falle von Vernachlässigung versuchten sie so vielleicht das emotionale Vakuum in sich zu füllen. Aber anstatt Trost, Schutz und Hilfe anzubieten, schiebt die Gesellschaft ihnen nur kaltschnäuzig die Schuld an ihrer Situation zu.

Die Frau am Jakobsbrunnen ist in dieser Hinsicht sehr aufschlussreich. Alle wissen, dass sie fünf Ehemänner gehabt hat und mit ihrem aktuellen Lebenspartner nicht verheiratet ist. Aber Jesus erwähnt nur diese Fakten; er macht ihr zu keinem Zeitpunkt Vorwürfe. Manche Theologen vermuten, dass diese samaritanische Frau deshalb so viele Scheidungen hinter sich hat, weil sie keine Kinder bekommen kann, was ihrem Ehemann das Recht gäbe, sie mit einem Scheidungsbrief zu entlassen. Als sie diese lange Reihe von Scheidungen und ihre gegenwärtige Lebenssituation (die wahrscheinlich für sie die einzige Möglichkeit darstellt, als unfruchtbare, unverheiratete Frau versorgt zu werden) eingesteht, sagt Jesus nur: „Da hast du die Wahrheit gesagt" (Johannes 4,18; Hfa). Er weist sie nicht an, Gott um Vergebung zu bitten und ihr Leben sofort zu ändern! Er verflucht sie auch nicht. Vielmehr ist das sich dann entspinnende Gespräch mit ihr die längste theologische Debatte zwischen Jesus und einem anderen Menschen, die je festgehalten wurde. Außerdem können wir auch ihrer Botschaft an die anderen Dorfbewohner entnehmen, dass er sie nicht bestraft hat: „Kommt mit und lernt einen Mann kennen, der mir alles ins Gesicht gesagt hat, was ich jemals getan habe! Könnte das vielleicht der Christus sein?" (Vers 29). Als Folge dieser freudigen Verkündigung strömt das ganze Dorf zu Jesus (Vers 30).

Wir sollten aufhören, andere dadurch zu verletzen, dass wir sie mit einem Etikett versehen, sie in eine „Schublade" stecken, vor allem wenn es um sexuelles Verhalten geht. Das bedeutet nicht, dass wir jegliche Sexualmoral oder die sehr klaren Worte, die wir in der Bibel zu außerehelichem Geschlechtsverkehr finden, über Bord werfen sollten. Nein, aber wir sollten uns bewusst machen, dass Jesus für alle Sünden und jede Art von Sünden gestorben ist. Alles beeinträchtigt unsere Beziehung zum heiligen Gott, egal, ob es dabei um Tratsch, hasserfüllte Worte, Lügen oder Sex mit jemandem geht, der nicht unser Mann oder unsere Frau ist. Jedes Fehlverhalten – ganz egal, welches – trennt uns von ihm. Ich habe noch nie erlebt, dass jemand als „ehemaliges Klatschmaul" abgestempelt wird, aber sexuelle Fehltritte verfolgen eine Person bis an ihr Lebensende. Frag da mal die Hure Rahab.

Wir vergessen auch, dass Jesus einen ganz anderen Blick auf moralisches Verhalten hat: Er sagt, dass die Sünde nicht aus unserem Körper kommt, sondern in unseren Gedanken ihren Anfang nimmt. Wenn wir andere in Gedanken wie Objekte behandeln, beeinträchtigen, beschädigen oder zerstören wir sogar ihre Würde. Das macht Jesus deutlich, als er sagt: „Ihr habt gehört, dass es im Gesetz von Mose heißt: ‚Du sollst nicht die Ehe brechen.' Ich aber sage: Wer eine Frau auch nur mit einem Blick voller Begierde ansieht, hat im Herzen schon mit ihr die Ehe gebrochen" (Matthäus 5,27–28). Er fordert uns gewissermaßen mit unserem ganzen Sein zu sexueller Reinheit auf – das gilt für unsere Gedanken genauso wie für unser Herz und den Körper.

Was können wir also tun, wenn wir verkannt, in eine Schublade gesteckt werden? Wie gehen wir damit um, dass andere unsere Beziehung zu Gott anhand ihrer eigenen Maßstäbe messen – und damit verkennen? Leider haben wir keinen Einfluss auf das, was andere über uns denken. Wir können das, was wir getan haben, nicht mehr rückgängig machen und so etwas an unserem Ruf ändern. Aber wir können von jetzt an ein Leben führen, das im Einklang mit Gottes Absichten für uns ist und ein hoffnungsvolles Zeugnis von dem ablegt, was er auch aus einem misslungenen Lebensentwurf machen kann. Wir können eine Bestandsaufnahme unserer Beziehungen machen, vor allem unserer Beziehungen zu denjenigen, die uns gewissermaßen nicht erlauben, unsere Vergangenheit hinter uns zu lassen. (An dieser Stelle ist es wichtig anzumerken, dass das nicht nur auf den sexuellen

Bereich zutrifft. Manche Frauen werden auch als „kaputt", „drogenabhängig", „magersüchtig", „esssüchtig", „geschieden", „psychisch krank" oder „alkoholabhängig" abgestempelt – um nur einige Beispiele zu nennen.) Wenn wir durch unsere engsten Beziehungen immer wieder an unsere Vergangenheit erinnert werden – entweder durch höhnische Bemerkungen, abwertende Bezeichnungen oder indem wir dadurch immer wieder in den alten Lebensstil zurückgezogen werden, den wir so mutig hinter uns gelassen haben –, dann sollten wir überdenken, mit welchen Personen wir unsere Zeit verbringen. In der Bibel werden wir immer wieder ermahnt, uns von Menschen fernzuhalten, die uns nicht guttun. „Geh nicht mit ihnen, mein Sohn!", schreibt der Verfasser der Sprüche. „Halte dich von ihnen fern! Sie sind schnell dabei, etwas Böses zu begehen und Blut zu vergießen" (Sprüche 1,15–16). Paulus ermahnt uns ebenfalls: „Lasst euch von Leuten, die so etwas sagen, nicht verführen, denn schlechter Umgang verdirbt gute Sitten" (1. Korinther 15,33).

Vielleicht belastet uns unser „Stigma" deshalb so besonders stark, weil andere uns ständig daran erinnern. Vielleicht ist es Zeit, nur nach vorn zu schauen und starke Mauern gegen diejenigen zu errichten, die uns das Leben schwer machen, und unsere Gedanken mit Gottes Wahrheit „umzuprogrammieren".

Was ist die Wahrheit, wenn du zu Gott gehörst?

Du wurdest von deiner kaputten Vergangenheit erlöst.

Du bist nicht die Summe deiner Sünden.

Du bist wertvoll.

Du wirst von den Fesseln deiner Kindheit befreit.

Du wirst zutiefst von Gott geliebt.

Du bist in Gottes Familie willkommen.

Du bist ein Träger bzw. eine Trägerin von Gottes Licht in dieser Welt.

Du wirst Jesus immer ähnlicher werden.
Du wurdest mit Vergebung beschenkt.
Du bist mit Hoffnung erfüllt.
Du stehst nicht länger unter dem Gesetz von Sünde und Tod.
Du bist wunderbar gemacht.
Du bist es wert, beschützt und umsorgt zu werden.
Du hast eine neue Bestimmung.
Du bist ein geliebtes Kind Gottes.
Du bist nicht mehr an deine Vergangenheit gefesselt.
Du bist ein neuer Mensch.
Du wurdest teuer erkauft.

Ganz gleich, was deine Vergangenheit über dich sagt: Der Gott des Universums, der seinen Sohn geschickt hat, um für uns zu sterben, hat mit deiner Sünde abgerechnet. Gott verspricht, dass er unsere Sünde vergisst, eben weil dafür bezahlt wurde. „Und ich werde ihr Unrecht vergeben und nie wieder an ihre Sünden denken" (Hebräer 8,12). Die Frohe Botschaft ist simpel und gleichzeitig tiefgründig. Und doch fällt es uns schwer, diese gute Nachricht zu glauben – entweder, weil andere uns an unsere Vergangenheit erinnern oder weil wir sie uns selbst immer wieder in Erinnerung rufen. Der Apostel Paulus schrieb: „Er [Christus] hat die Liste der Anklagen gegen uns gelöscht; er hat die Anklageschrift genommen und vernichtet, indem er sie ans Kreuz genagelt hat" (Kolosser 2,14). Ein paar Verse später ermahnt er die Gläubigen, nicht zuzulassen, dass irgendjemand (auch nicht wir selbst) uns verurteilt. „Lasst euch deshalb von niemandem verurteilen, nur weil ihr bestimmte Dinge esst oder trinkt oder weil ihr bestimmte Feiertage, religiöse Feste oder Sabbate haltet oder nicht haltet" (Vers 16).

Wenn du von denen, die dich lieben, ständig verkannt oder auf dein Fehlverhalten reduziert wirst, ist es Zeit, dich daran zu erinnern, dass dir wirklich vergeben wurde. Es ist Zeit, darüber nachzudenken, auf welche Stimmen du hören willst. Es ist Zeit, auf die leise Stimme deines Gottes zu hören, der sich riesig über dich freut. Du bist gerettet. Du bist jetzt rein gewaschen und frei. Es wird Zeit, alle beleidigenden Bezeichnungen hinter dir zu lassen, die mit Missbrauch, Sucht, Vernachlässigung, Sünde und Angst zu tun haben, und stattdessen in der Freiheit zu leben, die Gott dir schenkt. Paulus erinnert an diesen Weg der Heiligung, als er an die Gemeinde in Ephesus schreibt: „Doch ihr habt das Wesen von Christus anders erlernt. Ihr habt ihm doch zugehört und kennt die Wahrheit, die in ihm ist? Deshalb sollt ihr euer altes Wesen und eure frühere Lebensweise ablegen, die durch und durch verdorben war und euch durch trügerische Leidenschaften zugrunde richtete. Lasst euch stattdessen einen neuen Geist und ein verändertes Denken geben. Als neue Menschen, geschaffen nach dem Ebenbild Gottes und zur Gerechtigkeit, Heiligkeit und Wahrheit berufen, sollt ihr auch ein neues Wesen annehmen“ (Epheser 4,20–24).

Es ist zwar richtig und wichtig, hin und wieder einen Blick in deine Vergangenheit zu werfen, freizulegen, was damals geschehen ist, und über das zu trauern, was du dort siehst. Aber es kommt der Punkt, an dem du aufhören solltest, rückwärtsgewandt zu leben, und deinen Blick auf die Zukunft richten musst. Du bist nicht die Summe all dessen, was du erlebt und erlitten hast. Gott will dich zu einem neuen Menschen machen, damit du all die guten Dinge tun kannst, die Gott schon im Voraus für dich vorbereitet hat (Epheser 2,10). Wenn du zulässt, dass die Worte und das Urteil anderer dich kaltstellen, wirst du im Hinblick auf dein Leben, deine Gesundheit und auch deinen Dienst nicht wirklich vorwärtskommen. Mach dir bewusst, dass es andere Menschen in deinem Einflussbereich gibt, die deine

Impulse brauchen, Menschen, die Rettung und Liebe und Hoffnung nötig haben. Hätte Rahab zugelassen, dass ihr Stigma ihr Handeln bestimmt, hätte sie wahrscheinlich nicht ihr Leben riskiert, um die Spione zu retten. Stattdessen hat sie ihrer heidnischen Kultur den Rücken gekehrt und ihr Vertrauen auf den allmächtigen Gott gesetzt, der für die Israeliten gekämpft hat. Sie ist nicht zurückgewichen. Sie hat sich nicht für ihre Vergangenheit entschuldigt. Sie hat beschlossen, trotz ihrer Vergangenheit daran zu glauben, dass Gott mächtiger ist als all das und dass er sie und ihre Familie retten würde.

Um es auf den Punkt zu bringen: Lass dich nicht durch Stempel, die man dir aufgedrückt hat, davon abhalten, große Dinge zu tun.

Ein paar gute Nachrichten über dein wahres Ich

- Ganz gleich, was in deiner Vergangenheit geschehen ist: Gott hat liebevolle Absichten für dich.
- Dass du Gott jetzt treu bist, ist wichtiger als Entscheidungen, die du in der Vergangenheit gefällt hast.
- Wenn du Gott bei den Dingen vertraust, die du nicht sehen kannst, wird er dir dort begegnen.
- Die alten Stempel, die man dir aufgedrückt hat, sind nicht mehr Teil deines neuen Lebens als Jesus-Nachfolgerin.
- Gott liebt es, dir Freiheit zu schenken.

Kurz nachgedacht

1. Wie hat Rahab durch ihren Umgang mit den Spionen gezeigt, dass sie Gott vertraute?
2. Wie hat Rahab wohl von all den Dingen erfahren, die Gott für die Israeliten getan hatte?
3. Rahab hat die Diener des Königs angelogen, um die Spione zu schützen. Wie lässt sich ihre Lüge mit dem Nutzen vereinbaren, den die Israeliten letztlich davon hatten? Gibt es Situationen, in denen es in Ordnung ist zu lügen?
4. Rahab war auf gewisse Weise in ihrer Stadt und ihrem Lebensstil gefangen, und trotzdem beschloss Gott, sie und ihre Familie zu befreien. Inwiefern schenkt dir das Hoffnung, vor allem, wenn du für Freunde oder Angehörige betest, die Gott noch nicht kennen?
5. Hast du schon einmal erlebt, dass Gott dich von etwas befreit hat? Wo brauchst du hier und heute Befreiung?

Kapitel 5

Noomi – die Trauernde

Elimelech war ein guter Mann, der seine Familie liebte. Als die Hungersnot schließlich auch Bethlehem erreichte, verließ er gemeinsam mit seiner Frau Noomi und seinen beiden Söhnen Machlon und Kiljon das Land Juda, um in das weit entfernte Land Moab zu ziehen, in der Hoffnung, dort Nahrung zu finden und ein neues Leben anzufangen. Und tatsächlich: Sie fanden Unterstützung und ließen sich dort nieder.

Einige Jahre später stellte Elimelechs Tod Noomis Leben auf den Kopf. Sie fand ihn röchelnd über einen Mühlstein gebeugt. Er konnte nicht sprechen, gab ihr aber mit seinen Blicken zu verstehen, dass er sie liebte. Sie sahen einander in die Augen wie Liebende, die sich zum ersten Mal in den Armen liegen, aber ganz gleich, wie sehr sie Gott auch anflehte, ihn zu verschonen, und wie sehr sie sich wünschte, er möge weiterleben: Seine Atemzüge wurden immer unregelmäßiger, bis er schließlich seinen letzten Atemzug tat. Durch seinen Tod war sie wie gelähmt. Jetzt war sie allein und lebte ohne einen Gefährten an ihrer Seite in einem fremden Land, in dem sie sich nie ganz eingelebt hatte.

Noomi wusste, dass sie als Israeliten keinen Heiden heiraten durfte, aber was sollte sie anderes tun? Moab war jetzt ihr

Zuhause und sie hatten dort tiefe Wurzeln geschlagen. Sie waren doch eine Familie – Noomi als Oberhaupt, dann Machlon und Kiljon mit ihren Frauen Orpa und Rut.

Noomi versuchte, das Beste aus ihrem Leben zu machen, aber sie war wie benommen bei dem Gedanken, ihren Lebensunterhalt ohne ihren Gefährten bestreiten zu müssen. Ihre Söhne schienen ihre wachsende Verzweiflung zu spüren und versuchten, die kleinen Wunden in ihrem Herzen mit freundlichen Worten zu heilen. Selbst Orpa und Rut spürten ihre Trauer. In stillen Augenblicken weinte Rut mit ihr, sie hielt Noomis Hand und tröstete sie, indem sie ihr Fragen über ihre Heimat stellte.

Noomi begann zu ahnen, dass das Leben vielleicht auch wieder gut werden könnte. Ja, sie lebte wegen einer Hungersnot im Exil. Ja, sie war Witwe. Aber wenigstens konnte sie sich auf Enkelkinder freuen. Elimelechs Stammbaum und damit das Leben würden weitergehen. Die Hoffnung war ein hauchzartes Gebilde, das an einem seidenen Faden hing. Ihre beiden Söhne teilten ihre Abstammung; ihr Blut floss durch ihre Adern. Ja, damit wollte sie sich trösten.

Aber zehn Jahre nach Elimelechs Ableben folgten erst Machlon und dann Kiljon ihrem Vater in den Tod. Und damit stürzte alles, was ihr noch Halt gegeben hatte, über ihr zusammen wie Häuser bei einem Erdbeben, und sie blieb am Boden zerstört zurück und weinte, bis sie keine Tränen mehr hatte.

In den folgenden Monaten drang eine Nachricht wie Licht durch die dicken Wolken ihrer Depression: Gott überschüttet ihr Heimatland wieder mit seinem Segen. In Juda gedieh die Ernte. Die lange Hungersnot war vorüber und Wohlstand war wieder eingezogen. All ihre Qualen verwandelten sich nun in die tiefe Sehnsucht nach ihrer Heimat, die beinahe ebenso heftig war, wie ihre Liebe zu Elimelech noch vor einem Jahrzehnt gewesen war. Sie packte ihre Habseligkeiten auf ein Maultier, lud Orpa und Rut ein, sie zu begleiten, und die Frauen machten sich gemeinsam von Moab auf den Weg zurück nach Juda.

Der Staub, die Hitze und die unerbittliche Sonne trugen dazu bei, dass ihre Reise beschwerlich war und nur langsam vorwärtsging. Noomi blickte irgendwann in die wunderschönen Gesichter ihrer Schwiegertöchter, und ihr wurde klar, dass es egoistisch gewesen war, diese zu bitten, sie zu begleiten. Ja, die Reise nach Bethlehem war gefährlich, aber schließlich war sie jetzt nur noch eine verbitterte alte Frau, die nach Hause ging, um dort zu sterben. Diese beiden jungen Frauen hingegen hätten in ihrer Heimat sehr wohl eine Zukunft. Wer war sie, dass sie ihnen eine glückliche Ehe versagte, etwas, das sowohl sie selbst als auch die beiden schon einmal erlebt hatten?

Als die Sonne hoch am Himmel stand, machten sie unter einem Baum Rast und aßen Fladenbrot mit Oliven. Da nahm Noomi allen Mut zusammen und sagte: „Geht lieber zurück nach Hause zu euren Müttern. Der Herr vergelte euch all das Gute, das ihr für eure verstorbenen Männer und auch für mich getan habt. Ich bete dafür, dass er jeder von euch ein neues Zuhause und eine zweite Ehe schenkt.“ *Sicherheit*, dachte sie, *sehnen wir uns nicht alle danach?* Sie küsste Orpa, und die Tränen, die sie so lange zurückgehalten hatte, bahnten sich ihren Weg. Als sie sich von Rut verabschiedete, weinten alle drei.

Die Mädchen widersprachen jedoch beide und bestanden darauf, gemeinsam mit ihr nach Bethlehem zu reisen. Sie wollten die Welt und die Kultur kennenlernen, aus der ihre Ehemänner stammten. Noomi ahnte, dass die beiden glaubten, sie würden ihre Männer weniger vermissen, wenn sie in deren Heimatland lebten.

„Warum wollt ihr mich denn begleiten?“, entgegnete sie weinend. „Ich kann doch keine weiteren Söhne mehr gebären, die euch heiraten könnten, wenn sie irgendwann alt genug sind. Nein, meine Töchter, kehrt lieber um, denn ich bin zu alt, um noch einmal zu heiraten. Und selbst wenn ich diese Nacht mit einem Mann verbringen und Söhne bekommen würde, was würde das nützen?“

Eine Taube gurrte in der Stille, die sich nach diesen Worten zwischen den dreien ausbreitete.

Noomi zog ein Tuch heraus und trocknete sich die Tränen. „Würdet ihr etwa warten, bis sie erwachsen sind? Würdet ihr euch so lange einschließen und auf jede andere Ehe verzichten? Nein, geht lieber nicht mit mir! Ich kann euch nicht zumuten, das bittere Schicksal zu teilen, das Gott mir auferlegt hat.“

In diesem Moment liefen ihr vor Wut Tränen über ihr sonnengebräuntes Gesicht. Gott hatte sie verlassen. Sie würde allein nach Juda zurückkehren, wäre auf das Erbarmen der Menschen angewiesen und würde schließlich dort begraben werden.

Orpa küsste sie und verabschiedete sich. Doch Rut umarmte sie und ließ sie nicht los. Es war die Art von Umarmung, die einfach nicht enden wollte. Noomi versuchte, sich daraus zu befreien, aber Rut ließ nicht locker. „Schau, deine Schwägerin hat beschlossen, zu ihrem Volk und zu ihrem Gott zurückzugehen. Schließ dich ihr doch an.“

Rut legte ihre Hände auf Noomis Schultern und sah ihr in die Augen. „Verlang nicht von mir, dich zu verlassen und umzukehren“, sagte sie. „Ich werde dich nicht alleinlassen. Wo du hingehst, dort will ich auch hingehen, und wo du lebst, da möchte ich auch leben. Dein Volk ist mein Volk und dein Gott ist mein Gott.“

Noomi versuchte, ihre entschlossene Schwiegertochter davon zu überzeugen, ihre Meinung zu ändern, aber Rut schüttelte nur den Kopf.

„Wo du stirbst, da will ich auch sterben und begraben werden. Nur der Tod kann mich von dir trennen. Wenn ich dieses Versprechen nicht halte, soll dein Gott mich hart bestrafen!"

Langsam wanderte die Sonne hinter den Hügeln dem Horizont entgegen. Sie mussten ihre Reise fortsetzen, bevor die Nacht hereinbrach. Orpas Silhouette verschwand langsam in der Ferne. Noomi nahm ihr Gepäck, legte es über ihren Esel und wanderte mit Rut im Schlepptau in Richtung Heimat.

Irgendwann erreichten sie die ersten Häuser von Bethlehem und Noomi bekam Angst. Sie hatte die Stadt als reiche Frau mit einer Familie verlassen – einem Mann und zwei kräftigen Söhnen. Jetzt kehrte sie niedergeschlagen zurück, und das mit einer Moabiterin. Sie war das Sinnbild eines Menschen, den Gott verlassen hatte, das wusste sie, und sie spürte, wie ihr die Schamesröte ins Gesicht stieg.

Als sie das Stadttor erreichten, erhoben sich die dort sitzenden Einwohner. Die Menschen scharten sich um Noomi und Rut. Sie hörte, wie eine Frau sagte: „Ist das wirklich Noomi?"

„Nennt mich nicht länger ‚Noomi'", erwiderte sie. „Nennt mich ‚Mara', denn der allmächtige Gott hat mir ein schweres Schicksal auferlegt. Als ich die Stadt verlassen habe, war ich reich und wohlhabend, doch jetzt kehre ich mit leeren Händen zurück. Warum solltet ihr mich Noomi nennen, wenn der Herr mir so viel Leid zugemutet hat?"

Das brachte die aufgebrachte Menge zum Schweigen. Noomi bahnte sich ihren Weg ins Stadtzentrum von Bethlehem, dem „Haus des Brotes", wie der Ort auch genannt wurde. Und wie es der Zufall wollte, hatte gerade die Gerstenernte begonnen.

Die Tage waren trübe, die Nächte noch finsterer. Depressionen nagten an Noomis Seele und sie hatte der Düsternis nichts entgegenzusetzen. Aber auch der Hunger nagte an ihr, und sie machte sich Sorgen darüber, dass sie und Rut sterben könnten. Als Rut sich bereit erklärte, zur Nachlese auf die Getreidefelder zu gehen, ließ Noomi sie ziehen. Sie mochten zwar Bettlerinnen sein, aber dann hätten sie wenigstens etwas Getreide.

Noomi rechnete damit, dass Rut mit einem Almosen zurückkehren würde, vielleicht ein oder zwei Handvoll Getreide. Einige Bauern hatten durch die jahrelange Dürre gelernt, praktisch jeden Halm abzuernten und nur sehr wenig für die Armen übrig zu lassen, die zur Nachlese kamen. Aber als Rut mit einem ganzen Korb voller Getreide zurückkam, staunte sie nicht schlecht.

„Wo hast du heute nur das viele Korn gesammelt? Wo hast du gearbeitet? Der Herr segne den, der sich so großzügig um dich gekümmert hat!"

„Der Mann, auf dessen Feld ich heute war, heißt Boas", erwiderte Rut.

Es waren nur wenige Worte, aber für Noomi klangen sie sehr vielversprechend.

Sie erhob sich und hatte das Gefühl, dass die Müdigkeit ein wenig von ihr abfiel. „Der Herr segne ihn! Jetzt sehe ich, dass er uns nicht im Stich gelassen hat. Boas ist einer unserer nächsten Verwandten und darum nach dem Gesetz verpflichtet, uns zu helfen." Dann erklärte sie Rut, was das bedeutete, nämlich, dass Boas sie alle retten konnte, einschließlich ihrer Nachkommen.

Rut umarmte Noomi. „Boas hat mich außerdem aufgefordert, wiederzukommen und bei seinen Erntearbeitern zu bleiben, bis die ganze Ernte eingebracht ist", entgegnete sie mit freudig strahlenden Augen, als sie Noomi wieder losließ.

Noomi machte sich in ihrem kleinen Zuhause eifrig zu schaffen. Sie konnte einfach nicht länger still sitzen und werkelte herum, um für ihre reiche Gerstenernte Platz zu schaffen. „Das ist gut!", sagte sie schließlich. „Tu, was er dir gesagt hat, meine Tochter. Bleib die ganze Ernte über bei seinen Mägden. Dort bist du sicher, während man dich auf den anderen Feldern womöglich belästigen würde."

Mit ihrem freundlichen Blick und ihrem gutmütigen Herzen befolgte Rut Noomis Anweisungen. Das Frühjahr über erntete sie Gerste und im Frühsommer Weizen.

„Meine Tochter", sagte Noomi zu Rut, als diese von der Ernte zurückkam, „ich möchte, dass du ein eigenes Zuhause hast, in dem es dir gut geht."

„Aber …", protestierte Rut.

Noomi gebot ihr zu schweigen, während sie in der Dämmerung am Fenster ihrer kleinen Hütte saßen. „Boas ist ein naher Verwandter von uns, und es war sehr freundlich von ihm, dass du zusammen mit seinen Mägden Korn sammeln durftest." Noomi erhob sich und ging auf dem staubigen Boden auf und ab. „Nun tu, was ich dir sage: Nimm ein Bad, parfümiere dich und zieh dein schönstes Kleid an." Sie deutete zur Haustür. „Dann geh zur Tenne, aber zeig dich Boas nicht, bevor er fertig gegessen und getrunken hat." Sie beugte sich zu Rut hinab und sagte mit leiser Stimme: „Merk dir, wo er sich zum Schlafen hinlegt. Dann geh hin und schlüpf unter seine Decke. Er wird dir sagen, was du weiter tun sollst."

Als sie Noomis Vorschlag vernahm, errötete Rut und schwieg. Doch die Nacht brach schon herein. Schließlich seufzte sie, nahm Noomis Gesicht in ihre jungen Hände und lächelte. „Ich werde alles genau so tun, wie du es mir sagst." Als sie an jenem Abend das Haus verließ, folgten ihr Noomis Gebete in die Nacht hinaus.

Nachdem sich Noomi die ganze Nacht unruhig im Bett hin- und hergewälzt hatte, sah sie nachdenklich zum Fenster hinaus und fragte sich, was wohl geschehen war.

Rut kehrte in der Morgendämmerung mit ihrem Umhang voller Gerste zurück.

„Was ist passiert, meine Tochter?", fragte Noomi.

Rut berichtete davon, dass sie sich zu Boas Füßen hingelegt hatte, dass er aus dem Schlaf hochgeschreckt war und sie ihn gebeten hatte, ihr in ihrer Not zu helfen. „Er hat Gott gebeten, mich zu segnen, Noomi", verkündete sie mit strahlenden Augen. „Er hat mich für meine Treue und meine Tugend gelobt. Er hat gesagt, ich solle mir keine Sorgen machen, denn er will alles regeln."

Noomi faltete ihre Hände. Zum ersten Mal seit einer Ewigkeit verspürte sie so etwas wie Hoffnung. Der Allmächtige hatte sie doch nicht völlig im Stich gelassen! Boas würde sie vielleicht retten – er war ein naher Verwandter, der ihr Erbland kaufen würde, wodurch Rut Anteil an dem Erbe bekam, das durch ihren Mann einmal Noomi gehört hatte. Alles würde gut werden.

„Es gibt nur ein Problem", fügte Rut hinzu. „Es gibt noch einen anderen Verwandten, der näher mit uns verwandt ist als Boas. Er hat gesagt, wenn dieser Mann sich nicht um mich kümmern will, wird er es tun."

Noomi klatschte in die Hände. Sie bemerkte Ruts Zögern und die leise Furcht in ihren Augen. „Warte jetzt einfach ab, wie es sich entwickelt. Ich bin sicher, Boas wird nicht eher ruhen, bis er alles geklärt hat – und das wird er ganz bestimmt heute noch machen."

An jenem Tag überschlugen sich die Nachrichten. Zuerst sagte der andere Verwandte, er würde seine Pflicht erfüllen und das Land kaufen und damit Ruts und Noomis Zukunft sichern.

Als er erfuhr, dass auch Rut Teil der Vereinbarung war, lehnte er wieder ab. Und schließlich verzichtete er auf den Grundbesitz (und auf die Frauen) und meinte zu Boas: „Kauf du das Land."

Dann wandte sich Boas an die Anwesenden: „Ihr seid Zeugen, dass ich heute alles, was Elimelech, und alles, was Kiljon und Machlon gehört hat, von Noomi erworben habe. Und ich werde auch die Moabiterin Rut heiraten." Damit nahm er Rut zur Frau, die damit die Armut hinter sich ließ und ein Leben in Freude führen würde. So Gott wollte, würde sie einen Sohn bekommen, der Elimelechs Erblinie fortführen würde.

Und tatsächlich, der Segen stellte sich in Windeseile ein. „Möge der Herr die junge Frau so reich beschenken wie Rahel und Lea, von denen alle Israeliten abstammen. Wir wünschen dir, dass du immer mehr Ansehen gewinnst und dein Name hier in Bethlehem berühmt wird! Der Herr möge dir und deiner Frau so viele Nachkommen schenken wie der Familie von Perez, dem Sohn Tamars und Judas." Diese Worte klangen wie eine wunderbare Melodie in Noomis Ohren. Früher hatte sie nur ein Schattendasein geführt, jetzt sang ihr Herz wie ein zwitschernder Vogel.

Rut wurde Boas' Frau und durch Gottes Segen kam der kleine Obed zur Welt und erfreute Noomis trauriges Herz. Die Frauen, die die gedemütigte Frau bei ihrer Rückkehr am Tor begrüßt hatten, lachten und freuten sich jetzt mit ihr. „Gelobt sei der Herr, der dir heute geholfen hat! Wir wünschen dir, dass sein Name hier in Bethlehem berühmt wird!", verkündeten sie. Noomi bewahrte jedes Wort in ihrem Herzen und versuchte, sich auch in den darauffolgenden Jahren immer wieder daran zu erinnern, damit sie sich diese Segensworte immer wieder vorsagen konnte. Sie wusste, wie wechselhaft das Leben sein konnte, und deshalb wollte sie sich mit diesen Worten an Gottes Güte erinnern.

„Durch dieses Kind sollst du innerlich wieder gesund werden, denn es wird im Alter für dich sorgen", fuhren die Frauen fort. „Er ist der Sohn deiner Schwiegertochter, die dich so sehr liebt und die dir mehr bedeutet als sieben Söhne!"

Noomi sah zu Rut, die im Sonnenlicht stand und strahlte. Rut legte den kleinen Obed, der sorgfältig eingewickelt war, in Noomis Arme. Diese sah in seine glänzenden Augen, auf die winzige Nase und die roten Lippen und verliebte sich sofort in ihn. Sie drückte ihn eng an sich und atmete seinen Babygeruch ein. Eine Nachbarin beugte sich über Obed, legte ihm die Hand auf die Stirn und sagte: „Jetzt hat Noomi endlich wieder einen Sohn!"

Und das stimmte auch.

Die biblische Erzählung

Das Buch Rut wurde zur Zeit der Richter geschrieben. Während dieser Phase seiner Geschichte schwankte das Volk Israel ständig zwischen Fluch und Segen, je nachdem, ob sie Gott gerade gehorsam waren oder Götzendienst betrieben. Noomis Geschichte spiegelt diesen Prozess von Verwüstung und Wiederherstellung wider, der typisch war für diese Zeit in Israels Geschichte – die Zeit, bevor sie ihren ersten König bekamen. Wenn man die Geschichte dieser Frauen liest, entdeckt man viele Parallelen zu den Prüfungen und dem Zerbruch des ganzen Volkes. Selbst als sie nichts Gutes hervorbringen, als alle Hoffnung verloren ist und die Bitterkeit überwiegt, hat Gott noch Mitleid mit Israel – und letzten Endes mit der gesamten Menschheit, weswegen er Jesus schickt, damit dieser uns rettet. So wird Noomis Geschichte zu unserer Erlösungsgeschichte, die unser Leben vor Jesus Christus zeigt (verbittert, hartherzig und zerbrochen) und unser Leben nach Jesus Christus (gesegnet, im Überfluss, hoffnungsvoll).

Noomis Name spricht hier Bände. Er bedeutet „Freundlichkeit", „Wonne", „Lieblichkeit". Aber während der Geschichte gibt sie sich selbst den Namen „Mara", was „die Bittere" oder „die Betrübte" bedeutet. Ihr neuer Name bringt ihre Trauer zum Ausdruck. Die Noomi von früher, eine Frau voller Verheißung und Freundlichkeit, wird durch die verbitterte, trauernde Witwe ersetzt. In der Bibel kommt es nur sehr selten vor, dass sich jemand selbst einen anderen Namen gibt. Gewöhnlich bekommt man diesen von jemand anderem (zum Beispiel Gott). Dass dieser Namenswechsel von Noomi selbst ausgeht, zeigt, wie verzweifelt sie ist. In ihrer Trauer ist sie nicht länger in der Lage zu erkennen, was sie eigentlich noch hat. Sie sagt, sie hat und ist nichts, aber sie hat doch immer noch die hingebungsvolle Liebe ihrer Schwiegertochter Rut. Sie hat noch ihre Fähigkeiten. Und sie hat immer noch Familie in Bethlehem. Manchmal hält uns die Trauer eben davon ab, das Gute zu sehen.

„Elimelech" bedeutet „Gott ist mein König", und doch scheint mit seinem Tod alles verloren zu sein. „Machlon" und „Kiljon" lassen sich mit „Kränklicher" beziehungsweise „Gebrechlicher" übersetzen. Das könnte ein Hinweis auf ihren frühen Tod sein. „Orpa" bedeutet so viel wie „Nacken" oder „Genick"; der Originalbegriff wird auch in der Wendung „den Rücken zukehren" gebraucht – und tatsächlich tut sie ja auch genau das. „Rut" bedeutet hingegen „Freundin" – sie ist eine Begleiterin, die treuer war als die eigene Familie, denn sie entschied sich, bei Noomi zu bleiben, obwohl sie nicht dazu verpflichtet war. „Boas" bedeutet „in ihm ist Kraft". Er war die Art von Mann, der den Frauen in ihrer verzweifelten Situation beistehen konnte.

Das Buch Rut als Ganzes ist als Chiasmus aufgebaut – eine literarische Erzählform im Altertum, die, wenn der Verlauf grafisch dargestellt wird, ein X ergibt. Mit anderen Worten: Wir enden da, wo wir angefangen haben. Zu jeder Einbuße im ersten Teil des Buches gibt es eine Erfüllung, einen Ersatz im zweiten Teil. Da, wo sich die beiden Linien treffen, ist der Höhepunkt der Geschichte. Moderne Romane beginnen meist mit einem auslösenden Ereignis, dann folgen Konflikte und eine sich steigende Spannung. Danach kommt der Höhepunkt, gefolgt vom Ausgang – der Lösung. Daher ereignet sich der Höhepunkt in der modernen Literatur gewöhnlich kurz vor Ende der Geschichte. Bei einem Chiasmus hingegen ist der Kreuzpunkt oder Höhepunkt das zentrale Element der Geschichte und steht immer in der Mitte.

Die chiastische Gesamtstruktur dieser Geschichte beginnt bei Elimelech in Bethlehem, dann kommt die Geschichte der Frauen dieser Familie und der Untergang ihrer Männer in Moab. Danach folgt ein Marsch nach Bethlehem, wo Rut zur Nachlese auf dem Gerstenfeld von Boas arbeitet. Der Höhepunkt ist dann die Szene auf der Tenne, wo sie sich Boas auf dramatische Weise zu Füßen legt. Dann kauft Boas zurück, was verloren gegangen war, und das Buch hört mit der „Geburt" einer neuen Familie auf.

Wir starten also mit einer völlig heilen Familie. Dann erleben wir das Unglück dieser Familie und ihre Wiederherstellung. Der Mittelpunkt des Buches und seiner Botschaft ist der Augenblick, als Boas beschließt, eine Witwe zu erlösen, zu retten.

Die Geschichte beginnt mit einer Hungersnot – was eine ironische Wendung ist, da „Bethlehem" „Haus des Brotes" bedeutet. Die Dürre verwandelt diese Kornkammer also in unfruchtbares Land. Noomi erlebt gewissermaßen die Umkehr des Auszugs aus Ägypten: Sie verlässt Bethlehem als wohlhabende Frau, aber in Moab wird sie arm. Sie geht als Ehefrau und Mutter weg und kehrt als Witwe und kinderlose Frau zurück.

Der Ort, für den Elimelech und Noomi sich entschieden, ist ein Hinweis darauf, wie sehr Israel damals in Götzendienst verstrickt war. Die beiden gingen nicht einfach irgendwohin, um dort ein neues Leben anzufangen. Sie zogen nach Moab – eine feindliche Nation und Brutstätte des Götzendienstes.

Die Entstehung Moabs wird in 1. Mose 19,30–38 erzählt: Lots Töchter schlafen damals der Reihe nach mit ihrem Vater, weil sie keine Ehemänner haben. Als die ältere einen Sohn bekommt, nennt sie ihn Moab. Seine Kinder werden zum Volk der Moabiter, die im Gebiet des heutigen Jordan – östlich des Toten Meeres – leben.

„Moab“ bedeutet „Nachkommenschaft des Vaters“, was ein Hinweis darauf ist, dass die Familie durch Inzest entstand. Diese Nation war jahrhundertelang mit Israel verfeindet. Zu Beginn der Geschichte Israels vernichtete ihre Armee die Könige Og und Sihon im Land Moab. König Balak von Moab versuchte, Israel aufzuhalten und zu verfluchen, indem er den Propheten Bileam engagierte, der dann wiederum von seinem sprechenden Esel aufgehalten wurde. In der Ebene Moab übertrug Mose auch die Leitung auf Josua. Israel wurde 18 Jahre lang von König Eglon von Moab unterdrückt. Später befreite Ehud sie (Richter 3,12–31). Danach wurde ein weiterer Krieg in der Ebene Moab ausgetragen (2. Könige 3). Der Psalmist prangert Moab an und schreibt: „Moab wird mein ergebener Diener werden und Edom mein Sklave“ (Psalm 60,10). Zwei Propheten erwähnen Moab als den Feind Israels (Jesaja 15–16 und Jeremia 48).

Das Wort „leer“ kommt in der Erzählung zweimal vor, als Noomi sich selbst nach all ihren Verlusten beschreibt. Sie hat ihre große Liebe und ihre Kinder verloren. Der Verfasser verwendet das Wort noch einmal, als Boas in Kapitel 3 zu Rut sagt, sie solle sechs Maß Gerste mit zurück zu ihrer Schwiegermutter nehmen. „Geh nicht mit leeren Händen zurück", sagt er. Hier sehen wir wieder dieses großartige literarische Stilmittel des Chiasmus: Was leer war, wird jetzt wieder gefüllt.

In Rut 1,5 benutzt Noomi das Wort „Söhne". Eigentlich müsste der im Original verwendete Begriff an dieser Stelle eher mit „Kinder" oder „Jungen" übersetzt werden. Es ist das einzige Mal im Alten Testament, dass dieses Wort in Bezug auf ausgewachsene Männer benutzt wird. Später verwendet der Verfasser den gleichen Ausdruck für Obed, das Kind, das Noomis Leere füllt. Gott nahm ihr ihre Kinder und ersetzte sie dann durch diesen (Enkel-)Sohn.

Auch das Wort „Flügel" wiederholt sich in der Erzählung. Boas sagt zu Rut: „Der Herr, der Gott Israels, unter dessen Flügeln du Zuflucht gesucht hast, soll dir das vergelten und dich reich dafür belohnen" (Rut 2,12). Rut benutzt das gleiche Wort, als sie Boas bittet, seine Decke über sie zu breiten. Er kann durch eine Eheschließung Ruts Zuflucht werden; er wird so zu den Flügeln, die sie bedecken.

Ebenfalls wichtig ist, dass Noomi Rut in der gesamten Erzählung als ihre „Tochter" bezeichnet, obwohl sie die Tochter einer moabitischen Frau ist. Als Noomi Orpa und Rut anfleht, zu ihren eigenen Müttern zurückzukehren, bittet sie Gott um seine *hesed*. *Hesed* ist der wichtigste hebräische Begriff für „Gnade" und kommt weit über 200-mal in der Bibel vor. Gemeint sind damit Gottes Liebe, Gunst, Gnade, Güte, Wohlwollen, Barmherzigkeit. Obwohl andere Rut als Noomis Schwiegertochter bezeichnen, ist sie für diese durch ihre Liebe zu der alten Frau eindeutig zu einer Tochter geworden. Wie die Frauen aus dem Dorf treffend anmerken, ist sie im Grunde sogar ein besseres

Kind als Noomis Söhne: „Denn es ist der Sohn deiner Schwiegertochter, die dich so sehr liebt und die dir mehr bedeutet als sieben Söhne!“ (Rut 4,15).

Man könnte das Buch Rut mit allen seinen Feinheiten jahrelang studieren, vor allem wenn man es als wegweisend für das sieht, was Jesus später durch sein sündloses Leben, seinen Opfertod und seine Auferstehung tun würde. Er ist in der Tat unser „Loskäufer“, der die Ausgestoßenen und Fremden rettet und uns eine neue Familie und einen neuen Stammbaum schenkt. Es gab Momente, in denen wir uns wie Mara fühlten, aber jetzt rufen wir: „Maranatha – komm, Herr Jesus.“ Früher einmal hatten wir keine Hoffnung, keine Aussicht auf mehr als das, was wir selbst zusammenkratzen können, aber jetzt sind wir rein gewaschen, haben eine neue Hoffnung und eine heilige Aufgabe. Als wir noch Sünder waren, ist Jesus Christus für uns gestorben (Römer 5,8). Und jetzt sind wir Teil von Gottes Familie.

Was bedeutet das für dich?

Wenn ich an Noomi denke, denke ich ganz zwangsläufig auch über den Namen nach, den sie sich selbst gegeben hat: *Mara*. Er hat die gleiche Wortwurzel wie mein eigener Name, und wahrscheinlich ist das der Grund, warum ich jahrelang damit gerungen habe. Bin ich verbittert? Bin ich unwiederbringlich zerbrochen? Habe ich die Hoffnung verloren? Ja, oft ist das so. Die Trauer hat ihre Fühler in jeden Bereich meines Lebens gestreckt. Kommt dir das bekannt vor?

Inwiefern haben die Menschen damals ein falsches Bild von Noomi? Die Szene ihrer Rückkehr erinnert uns daran, wie schwer es ist, mit dem Leben fortzufahren, wenn uns die Trauer in ihrem Griff hat. Am Ende des ersten Kapitels wollen die Frauen von Bethlehem begeistert Noomis Rückkehr feiern. Aber sie will von einer Feier nichts wissen. Sie macht der ausgelassenen Stimmung ein Ende, als sie sich selbst diesen verbitterten Namen gibt. Die Bewohner der Stadt hatten ausgelassene Freude erwartet und wurden stattdessen mit einem schmerzlichen Verlust konfrontiert. Zum Glück endet das Kapitel mit einem hoffnungsvollen Ausblick: Die Gerstenernte beginnt.

Hoffnung ist ein wichtiger Ruheort inmitten der Trauer – und wenn jemand zu Gott gehört, gibt es immer Hoffnung. In all den Ereignissen schwingt die Erkenntnis mit, dass unsere Geschichte noch einmal eine andere Wendung nehmen kann, dass wir einen Punkt erreichen, an dem Gott eingreift – auch wenn unsere Gefühle uns sagen, dass er das nur bei anderen tut, aber nicht bei uns. Unsere Trauer und die Niedergeschlagenheit versperren uns oft den Blick darauf; sie lassen die Farben unseres Lebens verblassen und malen es nur noch in düsteren Grautönen. Aber: Die Gerstenernte steht bevor.

Doch ich greife hier vor.

Die Bewohner von Bethlehem hatten Freude erwartet und fanden tiefe Trauer vor. Sie hatten falsche Erwartungen an Noomi: Sie hatten gedacht, diese würde sich freuen, wenn ihre Füße die Stadtgrenze überquerten. Aber das tat sie nicht. Und viele von uns haben das Gleiche erlebt: Wir haben Tod, ein seelisches Trauma, eine Verletzung oder gravierende Beziehungsprobleme durchgemacht und befinden uns in einem Zustand der Trauer. Zu oft weiß die Gemeinde aber nicht, wie sie mit dieser Traurigkeit umgehen soll. Für sie ist Trauer an sich in Ordnung – aber eben nur eine Weile lang. Es ist, als gäbe es einen (ungeschriebenen) Zeitraum (und der ist kurz), in dem uns Traurigkeit erlaubt wird, und dann wird es Zeit, dass wir die Trauer abschütteln, den Schmerz beiseiteschieben und so tun, als sei alles wieder in Ordnung.

Das Problem ist: Wenn wir uns nicht mit unserem Schmerz und der Trauer auseinandersetzen, werden diese andauern. Das ist auch der Grund, warum es so viele Klagepsalmen gibt. Sie zeigen uns, wie wir unseren Schmerz verarbeiten können. Leider haben viele Menschen aber keine Lust, sich unsere Klagen über längere Zeit anzuhören. Viele schätzen die Dauer eines Traumas und dessen Nachwirkungen falsch ein. Es ist unbequem, einen Freund oder eine Freundin durch den Sumpf der Trauer zu begleiten. Dazu braucht es Opferbereitschaft, Geduld und tiefe Ehrfurcht vor Gott – Eigenschaften, die ich heutzutage bei vielen Christinnen und Christen schmerzlich vermisse.

Wenn unsere Trauer auf Unverständnis stößt, tut das doppelt weh. Wir sind dann nicht nur mit der Tatsache konfrontiert, dass unser Schmerz ausgesprochen „anhänglich" ist, sondern wir müssen uns auch noch mit den unrealistischen Erwartungen der anderen auseinandersetzen. Doch es steht niemandem zu, dir vorzuschreiben, wie lange es dauert, bis du innerlich wiederhergestellt bist. Das ist eine Sache zwischen dir und Gott. Wenn dich eine ungeduldige Freundin oder ein Familienangehöriger an diesem Punkt drängeln will, zeigt das nur, dass die betreffende Person keine Ahnung hat, wie es wirklich in dir aussieht.

Trauer macht einsam. Die Nachkommen Korachs wussten das nur zu genau:

Verkündet man im Grab deine Gnade,
wird bei den Toten deine Treue gerühmt?
Kann die Finsternis deine Wunder erzählen
oder wird etwa im Land des Vergessens deine Gerechtigkeit gelobt?

Herr, ich aber rufe zu dir.
Schon am Morgen flehe ich dich an.
Herr, warum hast du mich verworfen?
Warum wendest du dich von mir ab?
Von Jugend an war ich krank und dem Tode nah.
Ratlos stehe ich vor deinem schrecklichen Handeln.
Dein erbitterter Zorn hat mich niedergeworfen
und deine Schrecken haben mich vernichtet.
Jeden neuen Tag umgeben sie mich wie Wasserfluten
und schließen mich ein.
Du hast mir meine Freunde und Verwandten genommen;
alles, was mir jetzt noch bleibt, ist Finsternis (Psalm 88,12–19).

Der Weg durch diese Art des Missverständnisses oder Unverständnisses ist zweigleisig: Bitte um Hilfe und Aufklärung.

Bitte um Hilfe

Der Psalmist spricht mit Gott über seine Traurigkeit. Er sagt ehrlich, wie es in ihm aussieht, und wendet sich mit seiner Wut, seiner Verwirrung und seiner Trauer an Gott. Und er hält auch nicht damit hinter dem Berg, dass er Gott die Schuld daran gibt. Vielleicht hat er das Gefühl, Gott hat sein Dilemma falsch verstanden. (Obwohl wir wissen, dass Gott alles weiß, verleiten uns unsere durchaus gerechtfertigten Gefühle manchmal dazu, daran zu zweifeln, dass Gott unsere Lage versteht.) Das ist das Schöne an den Klagepsalmen: Wenn du dich in deiner Trauer missverstanden fühlst, kannst du Trost finden in dem Wissen, dass du nicht die Erste bist, die das erlebt. Aber wie kannst du in die Fußstapfen derer treten, die die Sache mit dem Klagen gut gemeistert haben?

Lies zuerst einmal einige Klagepsalmen (3, 6, 7, 13, 30, 34, 43, 44, 51, 59, 60, 74, 79, 88, 102, 137). Achte dabei auf ihre hilfreiche Struktur:

1. Eine Klage über eine schmerzliche Situation oder die Frage, warum Gott in der Trauer offenbar nicht hilft.
2. Die Bitte, Gott solle sich doch für den Psalmisten einsetzen.
3. Das Bekenntnis, Gott trotz der gegenwärtigen Schwierigkeiten zu vertrauen.
4. Die Bereitschaft, Gott trotz des Schmerzes zu loben.
5. Die Gewissheit, dass Gott alles in der Hand hat.

Nimm als Nächstes Stift und Papier (oder setze dich an deinen Rechner) und verfasse deinen eigenen Klagepsalm. Schmerz, mit dem du dich auseinandersetzt, kann heilen, aber Schmerz, den du ignorierst, schwärt in dir und bricht schließlich in unerwünschten Worten und Verhaltensweisen aus dir heraus. Und sorgt für weitere Missverständnisse. Mach deinem Stress, deiner Sorge, deiner Angst und deinem Schmerz an der richtigen Stelle Luft: Sag Gott, dass du stinksauer bist. (Er weiß es ohnehin schon.) Gebet hat deshalb eine so heilsame Wirkung, weil du dich mit Gott über das austauschst, was den (traurigen) Tatsachen entspricht und ohnehin schon bekannt ist. Denke daran, dass Gott breite Schultern hat – er kann all unseren Kummer tragen. Deine Wut erschreckt ihn nicht, deine Klage bringt ihn nicht aus der Fassung. Anderen fällt es vielleicht schwer, dich zu verstehen und mitzuempfinden, aber Gott nicht. Schließlich hat er seinen Sohn gesandt, um hautnah zu erleben, was es bedeutet, Mensch zu sein – und Schmerz gehört definitiv dazu. Er ist eben der große, mitfühlende Retter.

Da wir nun einen großen Hohen Priester haben, der durch den Himmel gegangen ist – Jesus, den Sohn Gottes –, wollen wir an unserem Bekenntnis zu ihm festhalten. Dieser Hohe Priester versteht unsere Schwächen, weil ihm dieselben Versuchungen begegnet sind wie uns, doch er wurde nicht schuldig. Lasst uns deshalb zuversichtlich vor den Thron unseres gnädigen Gottes treten. Dort werden wir Barmherzigkeit empfangen und Gnade finden, die uns helfen wird, wenn wir sie brauchen (Hebräer 4,14–16).

Orientiere dich an der Grundstruktur der Klage, wie ich sie oben beschrieben habe: Beklage dich. Bitte Gott einzugreifen. Bekenne, dass es dir schwerfällt, Gott an diesem Punkt zu vertrauen. Lobe ihn trotz deines Schmerzes. Denke daran, dass Gott alles in seiner liebenden Hand hält.

Ich durfte viele durch diese Übung begleiten. Es erstaunt mich immer wieder, wie sehr es geholfen hat, unsere Wut dem Einen gegenüber zum Ausdruck zu bringen, der ohnehin weiß, wie es in uns aussieht. Diese Übung wird dich nicht heilen, aber sie leitet den Weg zur Heilung ein. Dass Noomi sich selbst „Mara“ genannt hat, war Teil ihrer Klage. „Der Allmächtige hat mir das Leben bitter gemacht. Reich und wohlhabend bin ich ausgewandert und mit leeren Händen lässt mich der Herr heimkehren. Warum solltet ihr mich Noomi nennen, wenn der Herr mir so viel Leid zugemutet und der Allmächtige solches Unglück über mich gebracht hat?“ (Rut 1,20–21).

Ein ähnliches Schema finden wir auch im Buch Hiob, wo beschrieben wird, wie dieser fast alles verliert. Er schreibt:

Warum schenkt Gott den Ermüdeten Licht
und lässt die Verbitterten leben?
Sie sehnen sich nach dem Tod, doch er kommt nicht.

Sie suchen den Tod eifriger als einen verborgenen Schatz
und sind glücklich, wenn sie den Weg ins Grab finden.
Dann fällt eine Last von ihnen ab.
Warum müssen die leben, die keine Zukunft haben
und denen Gott jeden Weg versperrt?
Vor lauter Seufzen kann ich nichts mehr essen,
meine Klagen strömen aus mir wie Wasser.
Was ich immer gefürchtet habe, ist eingetreten;
wovor ich entsetzt zurückschrak, ist mir zugestoßen.
Ich hatte noch keinen Frieden, keine Rast, keine Ruhe,
da brach schon der nächste Sturm los (Hiob 3,20–26).

Interessant ist, dass Hiob seine Klage in Gedichtform in Worte fasst. Manchmal ist Prosa einfach nicht dafür geeignet, den Kummer der Seele zum Ausdruck zu bringen. In diesen Abgründen des Schmerzes kann nur die Poesie die Klagen angemessen wiedergeben.

Klagen bringt dich durch die Trauer hindurch zur Heilung, auch wenn dieser Prozess weder leicht ist noch geradlinig verläuft. Es ist eben der erste Schritt auf dem Weg zur Heilung – ein wichtiger Schritt.

Aufklärung

Es scheint zwar unfair zu sein, dass wir unserem Umfeld unsere Trauer auch noch erklären müssen (warum können sie es nicht einfach verstehen?), aber manchmal ist das notwendig, um ein Missverständnis aus dem Weg zu räumen. Wenn jemand uns gegenüber eine Floskel wie „Das Leben geht weiter“ oder „Die Zeit heilt alle Wunden“ vom Stapel lässt, können wir uns entweder zurückziehen und unsere Wunden lecken oder wir klären unsere Freunde dann freundlich auf. Leider haben viele von uns diese Fähigkeit durch einen Mangel an direkten Begegnungen, Auge in Auge, verloren. Wir gehen persönlichen Auseinandersetzungen aus dem Weg und laden unseren Unmut lieber über die sozialen Netzwerke über die anderen ab. Durch diese unpersönliche Vorgehensweise sind wir dann vielleicht auch nicht mehr in der Lage, „in Liebe an der Wahrheit fest[zu]halten und in jeder Hinsicht Christus ähnlicher [zu] werden, der das Haupt seines Leibes – der Gemeinde – ist“ (Epheser 4,15).

Wie sollen wir Missverständnisse aus dem Weg räumen, wenn wir nicht darüber reden? Wie sollen wir einander besser verstehen und uns versöhnen, wenn wir nicht über das reden, was unausgesprochen im Raum steht? Wenn man uns drängt, die Trauer jetzt endlich zu überwinden, sollten wir den anderen unbedingt zu verstehen geben, dass Trauer eine „Gabe“ ist, von der man unter Umständen sehr lange etwas hat. Wenn wir anderen einen Einblick in unsere Seelenlandschaft geben, hilft ihnen das, unseren Schmerz und unsere Kämpfe besser zu verstehen.

Das bedeutet übrigens nicht, dass wir allen einen Einblick in unser Innerstes geben sollten. Nicht jeder hat ein Anrecht darauf. Es kann durchaus sein, dass Personen, zu denen die Beziehung weniger tiefgehend ist, auf diesen „Perlen des Schmerzes“ herumtrampeln. Im Buch der Sprüche heißt es, dass es überall Narren gibt und dass sie keine guten Wächter für unser Herz sind. Das Schwierige daran ist zu erkennen, welche Beziehungen verlässlich sind und welche nicht. In Sprüche 26,24–26 werden wir gewarnt: „Ein Mensch mit Hass im Herzen kann sich liebenswert geben, aber das täuscht er nur vor. Glaube nicht seinen schmeichelnden Worten, denn sein Herz ist voller Bosheit. Sein Hass mag verborgen sein, doch am Ende wird seine Bosheit für alle sichtbar werden.“

Um herauszufinden, ob eine Person wirklich ein guter Freund, eine gute Freundin ist, könntest du ihnen deine Geschichte erzählen und sehen, wie sie reagieren. Wenn du versuchst, deinen Schmerz zu erklären, und kritisiert und korrigiert wirst oder man sich darüber lustig macht und dir nicht glaubt, könnte das ein Zeichen dafür sein, dass diese Beziehung nicht sicher ist. Ganz gleich, wie viel Mühe du dir gibst, deinen Schmerz zu erklären: Dein Gegenüber will dich offenbar einfach nicht verstehen. In diesem Fall solltest du eine bewusste Entscheidung treffen: Nimm hin, dass er deine Situation einfach falsch einschätzt, oder wende dich mit deinem Schmerz an jemand anderen.

Manchmal gelingt es einfach nicht, jemandem zu vermitteln, wie es in dir aussieht. Manchmal ist die Entscheidung dieser Person, das einfach nicht zu verstehen oder hinzunehmen, in Stein gemeißelt und unabänderlich, ganz gleich, wie gut du dein Erleben auch zu beschreiben versuchst.

Wenn du jemandem, der deine Situation verkennt, die Wahrheit sagst, eröffnest du der betreffenden Person die Möglichkeit, sich weiterzuentwickeln und das zu praktizieren, was in Römer 12,15 steht: „Freut euch mit den Fröhlichen! Weint aber auch mit den Trauernden!“ (Hfa). Doch wenn dein Gegenüber beschließt, *nicht* mit dir zu weinen, kannst du nichts dagegen tun. Außer vielleicht, dich bei nächster Gelegenheit zu revanchieren. „Vergeltet anderen Menschen nicht Böses mit Bösem, sondern bemüht euch allen gegenüber um das Gute“, schreibt der Apostel Paulus an anderer Stelle (Römer 12,17). Der nächste Vers enthält einen wunderbaren Schuss Wahrheit: „Tragt euren Teil dazu bei, mit anderen in Frieden zu leben, so weit es möglich ist!“ (Römer 12,18). Man kann Versöhnung nicht erzwingen. Man kann nur für ein Umfeld sorgen, in dem Versöhnung möglich ist. Drücke dich liebevoll aus. Wäge die Antwort deines Gegenübers ab.

Wenn sie unfreundlich ist oder das Missverständnis nur noch vertieft, dann schließe diese Tür in dem Wissen, dass du von deiner Seite aus alles getan hast, um das Missverständnis zu klären.

Deshalb hat das Klagen auch so viel Kraft. Ganz gleich, wie sehr Menschen dich und deine Situation auch verkennen: Du hast immer die Möglichkeit, Gott zu erzählen, wie du dich fühlst. Der Kommunikationskanal zu Gott ist immer offen, und er weiß, wie es sich anfühlt, missverstanden, schlecht gemacht und verraten zu werden. Selbst wenn wirklich alle Menschen in deinem Leben dich verletzen und dir den Rücken kehren (und ich hoffe doch sehr, dass das nie passieren wird): In Jesus hast du immer einen Freund. Er wird gemeinsam mit dir durch deine Trauer gehen; er wird dir helfen, diese Last zu tragen: „Er wurde verachtet und von den Menschen abgelehnt – ein Mann der Schmerzen, mit Krankheit vertraut, jemand, vor dem man sein Gesicht verbirgt. Er war verachtet und bedeutete uns nichts“ (Jesaja 53,3).

Obwohl wir einmal nichts von Jesus wissen wollten, hat er uns doch nie verlassen. Diese Prophetie über den kommenden Messias, die Jesus am Anfang seines öffentlichen Wirkens in der Synagoge vorliest, erinnert uns an die zärtliche Liebe eines Gottes, der uns sieht. „Dennoch: Er nahm unsere Krankheiten auf sich und trug unsere Schmerzen“ (Vers 4). Jesus trägt sogar heute noch unsere Schmerzen. Und nicht nur das, er trägt *uns*. Dort, wo wir gerade sind. So, wie es uns gerade geht. So, wie wir sind. „Er wurde gestraft, damit wir Frieden haben. Durch seine Wunden wurden wir geheilt!“ (Vers 5). Er hat all diesen Schmerz ertragen, damit er mit uns mitfühlen, uns helfen und uns tragen kann. Das ist der Gott, mit dem wir unterwegs sind – ein mitfühlender Gott voller Liebe und Treue.

Ein paar gute Nachrichten über dein wahres Ich

- Ganz gleich, wie tief deine Trauer ist: Gottes Fürsorge reicht noch tiefer.
- Auch wenn du schwierige, bittere Zeiten durchmachst: Gott ist hinter den Kulissen am Werk und sorgt dafür, dass alles einmal zu deinem Besten dient.
- Auch dein Kummer kann Gottes Absichten für dich nicht durchkreuzen.
- Gott schenkt Leben, auch wenn deine Träume gestorben zu sein scheinen.
- Gott bringt nur zu gern treue, fürsorgliche Menschen in dein Leben.

Kurz nachgedacht

1. Der chiastische (kreuzartige) Aufbau des Buches Rut verweist uns auf den Höhepunkt der Ereignisse auf der Tenne. Warum ist das die zentrale, die wichtigste Stelle der Geschichte?
2. Wie zeigt Rut Noomi ihre treue Liebe (*hesed*)? Hattest du schon einmal eine Rut in deinem Leben? Warst du schon einmal eine Rut für jemand anderen?
3. Inwiefern steht Boas in dieser Geschichte symbolisch für Christus? Wie hat Jesus dich gerettet? Wovon hat er dich befreit?
4. Stört dich an dieser Geschichte irgendetwas? Was würdest du daran ändern? Hast du schon einmal eine Tragödie erlebt, die du am liebsten ausradieren oder rückgängig machen würdest?

5. Zwischen den Zeilen dieser Geschichte schlägt das „missionarische Herz" Gottes: Er geht denen nach, die nicht zum Volk Israel hören (die Moabiterin Rut). Inwiefern ermutigt dich das, auf Menschen zuzugehen, die nicht zu deinem üblichen Freundes- oder Bekanntenkreis zählen?

Kapitel 6

Batseba – die Misshandelte

Batseba hatte einen wunderbar bedeutungsvollen Namen. Als siebte Tochter eines Mannes namens Eliam hatte ihr Name zwei Bedeutungen: „die siebte Tochter" und „Tochter eines Schwurs". Sie hatte sich oft gefragt, was das für sie bedeuten mochte. „Sieben" war die Zahl heiliger Vollkommenheit und ein Schwur war eine starke Verpflichtung zu Treue und Loyalität. Sie hatte die Geschichten ihres Vaters, dessen Name „Gott ist gnädig" bedeutete, und seiner Feldzüge schon oft gehört – er war einer von König Davids Offizieren! Dank dieser Verbindung hatte Eliam sie mit einem von Davids mächtigen Männern verlobt – mit Uria.

Sie hatte dem Allmächtigen geschworen, dass sie Uria für den Rest ihres Lebens lieben würde. Und er hatte diesen Schwur erwidert – aber an ihrem Hochzeitstag hatte er noch etwas hinzugefügt.

„Du bist die Rose von Scharon", sagte er. „Du bist eine wunderschöne Braut und Gottes Geschenk an mich." Seine Hingabe glich einem verzehrenden Feuer. Er sagte ihr immer wieder, wie schön sie doch war. Und unter dieser Zärtlichkeit blühte ihre Schönheit noch mehr auf. Das passierte eben, wenn man jemanden liebte.

Ihr Ehemann war der Kommandeur eines der dreißig Regimente von Davids Armee und trug daher eine große Last. Obwohl er Hetiter und damit Ausländer war, war Uria sein Leben lang ehrbar und pflichtbewusst gewesen. Trotz seiner Abstammung hatte er beschlossen, Israelit zu werden und sich ganz und gar der Sache Jahwes zu verschreiben. Das liebte Batseba so an ihm – nicht nur seine Feldzüge, sondern sein Herz. Die Verbindung der beiden war eng; sie führten eine fröhliche Beziehung, um die sie von vielen beneidet wurden, deren Ehe nicht so romantisch, sondern eher das Ergebnis nüchterner Überlegung war. Wenn Uria Heimurlaub hatte, verbrachte er seine Zeit damit, ihr vorzusingen und sie mit langen Geschichten über Soldaten, die Länder, die sie eroberten, und die Wildnis am äußersten Rand von König Davids Reich zu unterhalten. Er verstand sich darauf, Geschichten zu erzählen, und sie bat ihn darum, wann immer sie konnte.

Doch es gab eines, wonach sie sich dennoch sehnte: nach einem Kind – nach einem Sohn, der so tapfer war wie Uria und so sanft wie sie selbst, der strahlende Augen und starke Arme hatte und den Allmächtigen liebte. Aber Monat für Monat blieb sie unfruchtbar und ihr Schmerz wuchs. Sie hatte schon so oft bei der *Mikwe* gebetet und gehofft, dass ihre Blutung im nächsten Monat ausbleiben würde. Die einzigen Gelegenheiten, bei denen sich ein wenig Verbitterung in ihr breitmachte, waren, wenn Urias Feldzüge ihn davon abhielten, nach Hause zu kommen, und sich ihre Chancen auf ein Kind verringerten. Wenn er zur Tür hereinkam, umarmte sie ihn innig und klammerte sich an die Hoffnung, ihre Liebe und die Erfüllung ihrer Wünsche.

Aber wieder einmal hoffte sie vergebens.

Als Uria sein Haus verließ, um gegen Israels Feinde zu kämpfen, versank Batseba in Melancholie. Nicht nur er focht Kämpfe aus, auch sie rang immer wieder mit ihren Sehnsüchten. Sie betete. Sie klagte. Sie fastete. Sie schlemmte. Sie lag auf dem Fliesenboden ihres Schlafzimmers und flehte Gott an, ihr gütig zu sein und ihren Leib zu öffnen. Aber der Himmel blieb stumm.

Im Frühjahr entfachten die Düfte der Natur ihr Verlangen nach Uria, nach seiner Gegenwart, nach seinem Kind wieder neu – zumindest war das die Hoffnung, die in ihr wuchs. Doch ein neuerlicher Feldzug gegen die Ammoniter ließ sie einsam und jeder Hoffnung beraubt zurück. Sie war niedergeschlagen.

Es war ein trauriger Morgen, als ihre monatliche Blutung abebbte und sie daran erinnerte, dass sie weiterhin unfruchtbar und es Zeit für die rituelle Reinigung war. Wieder einmal würde es kein Kind geben, nur Unreinheit und Sehnsucht.

Als der Sonnenschein ihre Haut wärmte, beschloss sie, aufs Dach hinaufzugehen, um ihre Trauer und die Unreinheit in Frieden abzuwaschen. Während die Sonne ihr Gesicht wärmte, atmete sie tief aus und versuchte, innerlich zur Ruhe zu kommen. *Vielleicht wird ja doch alles gut*, dachte sie. Sie stieg in die *Mikwe* und sann darüber nach, dass das Licht des Frühlings die Hügel von Juda in ein frisches Grün tauchte. Entschlossen goss sie das Wasser über sich und bat Gott, sie von aller Bitterkeit und dem nagenden Gefühl der Einsamkeit zu reinigen. Mit jedem Wasserschwall fühlte sie sich etwas befreiter. Bald würde sie wieder rein sein. Bald würde Uria nach Hause kommen und mit ihr schlafen. Und vielleicht würde sie schon bald die Tritte seines Kindes in ihrem Bauch spüren.

Ihre Seele fühlte sich so lebendig an wie lange nicht mehr.

Schließlich schlang Batseba das Tuch eng um sich und schritt zitternd die Treppe in ihre Wohngemächer hinunter, frisch gereinigt. Sie bedeckte ihr nasses Haar und schlüpfte in ihre abendlichen Gewänder.

Plötzlich wurden ihre Gedanken von einem hartnäckigen Klopfen unterbrochen. Eine Dienerin trat zu ihr, während sie sich fertig anzog. „Draußen stehen Männer des Königs. Sie verlangen, sofort mit Euch zu sprechen."

Ihr Herz sank. *Nein. Nicht Uria. Das konnte nicht sein.* Die Männer des Königs waren noch nie zuvor zu ihr gekommen. Dass sie hier waren, verhieß nichts Gutes.

Batseba ging mit langsamen Schritten zur Tür – sie wollte die unausweichliche Trauer hinauszögern. Aber sie hielt es nicht lange durch.

In der Abenddämmerung standen mehrere Männer. Einer von ihnen stellte sich mit verschränkten Armen vor die anderen. Er sah ihr nicht in die Augen, obwohl sie seinen Blick zu erhaschen suchte, um herauszufinden, welche Art von Neuigkeiten er brachte.

„Bist du Batseba, die Tochter von Eliam, Frau von Uria?"

„Es ist, wie Ihr sagt." Sie schluckte.

„Der König verlangt nach dir", erwiderte er.

„Welche Nachrichten gibt es von Uria? Das könnt Ihr mir doch sicher sagen?" Ihr Herz schlug heftig in ihrer Brust. Ihr Magen zog sich zusammen.

Aber der Mann schwieg. Stattdessen packte er sie am Ellbogen und zog sie zum Palast. Batseba sah zurück zu ihrer Dienerin, auf deren Gesicht nur Angst und Unglaube zu lesen war. Was war hier los?

„Ich verstehe das nicht", sagte sie.

Die anderen Männer umstellten sie, während der erste sie weiter vorwärtszog. Ihre Gesichter waren wie versteinert. Schweigend marschierten sie mit ihr zum Palasteingang.

„Warum werde ich hierher gerufen?", erkundigte sie sich.

Wieder nur Schweigen.

Schwere Türen öffneten sich vor ihnen. Dahinter lag der Innenhof, in dem die Beamten des Königs herumliefen. Keiner warf auch nur einen flüchtigen Blick in ihre Richtung. Als sie durch die Halle ging, war es, als sei sie ein Geist – umgeben von Männern und doch unbemerkt. Ihre Füße tappten bei jedem Schritt leise auf den gemusterten Steinfliesen.

„Wohin bringt Ihr mich?", wollte sie ein weiteres Mal wissen.

Aber wieder folgte nur Schweigen.

Sie stiegen die Treppe hinauf und bogen zu den Wohngemächern des Palastes ab. Batseba hatte noch so viele Fragen, aber sie hatte begriffen, dass es sinnlos war. Vielleicht wollte der König ihr aus Respekt vor Uria die Nachricht von seinem Ableben persönlich überbringen. Angesichts seiner Hingabe und Tapferkeit war das das Einzige, was Sinn ergab.

Die Männer öffneten schließlich eine riesige zweiflügelige Tür. Sie knarrte. Im Raum stand der König, aber er trug nicht die Garderobe, die er bei Staatsgeschäften trug. Er sah irgendwie gewöhnlich aus, eher wie ein Mann als wie ein König.

„Lasst sie los", befahl er seinen Dienern.

Da stand sie nun, das Haar unter ihrer Kopfbedeckung immer noch nass, und zitterte, obwohl ihr nicht kalt war. Jetzt würde er ihr die Nachricht überbringen und sie würde zu Boden sinken und trauern.

Sie holte viermal tief Luft, während der König nichts sagte, sondern nur seinen Blick über ihren Körper gleiten ließ und ihr dann in die Augen sah. Sie schluckte und wartete darauf, dass er etwas sagen würde.

Aber er sagte nichts über Uria.

Stattdessen tat er, was nur Uria durfte, als sei es sein gutes Recht – und ließ sie zitternd und gebrochen zurück.

Die gleichen Männer, die sie gezwungen hatten, zum Palast

zu gehen, brachten sie jetzt wieder nach Hause. Sie stolperte, als sie sie über die Türschwelle schoben, und eine einzelne Träne rollte ihre Wange hinab. Sie rannte an ihrer Dienerin vorbei, die Treppe hinauf, brach im Schlafzimmer zusammen und weinte, bis sie keine Tränen mehr hatte. Obwohl sie wusste, dass sie bei dem, was David getan hatte, keine Wahl gehabt hatte – *das* hätte sie niemals freiwillig getan –, schnürten ihr doch Schuldgefühle den Hals zu. Was würde ihr geliebter Uria von ihr denken? Sie rollte sich zusammen, spürte den Schmerz dessen in ihrem Körper, was ihr angetan worden war, und flehte Gott an, ihr den Tod zu gewähren. Aber Gott antwortete nur mit Schweigen.

„Ich bin schwanger."

Sie hatte immer davon geträumt, diese drei Worte voller Freude ihrem geliebten Mann zu verkünden, doch jetzt hallten sie wie ein Todesurteil durch ihr Schlafgemach. Uria war seit jenem grausamen Tag die ganze Zeit auf dem Schlachtfeld gewesen und nicht nach Hause zurückgekehrt, um ihre Liebe erneut zu besiegeln. Bald würde er von ihrem Geheimnis erfahren. *Allmächtiger Gott, siehst du mich überhaupt?*

Sie ließ einen Boten kommen und gab ihm eine eng gewickelte Schriftrolle, die nur diese drei anklagenden Worte enthielt. „Sie ist für den König bestimmt. Sorge dafür, dass nur er das bekommt", wies sie den jungen Mann an.

Später erfuhr Batseba von Davids Intrige. Dass er Uria nach Hause holen ließ, in der Hoffnung, dass dieser mit ihr schlafen und so das vertuschen würde, was der König getan hatte. Aber sie kannte das Ehrgefühl ihres Mannes. Wenn Krieg herrschte, war er nur Soldat, und das mit leidenschaftlicher Loyalität. Er würde nicht auf ihrer Türschwelle erscheinen, würde nicht einmal in ihre Richtung schauen, bis er offiziell seiner Pflichten enthoben war. Es war paradox, dass ausgerechnet seine Treue zum König ihn durch eben den, dem er diente, in Gefahr bringen würde. Als Uria aufs Schlachtfeld zurückkehrte, ohne bei ihr gewesen zu sein, erbrach Batseba sich wieder und wieder. Sie weinte, als es geschah. Das Leben war entsetzlich ungerecht. Ein Kind sollte doch willkommen sein und nicht gefürchtet werden. Batseba konnte irgendwann nicht mehr unterscheiden, wann ihr schlecht war, weil sie schwanger war, und wann ihr schlecht war, weil sie krank vor Sorge um Uria war. Boten aus dem Palast überbrachten die Nachricht von Davids jüngstem Wahn – dass er die Gänge auf und ab ging, vor sich hin murmelte und immer wieder nach Joab rief, der den Feldzug führte, an dem David nicht teilnahm.

„Er hat Joab einen Brief geschrieben", berichtete einer von Batsebas Informanten im Palast ihr.

„Das wird nicht gut ausgehen", sagte sie zu ihrer Dienerin und musste sich sofort wieder übergeben, als es unten klopfte. Sie wischte sich den Mund ab und begrüßte dann den Boten, der stocksteif in der Tür stand.

„Uria ist tot", berichtete ihr der Bote.

Drei weitere vernichtende Worte, denen sie hoffnungslos ausgeliefert war und an denen sie nichts ändern konnte. Was konnte sie als Frau schon tun? Was konnte sie als Untertanin eines Königs, der so etwas tat, tun, um dem Unausweichlichen zu entrinnen? Sie zog sich einen schwarzen Schleier über, als sei er ein Leichentuch. Batseba ließ sich auf ihr Bett gleiten. Sie hätte sich am liebsten flach auf den Bauch gelegt, aber die unablässigen Tritte des Kindes, das in ihr heranwuchs, zwangen sie, auf der Seite zu liegen. Die Tränen strömten über ihre Wangen, tropften von ihrem Nasenrücken aufs Bett. So verharrte sie viele Tage und verweigerte jede Nahrung. Sie wünschte sich, ihr Bett würde sie verschlucken, damit sie bei Uria im Jenseits Ruhe fände. Dort würden sie zusammen sein. Dort würde sie Trost finden. Dort wäre sie aus dieser unmöglichen Notlage befreit.

Aber auch ihr Wunsch zu sterben wurde nicht erfüllt. Stattdessen strampelte sich das Leben einen Weg in ihr Herz. Ganz gleich, wie sehr sie um ihren geliebten Mann trauerte, auch wenn sie durch einen gierigen König schwanger geworden war, eine Sache blieb: Sie würde Mutter werden – und ihre Sehnsucht würde sich erfüllen, auch wenn diese Erfüllung bittersüß war.

Gerüchte aus dem Palast drangen zu ihr und erfüllten sie mit Furcht. Der König, so erzählte man sich, ließ Vorbereitungen treffen, um eine weitere Braut in seinem Harem willkommen zu heißen. Batseba wusste, dass sie die Frau war, von der alle sprachen. Sie biss sich so lange innen in die Wange, bis sie blutete, schlug mit den Fäusten gegen die steinernen Wände ihres Zimmers und ging unruhig auf und ab. Aber ganz gleich, wie sehr sie dagegen protestierte, ganz gleich, wie sehr Trauer und Fassungslosigkeit sie in ihrem Griff hatten, ihr Schicksal ließ sich nicht abwenden. Sie würde mit dem Mann schlafen müssen, der die Schuld am Tod ihres Ehemannes trug und ihr ihre Unschuld geraubt hatte.

Ihr Magen revoltierte in den nächsten Wochen weiter. Sie verlor an Gewicht, statt zuzunehmen. Ihre Wangen waren schließlich so hohl wie ihre Seele. Als Davids Männer sie irgendwann in den Palast brachten, ließ sie das schweigend über sich ergehen, doch innerlich war sie wie tot. Das Einzige, was sie am Leben hielt, waren die unablässigen Tritte ihres ungeborenen Kindes.

Als ihr kleiner Schatz schreiend seine Ankunft verkündete, verspürte Batseba zugleich Freude und Furcht. Dieses Kind war das Ergebnis einer Verbindung, die gegen Gottes Gebote verstieß, aber sie liebte es trotzdem zutiefst. Einerseits konnte sie sich nicht dazu überwinden, ihm einen Namen zu geben, und doch betrachtete sie unablässig sein rosiges Gesicht, seine blauen Augen, seinen friedlichen Schlummer. Sie ließ nicht zu, dass eine Amme es stillte und sich um seine Bedürfnisse kümmerte. Sie liebte es, ihm Nahrung zu geben. Es war, als würde jedes Stillen gleichsam ihre Seele erfüllen und sie am Leben erhalten.

Doch als sie erfuhr, dass der Prophet Nathan um eine Audienz bei König David bat, wurde Batseba unruhig. Ein Prophet des Allerhöchsten kannte ganz gewiss das Geheimnis um die Abstammung des Kindes.

Mit dem schlafenden Kind auf den Armen, verharrte sie still in der Nähe des Thronsaals und hoffte, nicht entdeckt zu werden. Als Nathan David die Geschichte von dem armen Mann erzählte, der sein Lamm so sehr liebte, und dem reichen Mann, der es ihm wegnahm und schlachtete, rannen ihr Tränen über die Wangen. Batseba spürte tief in ihrem Inneren, wie einsam sie war, und vermisste Uria umso mehr. Ihre Beziehung war vertraut, liebevoll und glücklich gewesen. Es verging keine Sekunde, in der sie sich nicht nach seiner Umarmung, seinem Geruch und dem Ausdruck in seinen Augen sehnte, wenn er vom Schlachtfeld zu ihr zurückkehrte. König David hatte ihr all das genommen – aber nicht nur das, er hatte ihr sogar die Möglichkeit genommen, sich ein letztes Mal von ihrem Mann zu verabschieden.

Schließlich verkündete Nathan mit Nachdruck: „Du bist dieser Mann!“ Sein Bariton hallte im gesamten Palast wider. Batseba sah sich um und fragte sich, wie die anderen auf eine solche öffentliche Anschuldigung reagieren würden. Er nannte Batseba „Urias Frau“, was die grausame Wahrheit war. Sie hatte zu Uria gehört. Jetzt lebte sie ein gestohlenes Leben.

Batseba strich ihrem Sohn über die Wange, während ihre Tränen auf sein Gesichtchen fielen.

„Ich bekenne mich schuldig. Ich habe gegen den Herrn gesündigt“, hörte sie David sagen. Dann folgte lautes Weinen. Und schließlich die schrecklichen Konsequenzen.

Nathan sagte viele Worte, aber sie vernahm nur diese: „Dein Kind wird sterben.“

Drei Worte: *Ich bin schwanger.*

Drei Worte: *Uria ist tot.*

Vier Worte: *Dein Kind wird sterben.*

Und alle diese Worte brachen ihr das Herz. Sie ging in ihr Gemach zurück, stillte den namenlosen Jungen und weinte von Neuem. Wie lange würde sie dieses Kind noch in den Armen halten können?

Sieben Tage, war Gottes Antwort. Das rosige Gesicht des Jungen wurde irgendwann aschfahl, als er zu atmen versuchte, doch nur ein Röcheln zustande brachte. Dann hingen seine Arme schlaff herab. Seine himmelblauen Augen wurden trüb. Als er schließlich seinen letzten Atemzug tat, drückte Batseba ihn an ihre Brust und wiegte ihn sanft. Wie sehr sie sich danach sehnte, sein Schreien zu vernehmen! Sie würde ihn vor dem Palast in der Stadt Davids begraben.

Als David, der während all dieser Zeit gefastet und darum gebetet hatte, dass Gott das Kind verschonen würde, aus der Stiftshütte zurückkam, suchte er sie in ihrem Zimmer auf. Mit tränennassen Augen streckte er ihr die Hände entgegen, aber sie erwiderte seine Umarmung nicht. Ihre Arme hingen nur schlaff an ihrer Seite herab. Sie wünschte sich, ihr Herz würde aufhören zu schlagen. David hielt sie mit aller Kraft fest und sagte nichts. Das Kind, das sie einst miteinander verbunden hatte, gab keinen Laut mehr von sich, aber Davids Schluchzen hallte von den Wänden des Zimmers wider und ließ auch sie neuerlich weinen. Sie teilten die Trauer miteinander, wenn auch nicht die Schuld.

Er tröstete sie – und dann vollzog sie noch einmal auf sein Verlangen hin die Vereinigung.

Als Monate später Salomo zur Welt kam, überbrachte Nathan die Botschaft, dass dieser *Jedidja* heißen solle – „Liebling des Herrn". Batseba wusste nur eines: Ihr Sohn würde ein großer Mann werden und er würde seinem Namen alle Ehre machen. Er würde Frieden bringen, vielleicht sogar ihr. Er würde Salomo sein, der Friedensreiche.

Die biblische Erzählung

In der Bibel wird Batseba an keiner Stelle für Davids Vergehen kritisiert oder verurteilt. Nathan kommt nicht zu *ihr* und sagt: „Du bist diese Frau." Und auch Gott zieht David zur Rechenschaft, nicht Batseba. Um die ganze Situation zu verstehen, müssen wir uns die Machtverhältnisse in einem solchen Königreich anschauen und dürfen den Text nicht durch unsere westliche Brille lesen. Wenn ein König einen Untertan zu sich befahl, hatte dieser nicht die Möglichkeit, dies abzulehnen. David herrschte über Israel, und was er verlangte, das bekam er auch. Man kann diese Dynamik auch im Buch Ester sehen, als Königin Ester sagt: „Alle Höflinge des Königs und alle Bewohner des Königreiches wissen, dass jeder, der ohne Einladung im Innenhof vor dem König erscheint, nach dem Gesetz dem Tode geweiht ist, es sei denn, der König streckt ihm sein goldenes Zepter entgegen. Doch ich bin seit 30 Tagen nicht mehr gerufen worden, um zum König hineinzugehen" (Ester 4,11). Der König war die höchste Autorität in einem Staat – er war der Herr über Leben und Tod.

Batsebas Bad auf dem Dach ihres Hauses wurde in der Vergangenheit von vielen Christinnen und Christen unter die Lupe genommen und falsch ausgelegt. Wir können davon ausgehen, dass sie nicht nur ein einfaches Bad nahm und eben das Risiko einging, dass sie dabei beobachtet würde. In Wirklichkeit hat sie höchstwahrscheinlich ein rituelles Bad genommen, um sich sieben Tage nach ihrer Periode zu reinigen. Deshalb steht auch fest, dass ihr Kind von David stammen *musste*, weil sie nach ihrer Periode keinen Sex mit Uria gehabt hatte, sondern nur mit dem König. Da sie auf dem Dach badete, ist es möglich, dass sie dort eine *Mikwe* hatte, ein Reinigungsbad, das sich auf ganz natürliche Weise mit Regenwasser füllte. Tirzah Meacham erläutert dies in ihrem Artikel „Female Purity“ etwas näher: „Es war vorgeschrieben, dass dabei der gesamte Körper einmal vollständig untergetaucht werden musste. Auch musste das Becken sich auf natürliche Weise mit Wasser füllen; das Wasser durfte nicht vom Brunnen geschöpft und dann hineingegossen werden. Das Becken konnte so gebaut sein, dass sich darin entweder Regenwasser, Quellwasser oder Wasser aus einem Fluss sammelte.“[1] Wenn Batseba also darin badete, dann war dieser Vorgang weder sinnlicher Natur noch ein bewusster Akt der Verführung. Das hebräische Wort, mit dem das beschrieben wird, was sie auf dem Dach getan hat, ist *rachats*, was schlicht „waschen“ bedeutet. Viele Menschen badeten damals auf dem Dach – es war ein weitverbreiteter Vorgang. Wir wissen darüber hinaus ebenfalls aus dem Text, dass David zu dieser Zeit eigentlich bei seinen Truppen auf dem Schlachtfeld sein sollte, aber beschlossen hatte, nicht mit in den Kampf zu ziehen. In diesem untätigen Zustand (nach seinem Mittagsschlaf) ließ er den Blick über den Horizont schweifen und bemerkte dabei Batseba. Sie hingegen konnte sehr wahrscheinlich nicht sehen, dass er zu ihr hinsah.

Es ist auch wichtig festzuhalten, dass Gott David Auswege gelassen hatte. Er musste nicht untätig über die Dächer schauen, aber er tat es. Er musste kein Voyeur sein, aber er wollte es. Er hätte nicht nachforschen müssen, wer sie war, aber er tat es. Er hätte sie nicht herbeirufen müssen, aber er befahl es. Er hätte sie nicht zum Geschlechtsverkehr zwingen müssen, aber er machte es. Er schlug bereitwillig jeden Weg ein, den ihm die Sünde bot. Der große Hirte Israels wurde durch eine Reihe immer schlechterer Entscheidungen zum Triebtäter.

Als die Boten kamen, um Batseba mitzunehmen, schwingt in dem hebräischen Wort für „mitnehmen" (*lāqah*) die Bedeutungsebene „nehmen und wegtragen", „in Besitz nehmen", „wegnehmen, ergreifen, packen", „wegtragen", „weggenommen werden" oder „gestohlen werden von" mit.[2] Noch aussagekräftiger ist die Bedeutung „zur Frau nehmen", eine Übersetzung, die ebenfalls möglich ist. Batseba hatte keinerlei Rechte und konnte sich dieser groben Behandlung nicht widersetzen. Obwohl sie bereits mit Uria verheiratet war, konnte sie sich nicht wehren. Sie musste sich fügen.

In dem Abschnitt, in dem es heißt, dass David mit ihr schlief, betont die Bibel ausdrücklich, dass sie *nicht miteinander* geschlafen haben. Die Verben, die hier im hebräischen Original gebraucht werden, werden sonst nur im Zusammenhang mit einer Vergewaltigung verwendet. *Lāqah*, das wir gerade betrachtet haben, bedeutet „wegnehmen" oder „stehlen". *Shakav* bedeutet „liegen". Letzteres kann zwar auf Geschlechtsverkehr hindeuten, wird aber hauptsächlich in den Vergewaltigungsgeschichten des Alten Testaments verwendet.[3] Nach den Vorschriften von 5. Mose 22,25–27 hätte David für diese Straftat übrigens sterben müssen: „Hat der Mann das verlobte Mädchen jedoch auf dem Feld vergewaltigt, soll nur der Mann mit dem Tod bestraft werden. Der jungen Frau sollt ihr nichts tun; sie hat kein Verbrechen begangen, auf das die Todesstrafe steht. Dieser Fall ähnelt dem, bei dem jemand einen anderen angreift und umbringt. Der Mann hat sie draußen auf dem Feld vergewaltigt und als sie um Hilfe gerufen hat, war niemand da, der ihr hätte helfen können."

David hat Batseba zwar *im Palast* vergewaltigt, aber die Situation war die gleiche. Selbst wenn sie geschrien hätte: Wer wäre ihr zu Hilfe gekommen? Es gab doch niemanden, der über David stand, der dem König hätte widersprechen und sie retten können – niemanden außer Gott.

Paradoxerweise war Uria in diesen Ereignissen der Einzige, der sich weigerte, den Anweisungen des Königs zu gehorchen. Es ist ebenfalls wichtig festzuhalten, dass alle von Davids Vertrauten in den Krieg gezogen waren und er ganz allein war – es gab niemanden, der in der Lage gewesen wäre, ihn zur Rechenschaft zu ziehen. Im Palast waren nur noch Diener, und diese besaßen nicht die Autorität (im Gegensatz z. B. zu Uria), sich den Befehlen des Königs zu widersetzen. David hatte sich bewusst entschieden, allein zu sein. Er ließ sich von seiner Trägheit leiten. Und was bei diesen beiden Entscheidungen herauskam, hatte düstere Konsequenzen.

Trauer zieht sich wie ein roter Faden durch Batsebas Geschichte. Wir erfahren aus der Bibel zwar nicht, ob sie und Uria Kinder hatten, aber ich glaube, es spricht einiges dafür, dass dies nicht der Fall war. Als Nathan, der Prophet, David mit dessen Fehlverhalten konfrontiert, erwähnt er in seinem Gleichnis zwar einen Mann und sein Lamm, aber kein Schaf mit Lämmern. Als David Batseba holen ließ, um sie in seinem Harem aufzunehmen, wurde ebenfalls nicht erwähnt, dass ihr noch Kinder in den Palast folgten. Wenn Batseba und Uria tatsächlich kinderlos gewesen waren, wäre Batsebas Schmerz noch komplexer. Denn genau das, wonach sie sich sehnte (schwanger zu werden), wäre dann auch der Beweis für ihre Vergewaltigung. Während ein Kind eigentlich das Resultat der Liebe eines Paares sein sollte, würde dieses namenlose Kind auf etwas anderes hindeuten.

Neun Monate ziehen nach der Szene ins Land, in der David seine Frau nach dem Verlust ihres Kindes „tröstet". Das hebräische Wort, das hier für „trösten" gebraucht wird, ist sehr aufschlussreich. *Nacham* heißt „trösten", aber es schwingt auch die Bedeutung von Trauer und Buße für das mit, was man getan hat, vor allem für das, was man anderen angetan hat.[4] Vielleicht sehen wir hier die letzte Konsequenz von Davids aufrichtiger Reue: All das Chaos, all die Heimlichtuerei und seine mörderische Intrige zeigen, dass er nicht nur gegen Gott gesündigt hat, sondern auch gegen Menschen in seinem Königreich – gegen Batseba und Uria –, und sein Sohn muss die Folgen dafür tragen. Es ist sehr vielsagend, dass die beiden ihren zweiten Sohn Salomo nennen, was „der Friedliche und Friedreiche" bedeutet. Gottes Name für den Jungen ist *Jedidja* und bedeutet „Liebling des Herrn". Nachdem David so rücksichtslos gesündigt hatte, würde dieser von Gott geliebte Mann des Friedens vielleicht den Frieden und das Geliebtsein wieder in das Königreich zurückbringen.

Gott segnete Batseba, indem er ihr nach Salomo noch weitere Kinder schenkte: Schammua, Schobab und Nathan (hier ist offensichtlich nicht der Prophet gemeint).

Darüber hinaus wird in der Bibel ebenfalls angedeutet, dass die Beziehung von Batseba und Salomo ganz besonders eng war. In 1. Könige 2,19 lesen wir, dass Batseba sich bei Salomo für Adonija – einen von Davids Söhnen – einsetzt, der versuchte, die Herrschaft an sich zu reißen. Man beachte, wie Salomo Batseba antwortet: „Und Batseba ging zu König Salomo, um ihm Adonijas Bitte vorzutragen. Der König erhob sich von seinem Thron, kam ihr entgegen und verbeugte sich vor ihr. Als er wieder auf dem Thron Platz genommen hatte, befahl er, auch für die Königinmutter einen Thron zu bringen, und sie setzte sich an seine rechte Seite."

Wenn wir uns noch einmal in Erinnerung rufen, was wir über Könige und ihre Autorität wissen, dann ist Salomos Verbeugung vor seiner Mutter ein deutlicher Hinweis auf ihre Stellung im Königreich. Dass sie auf einem Thron saß, weist auf Rehabilitierung und Wiederherstellung hin.

Einige Theologen spekulieren, dass sich hinter König Lemuel, der Sprüche 31 verfasst hat, Salomo verbirgt. Wenn das stimmt, dann ist Batseba die Frau, die er dort preist. (In Kapitel 8 werden wir sie noch näher betrachten.)

Weiterhin taucht Batseba auch im Stammbaum von Jesus Christus auf. Sie wird meist nicht namentlich erwähnt, obgleich manche Übersetzungen sich die entsprechende Freiheit nehmen. In der „Neues Leben"-Bibel heißt es zum Bespiel in Matthäus 1,6: „Isai war der Vater von König David. David war der Vater von König Salomo (seine Mutter war die Frau von Uria)." Auch hier finden wir keinerlei Schuldzuweisungen in Bezug auf Batseba – David ist derjenige, der Uria die Frau genommen und den Tod seines Freundes herbeigeführt hat. Matthäus macht damit deutlich, dass sie zuallererst die Frau eines anderen war – ein Hinweis auf Davids Verrat und nicht auf Batsebas „Verführung". Hier ging es eben *nicht* um Ehebruch – also um außerehelichen Sex in beiderseitigem Einverständnis –, wie manche annehmen; das Ganze war eine Vergewaltigung. Das Ereignis hat alle Merkmale einer Vergewaltigung und war ein abscheulicher Machtmissbrauch.

Und doch ist es Batseba offenbar gelungen, ihr Trauma zu überwinden. Sie wurde die Vertraute ihres Sohnes, als dieser

König war. Sie bekam sogar einen eigenen Thron. Und ihr Blut floss durch die Adern des Einen, der alle Menschen von ihren Verletzungen und ihrem Leid befreit.

Was bedeutet das für dich?

Batseba wird gemeinhin auf zweierlei Weise verkannt:

Zum einen unterstellen ihr Theologen, die sie als Verführerin abstempeln, niedere Motive. Sie ist nicht mehr am Leben und kann diese Fehleinschätzungen nicht mehr korrigieren oder sich selbst verteidigen. Aber stell dir einmal vor, wie es wäre, wenn man dich und dein Handeln jahrtausendelang in einem falschen Licht darstellt. Doch genau das ist Batsebas Schicksal.

Ich hatte ja schon erwähnt, dass du es einfach nicht in der Hand hast, welches Bild andere von dir haben, vor allem wenn jemand voreingenommen ist. Du könntest natürlich dein gesamtes Leben damit zubringen, so zu leben, dass andere dich nicht missverstehen oder verkennen. Aber du könntest deine Kraft auch auf produktivere Weise nutzen. Stell dir vor, du würdest dir die ganze Zeit Gedanken wegen der Personen machen, die schlecht von dir denken, oder würdest sogar versuchen, dich bei ihnen anzubiedern. Du wärst doch so sehr mit dir selbst beschäftigt, dass es dich daran hindern würde, das Leben zu führen, das Gott für dich im Sinn hat. Deine Hingabe würde nicht nur Gott gelten, sondern auch den Personen, an deren Meinung über dich vielleicht nicht zu rütteln ist. Doch das Leben ist zu kurz, um sich ständig um die Meinung der anderen zu scheren.

Paulus erinnert uns an eine ernüchternde Wahrheit: „Wie ihr seht, geht es mir nicht darum, Menschen zu gefallen! Nein, ich versuche, Gott zu gefallen. Wollte ich noch Menschen gefallen, wäre ich kein Diener von Christus“ (Galater 1,10). So zu leben, dass andere uns Beifall klatschen, steht im Widerspruch zum Dienst für Jesus Christus. Hast du dir schon einmal ehrlich die Frage gestellt: Ist es dir wichtiger, wie andere dich sehen, oder lebst du gemäß dem, wie Gott dich erschaffen hat? Wie wäre es mit folgendem Ansatz: Gott hat dich erschaffen, um unglaubliche Dinge zu tun. Paulus schreibt in seinem Brief an die Gemeinde in Ephesus, dass wir Gottes Schöpfung und mit den nötigen Fähigkeiten ausgestattet sind, um in dieser Welt Gutes zu tun. „Denn wir sind Gottes Schöpfung. Er hat uns in Christus Jesus neu geschaffen, damit wir die guten Taten ausführen, die er für unser Leben vorbereitet hat“ (Ephesus 2,10). Wenn du deinen Blick vom Negativen abwendest (das, was andere über dich denken) und auf das Positive richtest (was Gott sich von dir wünscht), wirst du ein ganz neues Maß an Freude erleben.

Auch damals gab es sicher endlose Gerüchte und Unterstellungen, und Batseba hätte sich davon abhalten lassen können, ihr Leben zu leben. Sie hätte sich ins Innere des Palastes zurückziehen und die Scham ertragen und mit dem Schmerz leben können, der ihr zugefügt worden war. Aber das, was wir in der Bibel lesen, deutet darauf hin, dass sie ihr Leben in die Hand genommen hat. Sie hat in Israel eine wichtige Rolle gespielt. Ihr Sohn hat sie bei der Staatsführung um Rat gefragt. Sie hat noch andere Kinder großgezogen. Sie hat ihren Mann – David – überlebt.

Aber auch König David hat Batseba verkannt. Er sah sie offensichtlich nicht als jemanden, der als Ebenbild Gottes erschaffen wurde. Er hat sie nicht wertgeschätzt. Er hat sie lediglich als Eigentum betrachtet, als Objekt, das einen Augenblick lang sein sexuelles Verlangen stillen würde. Er beschloss, sie nicht als eigenständige Persönlichkeit zu betrachten. Wenn man genau hinschaut, fällt auf, dass dem Missbrauch offensichtlich kein Gespräch voranging. Sie muss gewusst haben, dass es keinen Sinn hatte zu schreien, oder wenn sie es getan hätte, wären ihre Schreie ungehört geblieben. Wenn sie wirklich miteinander gesprochen hätten, hätte David sich ihre Menschenwürde eingestehen müssen. Aber das tat er nicht; stattdessen wurde sie ihm wie ein Stück Vieh zugeführt. Genau wie das Lamm in Nathans Geschichte waren auch sie und Uria nur Spielfiguren bei Davids Entschluss, zu sündigen und das dann zu vertuschen.

Nathans Gleichnis macht das sehr schön deutlich:

In einer Stadt lebten zwei Männer. Der eine war reich, der andere arm. Der Reiche besaß viele Schafe und Rinder. Der Arme hatte nichts außer einem kleinen Lamm, das er gekauft hatte. Er zog es zusammen mit seinen Kindern auf. Es aß vom Teller des Mannes, trank aus seinem Becher und es schlief in seinen Armen. Er behandelte es wie eine Tochter. Eines Tages kam ein Gast in das Haus des reichen Mannes. Doch statt ein Lamm oder ein Rind aus seiner eigenen Herde für den Gast zu schlachten, nahm er das Lamm des Armen, schlachtete es und setzte es seinem Gast vor (2. Samuel 1–4).

Es ist schon paradox, dass eine Geschichte, in deren Mittelpunkt ein Tier steht, herangezogen wird, um Davids Scheinheiligkeit zu enthüllen. Er, der Schafe gehütet hat und jetzt mit der Aufgabe betraut ist, das Volk Israel zu hüten, reagiert sehr heftig auf den Tod des fiktiven kleinen Lammes: „David wurde sehr zornig über diesen Mann. ‚So wahr der Herr lebt', schwor er, ‚wer so etwas tut, verdient den Tod! Er muss dem Armen vier Lämmer für das eine geben, das er ihm, ohne auch nur das geringste Mitleid zu zeigen, geraubt hat'" (Verse 5–6).

David erkannte, dass hier ein Tier bzw. ein armer Mann ungerecht behandelt wurde, aber seine eigene weitaus größere Sünde gegen jemanden, der als Ebenbild Gottes erschaffen wurde, entging ihm völlig. Augenblicke später brachte Nathan die Fakten zutage, die Gott ihm offenbart hatte: „Warum also hast du das Wort des Herrn missachtet und etwas so Schreckliches getan? Denn du hast den Hetiter Uria durch die Ammoniter ermorden lassen und seine Frau gestohlen" (2. Samuel 12,9).

David hat Batseba ihrer Menschenwürde beraubt, und wenn jemand zum Objekt, zum Eigentum eines anderen herabgewürdigt wird, fällt es leicht, dieses „lebendige Inventar" zu verletzen. Doch das bedeutet gleichzeitig, dass man dem Betreffenden die Seele raubt, die Menschenwürde, ja sein Menschsein nimmt.

Es fällt sehr schwer, diese Erfahrung zu überwinden, wenn man auf diese Weise verkannt und missbraucht wird. Wie kann eine Frau, die zu einem Objekt degradiert wurde, auf ihrem Wert als Person bestehen? Wie können wir jemanden, der uns das Leben schwer macht, von unserem Wert überzeugen? Meist wird uns das nicht gelingen. Wenn jemand, der (sexuelle, psychische etc.) Gewalt anwendet, andere ihrer Menschenwürde beraubt, dann hat diese Person ihr Vorgehen in der Regel schon lange in Gedanken durchgespielt. Mit den Jahren entsteht durch diese zerstörerischen Gedanken ein tiefer Graben, und es ist extrem schwierig, ja beinahe unmöglich, aus diesem Graben (und damit Verhalten) wieder herauszukriechen.

Ich habe einen ähnlichen Zerbruch durchgemacht wie Batseba. Ich habe wiederholt sexuellen Missbrauch erlebt sowie Vernachlässigung in einer zerrütteten Familie (was an und für sich schon eine Form der Entmenschlichung ist), und es gelang mir nie, diejenigen, die mich angriffen oder vernachlässigten, dazu zu bringen, mich als Mensch zu sehen.

Das Ganze begann, als ich fünf Jahre alt war.

Erst als ich verstand, dass Gott die Zerbrochenen und Machtlosen wichtig sind, gelang es mir, meinen Selbstwert wiederzufinden. Wenn jemand andere unterdrückt, dann entgeht Gott das nicht. Wenn rücksichtslose Menschen andere fertigmachen, sieht Gott das. Wenn kleine Mädchen vergewaltigt werden, spürt Gott ihren Schmerz. Das bedeutet nicht, dass wir uns nie grundlegenden Fragen stellen dürfen oder sollen wie: „Warum musste mir das passieren?" oder: „Warum hat Gott mich nicht davor bewahrt?" Leider ist diese schrecklich-schöne Welt immer noch von Sünde beherrscht. Zerstörerische Menschen lassen ihrer Bösartigkeit immer noch freien Lauf. Aber dieses Leben ist nicht alles. Im Vergleich zur Ewigkeit ist unser Leben im Hier und Jetzt nur eine Nadelspitze, ein winziger Punkt. Auf der anderen Seite der Ewigkeit wird Gott dann alles zurechtbringen. Er wird die unzähligen Tränen, die wir geweint haben, abwischen. Und du kannst dir sicher sein, dass er von seinem himmlischen Thron aus jedes unmenschliche Verhalten mitbekommt!

Denk einmal über Gottes Verheißungen für das folgende „Quartett der Wehrlosen" nach (Witwen, Waisen, Arme und Fremde). Diese Personengruppen werden ständig ihrer Menschenwürde beraubt, haben vielfach keine Macht und oft auch keine Hoffnung. Aber Gott liebt sie. Wenn auf dieser Welt rücksichtslose Menschen über die Wehrlosen herfallen, werden sie sich am Ende vor dem Gott verantworten müssen, dem diese am Herzen liegen:

Er schafft den Unterdrückten Gerechtigkeit
und gibt den Hungrigen zu essen.
Der Herr befreit die Gefangenen.
Der Herr öffnet die Augen der Blinden.

Der Herr richtet die auf, die verzweifelt sind.
Der Herr liebt die Gottesfürchtigen.
Der Herr beschützt die Fremden unter uns.
Er sorgt für die Waisen und Witwen,
aber er vereitelt die Pläne der Gottlosen (Psalm 146,7–9).

Schlimm wird es denen ergehen, die ungerechte Gesetze erlassen,
und den Schreibern, die bedrückende Vorschriften machen.
Sie beugen das Recht der Armen
und rauben den Elenden meines Volkes ihre Rechte.
Sie bringen die Witwen um ihren Besitz
und plündern die Waisen aus!
Was wollt ihr tun, wenn ich euch bestrafe
und plötzlich aus der Ferne Zerstörung über euch hereinbricht?
Zu wem wollt ihr fliehen, um Hilfe zu bekommen,
und wo wollt ihr euern Reichtum in Sicherheit bringen?
Es wird euch nichts anderes bleiben, als euch in eure Gefangenschaft zu fügen
oder tot bei den Gefallenen zu liegen.
Doch auch damit ist der Zorn des Herrn noch nicht gestillt.
Seine Hand bleibt erhoben (Jesaja 10,1–4).

Nur wenn ihr euer Leben und euer Tun von Grund auf ändert, wenn ihr bei Meinungsverschiedenheiten gerecht miteinander umgeht, die Ausländer, Waisen und Witwen nicht übervorteilt und mit dem Morden und dem Götzendienst ein Ende macht (Jeremia 7,5–6).

Fügt den Witwen, Waisen, Fremden und Armen kein Unrecht zu.
Und schmiedet keine bösen Pläne gegeneinander (Sacharja 7,10).

Im Alten Testament lesen wir an vielen Stellen davon, dass die Erniedrigten Gott am Herzen liegen, aber Jesus *lebt uns dieses Mitgefühl ganz praktisch vor*. Er verstößt gegen soziale Gepflogenheiten, als er mit einer Frau spricht, die im Leben gescheitert ist (die samaritanische Frau am Brunnen). Er zeigt Mitgefühl mit der Frau, die beim Ehebruch ertappt worden war. Er macht sich eins mit den Unterdrückten und Armen, denn auch er hat keinen Ort, an den er sein Haupt betten kann. Er geht zu den Ausgegrenzten, die in den Augen vieler Menschen wertlos sind, er isst mit ihnen und macht so deutlich, wie wichtig sie Gott doch sind. Ja, seine schärfste Kritik gilt jenen, die auf andere herabschauen, die in ihrer elitären Religiosität diejenigen ablehnen, die an ihren unerreichbaren Maßstäben scheitern.

Nach Kreuzigung und Auferstehung können wir sehen, dass die Gemeinde mit eben jenem Dilemma zu kämpfen hat:

Liebe Brüder, wie könnt ihr behaupten, an Jesus Christus, den Herrn der Herrlichkeit, zu glauben, wenn ihr bestimmte Menschen bevorzugt? Nehmen wir zum Beispiel an, in eure Gemeinde kommen ein teuer gekleideter Mann mit kostbarem Schmuck und ein armer Mann in schäbiger Kleidung. Und ihr würdet dem Reichen besondere Aufmerksamkeit schenken und ihm einen guten Platz anbieten, zu dem Armen aber sagen: „Du kannst stehen bleiben oder dich da drüben auf den Boden setzen." Zeigt diese unterschiedliche Behandlung nicht, dass ihr euch von falschen Motiven leiten lasst? Hört mir zu, meine lieben Brüder! Hat Gott nicht besonders die Armen in dieser Welt dazu erwählt, im Glauben reich zu sein? Sie werden das Reich Gottes erben, das er denen versprochen hat, die ihn lieben (Jakobus 2,1–5).

So *sollte* es in der Gemeinde sein. Warum? Weil Gott so ist.

Wenn du unter jemandem gelitten hast, der dir das Leben schwer gemacht hat und in dessen Augen du vielleicht nichts wert bist, so ist deine Situation trotzdem nicht hoffnungslos. Egal, wie man dich behandelt hat (und es tut mir wirklich leid, dass du das durchmachen musstest), die Wahrheit ist, dass Gott in der Ewigkeit Gerechtigkeit walten lassen wird. Und selbst wenn es noch lange nicht so weit sein sollte: Du kannst dich mit dem Wissen trösten, dass du wertvoll bist, dass Gott dich wunderbar und einzigartig erschaffen hat – selbst wenn andere das nicht so sehen sollten. Du wurdest nach Gottes Ebenbild erschaffen, deshalb bist du es wert, geliebt, beschützt, gefragt und wahrgenommen zu werden. Erinnere dich immer wieder daran, wenn es dir schwerfällt, das zu glauben.

Paulus zeigt uns in seinem Brief an die Gemeinde in Rom, wie das aussehen kann. Er schreibt dort: „Deshalb orientiert euch nicht am Verhalten und an den Gewohnheiten dieser Welt, sondern lasst euch von Gott durch Veränderung eurer Denkweise in neue Menschen verwandeln. Dann werdet ihr wissen, was Gott von euch will: Es ist das, was gut ist und ihn freut und seinem Willen vollkommen entspricht" (Römer 12,2). In unserer Gesellschaft neigen viele dazu, andere zu erniedrigen oder zumindest auf sie herabzuschauen. Sie untergraben den Selbstwert einer Person und gründen ihren Wert auf so vergänglichen Dingen wie Aussehen, Persönlichkeit und Intelligenz. In ihren Augen sind eben einige Menschen wertvoller als andere.

Aber das ist nicht wahr.

Willst du die Wahrheit wissen? Du bist als Gottes Ebenbild erschaffen, und das verleiht dir Gewicht, selbst wenn du die Menschheit von ihrer schlimmsten Seite erlebt hast. Du bist zu mehr bestimmt. Die Worte und Taten eines rücksichtslosen

Menschen können dir das, was Gott unauslöschlich in deine Seele geschrieben hat, nicht rauben. Der Teufel kann dir dein Geburtsrecht als Kind Gottes nicht nehmen. Deine Lebensumstände – und seien sie noch so schlimm – können nichts an der Wahrheit ändern, dass du als Ebenbild Gottes erschaffen wurdest. Aber erfahrungsgemäß ist es ein lebenslanger Prozess zu lernen, entsprechend dieser Wahrheit zu leben. Wir wachsen gewissermaßen hinein und erkennen immer mehr, dass wir den Heiligen Geist in uns tragen, der uns Mut und Hoffnung schenkt. Wir sind sein Tempel, der Ort, an dem er wohnt.

Du bist nicht die Summe deiner Verletzungen. Du bist der Empfänger tausendfältiger Liebe, die dir von einem gütigen Gott geschenkt wird, der dich sieht und der in der Ewigkeit alles zurechtbiegen wird. Lass dein Herz in dieser Wahrheit ruhen. Finde darin Trost.

Ein paar gute Nachrichten über dein wahres Ich

- Gott ist selbst in all den tragischen Ereignissen bei dir.
- Schämen müssen sich nicht die Opfer, sondern die Täter.
- Selbst eine komplizierte, schmerzhafte Geschichte kann zu etwas Gutem führen.
- Gott bringt selbst nach Tod und Trauer noch kleine Hoffnungsfunken in dein Leben.
- Nicht das, was dir passiert ist, definiert, wer du bist, sondern die Gedanken des Einen, der dich liebt.

Kurz nachgedacht

1. Was hat dich an dieser Nacherzählung von Batsebas Geschichte besonders gefesselt? Welche Details haben dich überrascht?
2. Wo hat sich deine Sicht von König David verändert, nachdem du diese Geschichte gelesen hast? Wo ist sie gleich geblieben?
3. Was macht dir an Nathans Geschichte und seiner Konfrontation mit David Hoffnung?
4. Was hätte David tun können, statt der Frau eines anderen Mannes nachzulaufen und ihren Mann töten zu lassen? Hatte Batseba in dieser Situation irgendeine Wahl? Warum oder warum nicht?
5. Batseba führte nach Davids gewalttätigem Übergriff irgendwann doch noch ein gutes Leben. Inwiefern könnte das ein Hinweis auf das Evangelium sein?

Kapitel 7

Tamar – die Missbrauchte

Die jungfräuliche Tamar war tugendhaft, gütig und hatte als Tochter von König David eine glänzende Zukunft vor sich. Sie war darüber hinaus die Schwester von Absalom und verbrachte ihre Tage in der Nähe des Palastes und widmete sich sowohl den feinen Künsten als auch mildtätigen Aufgaben. Eines Tages kam ihr Vater zu ihr.

„Amnon ist krank“, sagte er. „Er fragt nach dir. Würdest du dich um seine Bedürfnisse kümmern? Er hat Hunger und braucht deine Aufmerksamkeit.“

„Ja, Vater“, erwiderte sie und ihre Stimme hallte sanft von den Palastwänden wider.

„Ach, und du musst ihn auch füttern“, sagte ihr Vater.

Letzteres verwunderte sie. Warum sollte Amnon beim Essen Hilfe benötigen? *Wahrscheinlich ist er ernsthaft krank*, dachte sie. *Vielleicht liegt er sogar im Sterben?*

So war sie ausgesprochen beunruhigt, als sie Amnons Haus betrat. Ihr Magen zog sich zusammen und etwas schnürte ihr die Kehle zu. In diesen Räumlichkeiten war es viel zu still und Furcht überkam sie. Als sie schließlich den Vorraum zu Amnons Schlafgemach betrat, fand sie ihn dort und grüßte ihn mit leiser Stimme. Obwohl seine Diener bei ihm standen, folgte er gierig jeder ihrer Bewegungen, und sein Blick glitt über ihren Körper.

„Guten Tag, Tamar", sagte er.

Sie erwiderte seinen Gruß mit einem Nicken, aber irgendetwas verriet ihr, dass etwas nicht in Ordnung war.

Da Amnon ganz offensichtlich doch nicht im Sterben lag, begab sie sich in die Küche, um ihm etwas zuzubereiten und dabei ihr inneres Gleichgewicht wiederzufinden. Sie nahm frisch gemahlenes Mehl und goss Wasser dazu. Sie knetete den Teig, bis er geschmeidig war. Dann ließ sie ihn gehen. Währenddessen bestreute sie die Lammkeule mit Gewürzen. Anschließend brachte sie das Fleisch nach draußen, um es rösten zu lassen. Wieder in der Küche, rollte sie das Fladenbrot aus. Danach bat sie eine Dienerin, die Fladen ebenfalls auf die Kohlen zu legen. Tamar goss abschließend Olivenöl in eine flache Schale und fügte frischen Knoblauch und Kräuter hinzu. Sie tat all das pflichtbewusst, wie sie es schon tausendmal zuvor getan hatte. Nur dass sie dieses Mal das Gefühl hatte, ihr Leben hinge davon ab.

Als Amnons Lieblingsgericht fertig war, stellte sie das Lammfleisch, das Fladenbrot und das Kräuteröl auf ein Tablett und brachte es ihm.

„Hier ist dein Essen", sagte sie. Sie stellte es auf einen Tisch und machte Anstalten zu gehen. Sie hoffte, dass er die Sache mit dem „Füttern" vergessen hatte – oder vielleicht hatte sich ihr Vater auch getäuscht. Vielleicht hatte er diese seltsame Bitte falsch verstanden. Sie zog sich ihre *Palla* über den Kopf und wandte sich ab.

„Nein!", rief Amnon. Er schob das Tablett zur Seite, sodass sie gezwungen war, es aufzufangen, bevor das Essen zu Boden glitt. „Verschwindet!", herrschte er die Diener an.

Alle verließen hastig den Raum.

Tamars Herz schlug panisch in ihrer Brust. Was konnte das bedeuten? Sie schickte sich an, den Raum gemeinsam mit den Bediensteten zu verlassen, in der Hoffnung, dass das alles nur eine Laune ihres kranken Halbbruders war.

„Bring das Essen in mein Schlafgemach und füttere mich dort."

Als sie seine Worte hörte, wusste sie, dass sie keine andere Wahl hatte, als ihm zu gehorchen.

Tamar brachte ihm die Mahlzeit, während er sich auf sein Bett legte, und stellte das Tablett auf seinen Schoß. Sie riss etwas von dem Fladenbrot ab, tunkte es in das Knoblauch-Kräuteröl und fütterte ihn damit. Er aß aus ihrer Hand und ergriff diese dann.

Tamar wollte zurückweichen, aber Amnon packte beide Handgelenke. Das Tablett glitt mit einem Krachen zu Boden. Sie hoffte, dass die Diener noch nicht zu weit entfernt waren und den Lärm hörten. Sie sah sich um, doch niemand kam.

Amnon stieß ein kehliges Knurren aus. „Komm, leg dich zu mir, Schwester", säuselte er.

„Nein, Bruder!", schrie sie auf. „Mach keine Dummheit! Tu mir das nicht an!" Sie hatte gehofft, dass er aus seinem Wahn erwachen würde, wenn sie ihn daran erinnerte, dass er ihr Bruder war. Aber er packte sie nur noch fester und atmete gierig ihren Duft ein. Sie versuchte, sich aus seinem Griff zu befreien. Vergebens. Erneut versuchte sie, ihm seinen Irrtum vor Augen zu führen.

„Du weißt doch, dass so etwas in Israel ein schweres Verbrechen ist", schrie sie laut, in der Hoffnung, dass irgendjemand ihr verzweifeltes Rufen hören würde. Aber niemand kam ihr zu Hilfe. „Was soll dann aus mir werden? Denk doch, welche Schande das für mich wäre!", fügte sie hinzu, aber jetzt zog er sie an sich. Als er versuchte, sie zu küssen, drehte Tamar den Kopf zur Seite. „Und du würdest in Israel als gewissenloser Kerl dastehen", flehte sie ihn weiter an. Sie hoffte, dass sein Stolz dies nicht zulassen würde oder dass er bei diesen Worten wieder klar denken könnte. Doch er griff nach ihrer Tunika und riss sie ihr von der Schulter. Tamar blieb die Luft weg.

„Bitte!", flehte sie ihn an. „Warum redest du nicht mit dem König? Bestimmt erlaubt er dir, mich zu heiraten." Das würde ihr etwas Zeit und die Gelegenheit geben, dieser gefährlichen und beschämenden Situation erst einmal zu entrinnen.

Aber ihre Worte verhallten ungehört. Es war, als redete sie gegen eine Wand. Sie war in dieser Situation gefangen.

Tamar schloss die Augen. Sie versuchte, an ihre Kindheit zu denken, als sie und Amnon noch unschuldig gewesen und in den Olivenhainen um die Wette gerannt waren. Aber an diesem Ringen hier war nichts Unschuldiges mehr, und Amnon gewann rasch die Oberhand. Brutal und schnell.

Anschließend zog er sich von ihr zurück. In seinen Augen stand nun nicht länger Erregung zu lesen, sondern Hass. Er spuckte in Tamars tränenverschmiertes Gesicht und hielt ihre Hände fest, sodass sie sich den Speichel nicht abwischen konnte. Dann stieß er sie von sich. Sie fiel rückwärts auf den kalten, harten Boden, und ihre Kleidung lag unordentlich auf einem Haufen unter ihr. Sie versuchte, sich zu bedecken, und griff nach ihrer Tunika, aber plötzlich waren ihre Hände wie taub und wollten ihr nicht mehr gehorchen.

Augenblicke später stand Amnon mit einem grausamen Grinsen im Gesicht über ihr.

„Verschwinde!", fauchte er kalt und berechnend.

Tamar kam langsam wieder zu Sinnen und ihre Hände griffen

zitternd nach ihrem Umhang. Sie versuchte, ihre Nacktheit zu bedecken, während sie hilflos am Boden lag und aus kleineren Wunden blutete.

„Nein, nein!", flehte Tamar in ihrer verzweifelten Situation. „Wenn du mich jetzt wegjagst, ist das noch viel schlimmer als das, was du mir vorhin angetan hast." Sie wäre für den Rest ihres Lebens entehrt, unverheiratet und missbraucht. Obgleich ihr bei dem Gedanken, so einen brutalen Mann zu heiraten, übel wurde, war es doch der einzig mögliche Weg, um wenigstens einen Teil ihrer Würde zu wahren.

Doch Amnon stand nur regungslos da, völlig ungerührt von ihrem Flehen.

Dann wandte er sich um, ging zum Eingang seines Zimmers und rief nach einem Diener.

Tamar zog sich langsam ihr wunderschönes Gewand an. Obwohl der Tag für die Jahreszeit sehr warm war, zitterte sie, als der Diener eintrat.

„Jag diese Frau aus meinem Haus und verriegle die Tür hinter ihr!", schrie Amnon.

Der Diener gehorchte. Er packte sie – die nicht länger „meine Schwester Tamar" war, sondern „diese Frau" – und stieß sie aus dem Haus. Dort stolperte sie und fiel zu Boden. Sie hörte, wie der Riegel der äußeren Tür mit lautem Krachen zugeschoben wurde. Weinend hämmerte sie gegen den Eingang, aber niemand kam ihr zu Hilfe. Ihre Sandalen lagen noch in Amnons Zimmer, und sie spürte den Sand zwischen ihren Zehen, als sie zitternd, blutend und weinend dastand und der Boden unter ihr von ihren Tränen und ihrem Blut getränkt wurde.

Tamar sah an ihrem wunderschönen Kleid herab, das nur Königstöchtern vorbehalten war. Es war fein gewoben, mit purpurnen und scharlachroten Fäden, und jedes Mädchen in Israel beneidete sie darum. Sie erinnerte sich daran, wie sie es bei langen Spaziergängen in der Stadt Davids voller Würde getragen hatte und wie sich die Menschen vor ihr verneigt hatten. Doch diese Würde, sie gehörte nun der Vergangenheit an.

Am Halsausschnitt befand sich ein kleines Loch. Tamar zog einen Faden heraus, sodass eine Schwachstelle im Gewebe entstand. Dann biss sie in den beschädigten Stoff und zog mit aller Kraft daran.

Krrrrk.

Das Gewand teilte sich in zwei Hälften und ihr Untergewand kam zum Vorschein. Jetzt riss sie sich das Kleid vom Leib und setzte sich auf dem staubigen Boden darauf. Sie riss einen Streifen ab und verfluchte ihre Schmach. Dann noch einen. Sie zerriss den Stoff des Kleides so lange, bis es nur noch ein Haufen Fetzen unter der heißen judäischen Sonne war. Niemand bemerkte es. Niemand blieb stehen, um zu fragen oder zu helfen, als sie den Haufen Stofffetzen in den Ofen vor dem Haus warf. Unablässig rannen Tamars Tränen über ihre Wangen, als sie zusah, wie ihr königliches Gewand zu Glut und Asche verbrannte. Ohne der Hitze des Ofens Beachtung zu schenken, beugte sie sich zu seiner Öffnung hinunter und kratzte die Asche zusammen. Dabei verbrannte sie sich die Hände, aber es machte ihr nichts aus. Als die Asche langsam auskühlte, streute sie sie sich auf den Kopf und wünschte sich, sie würde ihre wunderschönen Haare versengen. Dann schmierte sie sich Asche ins Gesicht, sodass ihre Tränen schwarze Linien darauf hinterließen.

Schließlich stolperte sie nach Hause, ohne ihr Obergewand, den Kopf und das Gesicht mit Asche verschmiert.

Zurück im Palast, eilte Absalom auf sie zu. „Ist es wahr, dass Amnon mit dir geschlafen hat?“

Unter Tränen und hysterischem Schluchzen nickte sie. *Jeder sollte es wissen.*

„Nun, Schwester", erwiderte Absalom, „sag niemandem etwas davon, denn er ist dein Bruder. Wir wollen seinen Ruf nicht ruinieren – schließlich ist er Vaters Liebling."

Tamar konnte in ihrer Situation nichts tun, dessen war sie sich bewusst. Nur ein Ausweg stand ihr offen: im Schutz von Absaloms Haushalt mit dieser Schande zu leben. Selbst Vater sagte nichts dazu und zementierte so ihr Schicksal. Das würde von nun an ihr Leben sein. Es war in Fetzen gerissen und zu Asche verbrannt wie ihr wunderschönes Kleid. Die ehemals so unbeschwerte, fröhliche Prinzessin gehörte der Vergangenheit an. An ihre Stelle war jetzt eine missbrauchte, unreine „diese Frau" getreten, die für den Rest ihrer aschgrauen Tage im Verborgenen leben würde.

So vergingen zwei Jahre.

Absalom rächte sich schließlich an Amnon. Er lud ihn zu einer Feier mit seinen Brüdern ein, machte ihn betrunken und tötete ihn dann. Aber weder stellte das Tamars Ehre wieder her noch änderte es etwas an ihrem Schicksal.

Während Absalom zum Haus seines Großvaters in Geschur floh und der Vater um den Verlust seines Sohnes Amnon weinte, hatte Tamar das Gefühl, dass ihr Schicksal nun endgültig besiegelt war.

Die biblische Erzählung

Tamar ist die Tochter von König David und Maacha, der Prinzessin von Geschur (eine seiner vielen Frauen). Ihre Geschichte nimmt kein gutes Ende – sie handelt im Gegensatz zu anderen biblischen Frauen-Geschichten nicht von Erlösung: Tamar wird vergewaltigt und muss dieses Schicksal ein Leben lang erdulden. Aber dass wir ihre Erlebnisse trotzdem in der Bibel finden, ist dennoch sehr aufschlussreich – warum stehen sie da und wie sind sie zu verstehen?

Tamars Name bedeutet übersetzt „Dattelpalme" – ein wunderschöner symmetrischer Baum in Palästina, dessen Wurzeln so tief reichen, wie seine Zweige breit sind. Er steht für Würde und Attraktivität.

Aber in Tamars tragischer Geschichte sehen wir nichts davon. Für Tamar gibt es nur Verlust und Schande.

Wie Josef, einer der zwölf Stammväter, trägt auch Tamar ein wunderschönes Gewand, das sie als Prinzessin kennzeichnet, als eine, die bevorzugt und geehrt wird. Diese Art von Gewand reichte bis auf den Boden und bedeckte sowohl die Handgelenke als auch die Knöchel (was es so kostbar machte). Es zeigte, dass die betreffende Person nicht arbeiten musste – es war ein Gewand, das für Zuneigung und Privilegien stand. Das Gewand signalisierte, dass Königstöchter streng beschützt wurden. Tamar wurde von den Eunuchen des Harems bewacht und durfte ihre Gemächer nur in Begleitung verlassen.

Weil sie damit für Amnon unerreichbar ist, muss er sich eine List einfallen lassen, um mit ihr allein zu sein. Er erzählt seinem Cousin Jonadab: „Ich liebe Tamar, die Schwester meines Bruders Absalom" (2. Samuel 13,4). Hier fällt auf, dass er nicht von seiner Beziehung zu ihr spricht. Er bezeichnet sie lediglich als die

Schwester von Absalom, obwohl er selbst ja ebenfalls ihr Bruder ist. Offensichtlich ist ihm also bewusst, dass es ein Gesetz gibt, das solche Beziehungen verbietet: „Du sollst nicht mit der Tochter einer Frau deines Vaters schlafen, die er gezeugt hat, denn sie ist deine Halbschwester" (3. Mose 18,11). Das verdeutlicht, wie sehr er das Gesetz verachtet und nur die Befriedigung seiner Gelüste im Sinn hat. Jonadab schmiedet dann einen Plan, der mit Tamars Vergewaltigung enden wird, und sagt zu Amnon: „Leg dich ins Bett und stell dich krank. Wenn dein Vater nach dir sieht, bitte ihn, deine Schwester Tamar zu schicken und dir etwas zu essen zu bringen. Sag ihm: ‚Sie soll es vor meinen Augen zubereiten, damit ich es sehe. Dann werde ich mir von ihr etwas davon geben lassen'" (2. Samuel 13,5).

Obwohl Tamar als Schwester und Prinzessin eine gehobene Stellung innehat, erfahren wir aus dieser Geschichte, dass sie zwar Würde und Tugend besitzt, aber keinerlei Macht. Ihre Stellung kann sie nicht vor Jonadabs Gerissenheit oder der Macht und Gewalttätigkeit ihres Halbbruders schützen. Tamar weiß nichts von diesem intriganten, inzestuösen Vorhaben, aber die Bibel erwähnt das bereits im Vorfeld. Die junge Frau wird in dieser tragischen Geschichte völlig überrumpelt.

Obwohl König David weise ist, leistet er leider unwissentlich einen Beitrag zu Amnons Verschwörung, indem er Tamar befiehlt, seinen Sohn zu pflegen. Schließlich sind Erstgeborene in einer Königsdynastie besonders wichtig. Die Gesundheit des Kronprinzen hat oberste Priorität.

Und doch kommen hier Tamars Güte und Gehorsam zum Vorschein. Sie sträubt sich nicht gegen diesen seltsamen Vorschlag ihres Vaters. Stattdessen gehorcht sie – bis Amnon alle Diener hinausgeschickt hat, sodass sie schutzlos ist und er über seine eigene Schwester herfallen kann. Erst an dieser Stelle sagt sie mit Bestimmtheit Nein, lehnt sie seine Anweisung ab, und an ihrer Aufrichtigkeit und ihrer verbalen Ausdrucksfähigkeit können wir sowohl ihre Entschlossenheit als auch ihre Intelligenz ablesen. Doch Prinz Amnon hört nicht auf sie. Ihre sprachgewandte Klugheit facht seine Bösartigkeit nur noch weiter an. Mit brutaler Gewalt übermannt er sie; sie kann sich nicht wehren. Seine „Liebe" verwandelt sich in dem Augenblick in Hass, als er sie vergewaltigt, was beweist, dass sie nichts anderes war als Lust. Wird die Lust befriedigt, weicht sie der Verachtung. Und plötzlich erinnert ihn Tamars bloße Anweesenheit an seine offenkundige Sünde. Außerdem kann sie jetzt nicht länger heiraten; da sie keine Jungfrau mehr ist, gilt sie als „beschädigte Ware".

Aber noch schlimmer ist, dass er ihr Leben ruiniert, indem er sie hinauswirft. Er bezeichnet sie nur noch als „diese Frau". Sie erhält noch nicht einmal den Respekt, den man einer gewöhnlichen Israelitin zugestehen würde. Ihr wird nicht länger Ehrerbietung erwiesen – nicht als Amnons Verwandte, geschweige denn als seine Schwester. Er behandelt sie nicht wie eine Prinzessin. Sie ist für ihn kein Mensch mehr, nur noch ein Gegenstand, dessen man sich entledigt.

Obwohl Tamar Amnon anfleht, König David zu bitten, die Ehe zuzulassen, weigert er sich und lässt damit im Grunde zu, dass sein Verbrechen sie bis an ihr Lebensende verfolgt. Obwohl das Gesetz damals für solche Situationen eine Lösung bereithält („Wenn ein Mann eine Jungfrau, die noch nicht verlobt ist, verführt und mit ihr schläft, muss er den üblichen Brautpreis bezahlen und sie zur Frau nehmen. Falls ihr Vater sich jedoch weigert, sie ihm zur Frau zu geben, soll der Mann trotzdem den üblichen Brautpreis für eine Jungfrau bezahlen" [2. Mose 22,15–16]), findet dieser Ausweg hier bewusst keine Anwendung. Ganz zu schweigen davon, dass Amnon Tamar ja nicht „verführt", sondern sie vergewaltigt. Aber Tamar kennt das Gesetz und beruft sich auch darauf, in der Hoffnung, dass ihr unehrenhafter Halbbruder wenigstens auf vernünftige Argumente hört. Aber er tut es nicht.

Das Schöne an dieser Geschichte ist, dass Tamar sich zu keinem Zeitpunkt die Schuld an Amnons Tat gibt. Es ist allein *seine* Vergewaltigung, die sie ruiniert. Es ist allein *sein* Fehler, aber *sie* muss die Konsequenzen *seiner* Sünde allein tragen. Auf diese Weise wird sie in gewisser Hinsicht zu einem Abbild von Christus, denn „er wurde verachtet und von den Menschen abgelehnt – ein Mann der Schmerzen, mit Krankheit vertraut" (Jesaja 53,3). Obwohl sie unschuldig ist, leidet sie. Genau wie Jesus: „Denn Gott machte Christus, der nie gesündigt hat, zum Opfer für unsere Sünden, damit wir durch ihn vor Gott gerechtfertigt werden können" (2. Korinther 5,21).

Ein Kleidungsstück zu zerreißen, so wie sie ihr wunderschönes Gewand zerreißt, ist ein Zeichen der Qual. Diese Gepflogenheit sehen wir auch in 1. Mose 37,29, als Ruben in den Brunnen schaut, in dem sie Josef gefangen gehalten haben, bevor sie ihn an die Sklavenhändler verkauften. Auch er zerreißt vor Schmerz seine Kleidung. Josefs Vater, Jakob, tut das Gleiche, als er von Josefs angeblichem Tod erfährt. Hiob reagiert ähnlich, nachdem ihm alles genommen worden ist und seine Kinder tot sind. David zerreißt ebenfalls seine Kleidung, als er von Sauls und Jonathans Tod hört. Elisa trauert auf diese Art, als Gott Elia in einem Wagen aus Feuer zu sich geholt hat. Mordechai zerreißt seine Kleider, als er von Hamans Plan erfährt, alle Juden zu vernichten. Die eigene Kleidung zu zerreißen, war also ein Ausdruck tiefster Trauer. Diese Gepflogenheit wird heute noch von Juden praktiziert und nennt sich *Kria*. „Das heutige Ritual ist weniger spontan und befolgt mehr Regeln: Das Kleidungsstück wird bei einer Beerdigung vom Rabbi zerschnitten, während der Trauernde einen Segensspruch aufsagt. Eine Tradition besagt, dass der Trauernde das Gewand über seinem Herzen zerreißen muss – als Zeichen seines gebrochenen Herzens."[1] Und Tamars Herz war ganz sicher gebrochen.

Tamars Bruder Absalom versucht, sie zum Schweigen zu bringen. Er argumentiert: „Sag niemandem etwas davon, denn er ist dein Bruder. Wir wollen seinen Ruf nicht ruinieren – schließlich ist er Vaters Liebling" (2. Samuel 13,20; Hfa). Ich habe mir die künstlerische Freiheit genommen, die beiden letzten Sätze hinzuzufügen, um zu verdeutlichen, dass er damit nicht meint: „Mach dir keine Sorgen, ich werde das für dich regeln und tun, was ich kann, um deine Ehre wiederherzustellen." Er tötet Amnon zwar zwei Jahre später aus Rache, aber das macht er meines Erachtens lediglich aus Verbitterung. Ganz abgesehen davon, dass er damit nur eine Spaltung seiner Familie und von Davids Königreich herbeiführt.

Doch: Wie viele Vergewaltigungsopfer haben genau diese Worte zu hören bekommen? Traurigerweise ist es aber alltäglich, dass man solche Taten totschweigt.

Menschen kehren eine Vergewaltigung lieber unter den Teppich, vor allem wenn es innerhalb der eigenen Familie passiert ist. Abgesehen davon, dass heute nur ein geringer Prozentsatz der Täter überhaupt verurteilt wird, behält man das Geheimnis oft deshalb für sich, um dem Ansehen der Familie nicht zu schaden. Ich bin aber fest davon überzeugt, dass Schweigen und solche Geheimnisse wie ein Krebsgeschwür sind, das der Familie die Kraft raubt. In Davids Familie war das offensichtlich ähnlich: Nachdem David über Batseba hergefallen ist und Amnon später Tamar vergewaltigt hat, sehen wir nur noch Zerstörung. Wann immer in der Bibel von einer Vergewaltigung berichtet wird, folgen danach Gewalt, Zwietracht und Krieg.

Die Verhaltensmuster in Davids Familie sind ausgesprochen aufschlussreich: David vergewaltigt Batseba. Er lockt Uria zum Palast zurück und macht ihn betrunken. Letztlich zwingt er den treuen Uria, an vorderster Front zu kämpfen, wo dieser ums Leben kommt. Davids Sohn Amnon vergewaltigt Tamar. Absalom wartet, bis Amnon betrunken ist, und bringt ihn dann um. Hier suchen definitiv die Sünden des Vaters die Söhne heim.

König David, der bekannterweise Goliath besiegt, die Philister in die Flucht geschlagen und sich ganz gewaltig an den Feinden des Volkes Israel gerächt hat, reagiert ausgesprochen nachlässig auf Tamars Vergewaltigung. In der Bibel heißt es nur: „Als König David hörte, was geschehen war, wurde er sehr zornig" (2. Samuel 13,21). In den Schriftrollen vom Toten Meer und dem griechischen Text gibt es eine sehr seltsame Ergänzung: „Aber er bestrafte Amnon nicht, denn er liebte ihn, weil er sein erstgeborener Sohn war" (Gute Nachricht). Mit anderen Worten: Sein Erstgeborener war ihm wichtiger als die verzweifelten Tränen seiner jungen Tochter. Seine Wut führte nicht zu Bestrafung oder irgendeiner Form der Wiederherstellung. Der Status quo war ihm wichtiger, als das Richtige zu tun. Er zog den Täter dem Opfer vor. (Ein sehr altes Verhaltensmuster, das wir heutzutage ebenfalls feststellen können.) Und vielleicht sollten wir im Hinterkopf behalten, dass er Batseba ja im Grunde das Gleiche angetan hatte. Wenn er Amnon verurteilt hätte, hätte er sich selbst auch noch einmal mit seinem eigenen Verhalten auseinandersetzen müssen. Obwohl König David „sehr zornig" war, lesen wir nirgends, dass er angesichts dieser schrecklichen Situation Tränen vergossen hätte. Stattdessen „trauerte [David] lange um seinen Sohn Amnon" (2. Samuel 13,37).

Weiterhin fällt auf, dass jedes einzelne Fehlverhalten in dieser Geschichte von Männern begangen wird. Tamar, die vergewaltigt wird, ist die Einzige, die ihrem Angreifer tapfer gegenübertritt. Sie widersetzt sich ihm. Sie sagt Nein. Sie versucht vergeblich, vernünftig mit ihm zu reden. Nicht einmal die Bediensteten, bei denen es sich wahrscheinlich auch um Männer gehandelt hat, da sie ja Amnon dienten, sind Tamar zu Hilfe geeilt, sondern haben sie auch noch unter Gewaltanwendung hinausgeworfen.

Diese Geschichte enthält übrigens doch etwas Erlösendes: Absalom nimmt Tamar in seinen Haushalt auf, obwohl er nicht dazu verpflichtet ist. Er beschützt sie und sorgt für sie. Und wir können auch davon ausgehen, dass sie einen positiven Einfluss auf ihre Verwandtschaft hatte, denn in 2. Samuel 14,27 lesen wir etwas Interessantes: Absalom „hatte drei Söhne und eine Tochter. Der Name seiner Tochter war Tamar und sie war sehr schön.“ Sie wurde nach ihrer Tante Tamar benannt, worauf in der Bibel explizit hingewiesen wird, während dort die Namen ihrer Brüder ungenannt bleiben.

Was bedeutet das für dich?

Tamar begriff sofort, welche Auswirkungen das Geschehen haben würde. Sie wusste, dass Amnons Gewalttat ihr Leben für immer verändern würde. Sie kannte die Kultur, in der sie groß wurde, nur zu genau und wusste, wie es einer Prinzessin, die vergewaltigt worden war, in diesem Umfeld ergehen würde. Amnon tat mit Tamar das Gleiche, was auch schon König David mit Batseba getan hatte: Er ignorierte ihr Menschsein und ihre

Würde. Tamar war für Amnon und Jonadab offensichtlich nur ein Objekt der Begierde. Man begegnete ihr nicht als Mensch, sondern mit eiskalter Verachtung und mit gleichgültiger Bösartigkeit.

Aber ich möchte den Blick noch auf etwas anderes richten – auf einen kurzen Satz, der dir beim Lesen der Geschichte vielleicht entgangen ist: „Und von da an lebte Tamar einsam im Haus ihres Bruders Absalom" (2. Samuel 13,20). Ich wage zu behaupten, dass auch Tamar ihre Bedeutung als Mensch und als Frau verkannt hat. Ja, sie schenkte einer Gesellschaft Glauben, für die feststand, dass sie als vergewaltigte Prinzessin keinen Wert mehr hatte. Mit anderen Worten: Sie hat die Lüge geglaubt, dass es keinen Ausweg aus ihrer misslichen Lage mehr geben könnte.

Sie hatte zwar wenig Rückhalt und gewiss keine Autorität, um das ihr zugefügte Unrecht wiedergutzumachen, aber sie hätte kein einsames Leben führen müssen. Obwohl die Männer sie definitiv im Stich gelassen hatten, hatte der Gott, der sie im Bauch ihrer Mutter Maacha geformt hatte, das nicht getan, und er würde es auch niemals tun. Vielleicht war sich Absalom im Gegensatz zu ihr dessen bewusst, was der Grund dafür sein könnte, dass er seine Tochter nach ihr nannte – als Ausdruck der Hoffnung, dass die Dinge nicht immer so bleiben müssen, wie sie sind.

Was sollen wir tun, wenn wir merken, dass wir ein falsches Bild von uns selbst haben? Wenn wir Lügen glauben, weil unsere Gesellschaft sie zu Wahrheiten erklärt hat? In den Augen ihres Umfelds blieb Tamar nach den schrecklichen Ereignissen nichts anderes übrig, als ein einsames, verlassenes Leben zu führen, und genau das hat sie auch getan. Aber wenn wir uns bewusst machen, dass Gott uns retten und befreien kann, dann wissen wir auch, dass er für Tamar mehr im Sinn hatte als Einsamkeit.

Er wollte ihr Trost schenken, weil er alles wusste, was geschehen war. Er sah ihre Lage. Er kannte ihren Schmerz. Menschen wie sie sind ihm sehr wichtig. In gewisser Hinsicht steht sie für alle Schwachen, denn sie war wie eine Witwe – der Möglichkeit beraubt, einen Ehemann zu finden. Sie lebte auch nicht länger unter dem Schutz ihres Vaters, was sie im Grunde zur Waise machte, als er seinen gewalttätigen Sohn ihrer Ehre vorzog. Da sie keine Prinzessin mehr war, war Tamar der wenigen Privilegien beraubt worden, die sie einmal gehabt hatte. Obwohl sie jetzt unter Absaloms Schutz lebte, hatte sie keinen eigenen Besitz. Sie war sozusagen arm – wie beinahe alle anderen Frauen ihrer Zeit auch.

Aus den vorigen Kapiteln wissen wir, dass Gott das Schicksal der Ausgebeuteten berührt, und die Strafe für Ausbeutung war damals hart. Gott würde das Haus Davids für das an Batseba begangene Verbrechen genauso strafen wie für Amnons Verbrechen an Tamar. Sie würden den Konsequenzen nicht entrinnen.

Obwohl wir aus der Bibel nicht mehr darüber erfahren, bin ich sicher, dass Tamar letztlich doch Gottes Gunst genoss. Genau wie sie ringen auch wir darum, unsere wahre Identität als Königskinder zu verstehen, da die Gesellschaft alles tut, um unser Selbstbild zu beeinflussen. Wenn Satan es schafft, dass wir denken, wir seien einsam und verlassen, und wenn wir unsere wahre Stellung bei Gott verkennen, können wir nicht in der Fülle dessen leben, was der mächtigste König uns schenken will.

Der vielleicht heimtückischste Irrtum liegt dann vor, wenn wir uns wie Tamar in unsere vermeintliche Wertlosigkeit ergeben – wenn wir eine Lüge glauben. Wenn wir unseren Platz in Gottes Familie verkennen und vergessen, wie sehr er uns liebt, berauben wir uns selbst jeder Hoffnung.

Du willst die Wahrheit wissen? Ja, jeder von uns muss in seinem Leben viel ertragen. Menschen verletzen uns. Das Leben entwickelt sich nicht so, wie wir es wollen. Wir leiden, weil andere grausam sind, weil sie sich falsch verhalten und Gottes gute Gebote übertreten. Und manchmal droht das Leben uns auch zu zerbrechen. Aber Gott hat eine wichtige Botschaft für jede und jeden von uns. Paulus weist in 2. Korinther 1,20–22 darauf hin. Lass dich durch seine Worte daran erinnern, wie oft Gott Ja zu dir sagt.

Denn in ihm [Christus] *erfüllen sich alle göttlichen Zusagen. Deshalb sagen wir „Amen", wenn wir Gott durch Christus ehren. Gott allein befähigt uns und euch, fest für Christus einzustehen. Er hat uns einen Auftrag erteilt und bestätigt, dass wir zu ihm gehören, indem er uns den Heiligen Geist ins Herz gab. Dieser ist eine Sicherheit für alles, was er uns noch schenken wird.*

Es gibt Hoffnung. Wir müssen nur an die Wahrheit denken, die Jesus Christus uns gebracht hat. Er hat jede Verheißung erfüllt, die den Menschen gegeben wurde, einschließlich des Versprechens, uns innerlich heil zu machen und einen Neuanfang zu schenken. Da wir nicht länger mit diesem schrecklichen Wort „einsam" leben müssen, können wir zu Gottes Einladung Ja sagen. Wir können Ja dazu sagen, entschlossen in den Fußstapfen von Jesus zu gehen. Wir können Ja sagen zu seinem Auftrag an uns (dass wir schlimme Erfahrungen gemacht haben, bedeutet nicht, dass wir jetzt davon ausgeschlossen sind!). Wir können Ja sagen zu unserem ständigen Begleiter, dem Heiligen Geist, der in uns lebt. Wir können Ja sagen zu Gottes Verheißungen für uns.

Jesus hat uns eine neue Identität gegeben. Wir sind nicht länger verlassen, sondern begehrt. Wir leben nicht länger am Rand, sondern mitten in seinem Königreich. Wir tragen nicht länger die Schuld und Scham der Vergangenheit mit uns herum, sondern sind erlöst und befreit.

Wenn wir Tamars Situation betrachten, müssen wir uns bewusst machen, welche Bedeutung das Wort „einsam“ hier hat. Die junge Frau war trostlos und mittellos. Das ist so, als würde man auf eine menschenleere Wüste schauen. In diesem Bild schwingt auch „unbewohnt“ mit – ein wüstenähnlicher Ort, an dem noch nie ein Mensch war. Eine verlassene Wüste. Nach der Worterklärung in der King-James-Bibel ist ein solcher Ort in einem verheerenden Zustand, völlig vernachlässigt, verlassen und zerstört. Der mit „einsam“ übersetzte Begriff kann auch so viel wie „gequält“ bedeuten. Manchmal kann er sogar „von Gott verlassen, trostlos“ bedeuten. Hier wird das Bild eines trostlosen Ortes gemalt, eines Zweiges, der nicht länger mit dem Baum verbunden ist. Eines verwüsteten, brachliegenden Landes, in dem Trostlosigkeit, Traurigkeit und Niedergeschlagenheit herrschen.[2] Daniel verwendet den Begriff, als er Jerusalems Verwüstung ankündigt (Daniel 9). Jesus erwähnt ihn bei seinen Worten über den Untergang des Tempels, als er dessen Zerstörung vorhersagt (Matthäus 24). Das Wort bedeutet vollständige Zerstörung.

Und trotzdem brauchen wir die Hoffnung nicht aufzugeben. Wir haben zwar vielleicht Trostlosigkeit erlebt, aber es gibt noch eine tiefere Wahrheit: dass Gott es liebt, die Zerbrochenen, die Niedergeschlagenen, diejenigen, die am Boden liegen, zu retten. In Jesaja 58 finden wir einen Hinweis darauf. Dort erinnert Gott sein in der Gefangenschaft lebendes Volk daran, dass die Not einmal enden wird:

Dann wird dich der Herr beständig leiten und dir selbst in Dürrezeiten innere Zufriedenheit bewahren. Er wird deinen Körper erfrischen, sodass du einem soeben bewässerten Garten gleichst und bist wie eine nie versiegende Quelle. Deine Leute werden die Ruinen aus alter Zeit wieder aufbauen. Die Grundmauern vieler vergangener Generationen werdet ihr wieder errichten. Dann wird man euch folgendermaßen nennen: „Die die Risse ausbessern und die Straßen erneuern, um sie bewohnbar zu machen" (Jesaja 58,11–12).

Wenn wir ein falsches Bild dessen haben, was „Trostlosigkeit" bedeutet, besteht die Gefahr, dass wir sie zu einem Dauerzustand erklären und keinen Raum mehr lassen für Gottes großartiges Eingreifen. Wenn wir einen Blick ins Neue Testament werfen, fällt auf, dass es in den Evangelien um Wende und Erneuerung geht. Der auf uns liegende Fluch (die Sünde) wird aufgehoben und unsere kaputten, müden Seelen werden durch den Heiligen Geist in uns erneuert. Was früher war, ist vorbei; etwas ganz Neues hat begonnen (siehe 2. Korinther 5,17). Das, was in unserer Vergangenheit geschehen ist, gibt uns vielleicht Grund zur Verzweiflung, aber sie ist nichts im Vergleich zur Auferstehungskraft, die uns dank Jesus zur Verfügung steht. Paulus erinnert uns daran, wenn er schreibt: „Indem ich die Vergangenheit vergesse und auf das schaue, was vor mir liegt, versuche ich, das Rennen bis zum Ende durchzuhalten und den Preis zu gewinnen, für den Gott uns durch Christus Jesus bestimmt hat" (Philipper 3,13–14). Die Vergangenheit ist vorbei. Oswald Chambers schreibt in *Mein Äußerstes für sein Höchstes*: „Lass die Vergangenheit ruhen, aber nicht irgendwo, sondern in den liebevollen Händen Christi. Überlass ihm die Vergangenheit mit ihren unabänderlichen Verlusten und geh vorwärts in eine Zukunft mit ihm, der dich unbesiegbar macht."[3] Vielleicht hast du eine ähnliche Erfahrung gemacht. Du bist bildlich gesprochen durch den Sumpf der Mutlosigkeit gewatet, aber ich verspreche dir, dass dich mit Gott eine großartige Zukunft erwartet. Die Verzweiflung ist Teil deiner Vergangenheit. Trost ist Teil deiner Gegenwart. Völlige, vollkommene Wiederherstellung – das ist deine Zukunft.

Viele von uns verstehen, dass Jesus uns aus einer trostlosen Vergangenheit befreit hat, aber nur wenige von uns begreifen wirklich, welche Stellung wir dank dem, was er für uns getan hat, haben und dass wir als Jesus-Nachfolger seine Miterben sind. Wenn wir das verkennen, werden wir wahrscheinlich nur ein zweitklassiges Leben führen. Wir müssen unser Denken neu ausrichten, um die Wahrheit darüber glauben zu können, was es heißt, ein Jesus-Nachfolger zu sein.

Wie wäre es, wenn du über die folgenden Wahrheiten nachdenkst? Programmiere gewissermaßen dein Denken dadurch ganz neu. Weil du mit Jesus unterwegs bist, gilt das für dich:

- *Ich bin eine Bürgerin des Himmels* (Epheser 2,19; Philipper 3,20).
- *Gott hat mich als sein Kind in seine Familie aufgenommen* (Römer 8,15–17).
- *Gott hat mich auserwählt* (Epheser 1,4–5).
- *Ich habe das ewige Leben* (Johannes 5,24; Römer 10,9–10).
- *Gott hört mich, wenn ich mit ihm rede* (Jeremia 29,12–13; 1. Petrus 3,12).
- *Ich bin geliebt* (1. Johannes 4,7–11).
- *Mir wurde meine Schuld vergeben* (Epheser 1,7; Römer 8, 15–17).
- *Ich bin siegreich* (1. Johannes 5,4; 1. Korinther 15,55–57).

- *Ich habe Gaben und Fähigkeiten bekommen* (Epheser 2,10; 1. Petrus 4,10–11).
- *Ich bin ein neuer Mensch* (Epheser 4,22–24).
- *Ich bin mit Gott versöhnt* (Römer 5,10–11).
- *Ich werde belohnt werden* (Galater 6,9).
- *Ich werde über Herausforderungen triumphieren* (Römer 8,37).
- *Ich bin freigesprochen und kann vor Gott bestehen* (2. Korinther 5,21).
- *Ich bin gesegnet* (Epheser 1,3).
- *Ich habe die nötige Kraft* (Philipper 4,13).
- *Ich bin das Licht, das die Welt heller macht* (Matthäus 5,14).
- *Ich bin berufen* (1. Korinther 7,17).
- *Ich habe seinen Heiligen Geist* (Kolosser 2,10).
- *Ich bin angenommen* (Römer 15,7).
- *Ich bin nach seinem Bild erschaffen* (1. Mose 1,27).
- *Ich gehöre zum Leib Christi* (1. Korinther 12,27).
- *Ich bin erwählt* (1. Petrus 2,9; Johannes 15,16).
- *Ich bin ein Tempel des Heiligen Geistes* (1. Korinther 6,19–20).
- *Ich bin mit Christus auferstanden* (Kolosser 3,1–3).
- *Jesus ist mein Freund* (Johannes 15,15).
- *Ich bin Gottes Meisterwerk* (Epheser 2,10).
- *Ich bin eine neue Schöpfung* (2. Korinther 5,17).
- *Ich bin eine gute Rebe* (Johannes 15,3).
- *Ich werde nicht länger verurteilt* (Römer 8,1).
- *Ich bin ein Miterbe von Jesus* (Römer 8,17).
- *Ich gehe in einem Siegeszug mit* (2. Korinther 2,14).
- *Ich bin ein Wohlgeruch für Gott* (2. Korinther 2,15).
- *Ich werde Jesus Christus immer ähnlicher* (2. Korinther 3,18).
- *Ich verbreite die Botschaft von der Versöhnung* (2. Korinther 5,18–19).

- *Wenn ich schwach bin, gibt mir Gott neue Kraft* (2. Korinther 12,9–10).
- *Ich bin eine Erbin Gottes und seines Königreiches* (Galater 3,29).
- *Ich bin mit dem Heiligen Geist beschenkt und habe durch Christus Zugang zur himmlischen Welt* (Epheser 1,3).
- *Ich trage das Siegel seines Heiligen Geistes* (Epheser 1,13).
- *Ich bin aus der Finsternis errettet* (Kolosser 1,13).
- *Ich habe Frieden mit Gott* (Kolosser 1,22).
- *Ich bin fest verwurzelt in Christus* (Kolosser 2,7).
- *Ich bin ein Kind des Lichts* (1. Thessalonicher 5,5).
- *Ich bin von Neuem geboren* (1. Petrus 1,23).
- *Ich bin ein Feind Satans* (1. Petrus 2,11).
- *Ich habe den Heiligen Geist empfangen* (1. Johannes 2,27).
- *Ich bin freigekauft* (1. Korinther 6,20).
- *Durch den Heiligen Geist habe ich Zugang zu Jesus Christus* (Epheser 2,18).
- *Ich werde einmal zu neuem Leben auferweckt* (Kolosser 3,3).
- *Ich wurde mit Besonnenheit beschenkt* (2. Timotheus 1,7).
- *Gott hat etwas Gutes in mir begonnen, das er auch vollenden wird* (Philipper 1,6).
- *Ich habe Leben* (1. Johannes 5,12).
- *Ich bin nicht länger eine Sklavin* (Galater 4,7).
- *Ich bin befreit* (Johannes 8,36).
- *Ich werde geheilt* (1. Petrus 2,24).
- *Ich habe Vollmacht* (Lukas 10,19).
- *Ich werde einen festen Glauben entwickeln* (Kolosser 2,7).
- *Ich kann geistliche Kämpfe ausfechten* (Markus 16,17–18).
- *Ich bin demütig und freundlich* (Kolosser 3,12).
- *Ich bin eine Botschafterin von Jesus Christus* (2. Korinther 5,20).

- *Durch Jesus steht mir all das zur Verfügung, was auch ihn ausmacht* (Kolosser 2,10).
- *Ich bin niemals allein oder verlassen* (Hebräer 13,5).
- *Ich bin mutig* (2. Korinther 3,12).[4]

Sind das nicht ermutigende Zusagen? Wir dienen einem ganz tollen Gott! Selbst wenn sich Schmerz und Zerbruch wie ein roter Faden durch unser Leben ziehen, so erwartet uns doch spätestens am Ende Gottes große Erlösung. Doch auch jetzt schon will Gott uns mit seiner Gnade beschenken, will uns neue Kraft geben, sodass wir die Trostlosigkeit unserer Vergangenheit hinter uns lassen und das in Anspruch nehmen können, was Jesus für uns getan hat.

Wie sieht es bei dir aus? Glaubst du, dass dein Leben ein für alle Mal vorüber ist, weil du etwas Schlimmes (oder viele schreckliche Dinge) erlebt hast? Dann versuche doch einmal, dir vor Augen zu führen, dass du zwar nicht kontrollieren kannst, was dir angetan wurde, und, ja, vielleicht immer noch mit den Auswirkungen der Entscheidungen ringst, die eine andere Person getroffen hat, aber du hast einen freien Willen und kannst deine eigenen Entscheidungen fällen. Menschen, die die „Wüste" durchqueren, stehen schon seit jeher vor einer grundlegenden Entscheidung: Wollen sie ständig zurückblicken und so „unfrei" bleiben oder den Blick nach vorne richten, in die Freiheit? Genau daran hat auch Mose das Volk Israel erinnert:

„Heute stelle ich euch vor die Wahl zwischen Leben und Tod, zwischen Segen und Fluch. Der Himmel und die Erde sind meine Zeugen. Wählt doch das Leben, damit ihr und eure Nachkommen am Leben bleibt! Entschließt euch, den Herrn, euren Gott, zu lieben,

ihm zu gehorchen und euch ihm ganz anzuvertrauen, denn er ist euer Leben" (5. Mose 30,19–20).

Unser Gott ist ein „Gentleman" – er ruft uns auf, zu ihm zu kommen, wird uns aber nie zu etwas zwingen. Er lädt uns ein zu einem Leben in Fülle. Lass dir also nicht von traumatischen Erfahrungen den Mut und die Kraft rauben, nach vorne zu schauen. Lass dich von den vielen Schwierigkeiten, mit denen du konfrontiert bist, nicht davon abbringen, freie Entscheidungen zu treffen. Dein Schicksal ist nicht in Stein gemeißelt – es ist im Fluss, getragen vom Strom lebendigen Wassers.

Ich möchte noch einmal auf Tamars Namen zurückkommen – „Dattelpalme", ein Baum mit tiefen und weitverzweigten Wurzeln. Als ich einmal die Gelegenheit hatte, nach Israel zu reisen, erfuhr ich, dass Dattelpalmen zuerst in Bodennähe wachsen und in den ersten Jahren wie Gestrüpp aussehen. Dann schießen sie plötzlich in die Höhe, und während sie der Sonne entgegenwachsen, bringen sie wunderbare süße Früchte hervor. Sie werden aus Schösslingen gezüchtet, die aus den Stämmen gesunder Bäume wachsen. Diese Schösslinge müssen vom Mutterbaum abgebrochen und neu eingepflanzt werden.

Tamar machte ihrem Namen alle Ehre. Als Schössling war sie eng mit ihrer Herkunftsfamilie verbunden und blieb in dieser schützenden Umgebung, bis Amnon nicht nur ihre Seele missbrauchte, sondern sie auch vom Haus ihrer Eltern „abtrennte". Obwohl Tamar sich zweifellos in der Erde verwurzelt fühlte, als sie in Absaloms Haushalt lebte, ist sie auch gen Himmel gewachsen. Und dass Absalom seine Tochter nach ihr benannte, lässt darauf schließen, dass sie vielleicht in dieser neuen, schützenden Umgebung auch aufgeblüht ist. Das alles sind natürlich nur Vermutungen.

Ich bete dafür, dass auch du wie eine Dattelpalme wirst, wenn du dich mit deinem eigenen falschen Bild von dir selbst auseinandersetzt: dass du aus der schmerzlichen Vergangenheit ausgerissen und dann neu eingepflanzt wirst, um gen Himmel zu wachsen und Frucht zu bringen. Ein paar Bibelverse haben mich übrigens zu diesem Gebet inspiriert. Tamar lebte zu der Zeit, in der auch die Psalmen entstanden, von denen die meisten von ihrem Vater David verfasst worden sind. Stell dir vor, wie sie die folgenden Worte gehört hat:

Glücklich ist der Mensch, der nicht auf den Rat der Gottlosen hört, der sich am Leben der Sünder kein Beispiel nimmt und sich nicht mit Spöttern abgibt. Voller Freude tut er den Willen des Herrn und denkt über sein Gesetz Tag und Nacht nach. Er ist wie ein Baum, der am Flussufer wurzelt und Jahr für Jahr reiche Frucht trägt. Seine Blätter welken nicht, und alles, was er tut, gelingt ihm (Psalm 1,1–3).

Tamar hat diese Worte sicherlich befolgt. Sie ist einem Mann entgegengetreten, der das Gesetz mit Füßen trat, das sie so sehr liebte. Tamar, die Dattelpalme, konnte ihre Wurzeln tief in den Boden strecken und gedeihen. In Epheser 3,17–19 wird das Bild der Wurzeln ebenfalls verwendet:

In seiner Liebe sollt ihr fest verwurzelt sein; auf sie sollt ihr bauen. Denn nur so könnt ihr mit allen anderen Christen das ganze Ausmaß seiner Liebe erfahren. Ja, ich bete, dass ihr diese Liebe immer tiefer versteht, die wir doch mit unserem Verstand niemals ganz fassen können. Dann werdet ihr auch immer mehr mit dem ganzen Reichtum des Lebens erfüllt sein, der bei Gott zu finden ist (Hoffnung für alle).

Lass uns ihrem Vorbild folgen. Lass uns unsere Wurzeln tief in die Erde von Gottes großer Zuneigung und Liebe vergraben.

Gott wird uns niemals missverstehen, verkennen oder verletzen. Im Gegenteil. Er will uns von aller Schande befreien und eine neue Zukunft schenken.

Ein paar gute Nachrichten über dein wahres Ich

- Dein Leben kann auch dann noch gedeihen, wenn du eine schlimme Vergangenheit hast.
- Die Sünden, die man an dir begangen hat, definieren nicht, wer du bist.
- Gottes Gnade löscht auch die schlimmste Tragödie aus.
- Du musst dich nicht von traumatischen Erfahrungen bestimmen lassen.
- Gott ist nur zu gern bereit, dich zu heilen.

Kurz nachgedacht

1. Überrascht es dich, dass David offenbar so nachsichtig mit der Vergewaltigung umgeht? Was hätte er tun können? Was glaubst du, warum er so gehandelt hat?
2. Wie hat Tamar in dieser Geschichte ihren wahren Charakter gezeigt? Wo hat sie ehrbar gehandelt?
3. Warum dachte Tamar, dass sie ihre Schande niemals wieder

loswerden würde? Welche Aspekte der Kultur, in der sie lebte, haben sie daran gehindert, ein erfülltes Leben als Ehefrau zu führen?
4. Inwiefern spiegelt Absaloms Reaktion die Reaktion vieler moderner Menschen gegenüber Vergewaltigungsopfern wider? Warum schadet es Betroffenen, wenn Dinge unter den Teppich gekehrt werden? Inwiefern schützt sie das aber auch vor weiteren Verletzungen?
5. Was glaubst du, warum diese Geschichte in der Bibel steht? Was können wir daraus lernen?

Kapitel 8

Die Frau aus Sprüche 31 – die Vollkommene

Sie nahm ihren Federkiel zur Hand und tauchte ihn in das Tintengefäß, das auf ihrem Schreibtisch stand. Dann drückte sie die Spitze auf das Papyrusblatt und schrieb an ihren Sohn:

Du bist der Sohn, den ich so lange von Gott erbeten habe. Vergeude deine Kraft nicht an Frauen und schlag auch die Wege nicht ein, die für Könige den Untergang bedeuten. Lemuel, ein König sollte sich nicht besaufen. Starke Getränke sind nichts für Herrscher. Denn wenn sie trinken, könnten sie darüber ihre Pflichten vergessen und versäumen, den Armen zu ihrem Recht zu verhelfen. Starke Getränke sollten den Sterbenden und Wein den Verzweifelten vorbehalten sein. Sie sollen ihn trinken, damit sie ihr Elend vergessen und nicht länger an ihren Kummer denken.

Sie dachte an all die Untertanen, die das Königreich bevölkerten, einige davon waren bedeutungslos, andere hatten eine hohe Position inne. Ihre Gedanken wanderten auch zu den Witwen des Landes – wie hilflos und unglücklich sie in dieser Welt doch waren.

Ein weiteres Mal tauchte sie den Kiel in die Tinte. „Hilf dem, der sich selbst nicht helfen kann; verschaffe denen Recht, die allein dastehen. Ja, hilf den Armen und Elenden, und sorge dafür, dass sie zu ihrem Recht kommen."

Das waren die weisen Worte, die sie ihrem Sohn als Segen mitgeben wollte.

Als er eintrat, legte sie den Federkiel beiseite. *Was für ein starker Mann Lemuel doch geworden war!* Sie rollte das Papyrusblatt zusammen und band es mit einem Leinenband zusammen, das sie selbst gewoben hatte.

„Für die Zukunft", sagte sie. „Wenn du einmal eine Frau suchst."

„Danke, Mutter", erwiderte Lemuel. Er setzte sich zu ihr und lächelte. „Du bist immer um mein Wohlergehen besorgt."

„Nun, das ist jetzt meine Aufgabe." Sie hätte beinahe hinzugefügt: „Jetzt, wo dein Vater verstorben ist", aber die Trauer lastete immer noch schwer auf ihr, und sie fürchtete, dass sie in Tränen ausbrechen würde. Also holte sie stattdessen tief Luft. Angesichts des stillen Miteinanders von Mutter und Sohn dachte sie über ihr eigenes Leben nach, wie sie sich ihren Weg in die Gesellschaft und die Stadt gebahnt hatte. Obwohl sie wusste, dass ihr Vorbild ein ganzes Leben umfasste, versuchte sie, in den Worten an ihren Sohn alles zusammenzufassen, was eine gute Ehefrau ausmacht.

Zuerst stellte sie Lemuel eine Frage. „Wer kann schon eine tüchtige Frau finden?"

„Ich hoffe, dass ich eine finden werde", sagte er.

„Ja, darum bitte ich Gott auch." Sie erhob sich und goss zwei Becher Pfefferminztee ein.

Sie setzte sich wieder und sah ihn an. Die Welt war heute nicht anders als früher: Das Aussehen einer Frau, ihre Haartracht, ob ihre Zähne weiß und gerade waren, wie sie sich bewegte – all diese Dinge erregten die Aufmerksamkeit der Männer. Aber die äußere Erscheinung war ein unzuverlässiger und unbeständiger Maßstab. Worauf es wirklich ankam und was die Zeit überdauerte und in den Jahren der Ehe Bestand hatte, waren Tugend und Fleiß.

„Sie muss tugendhaft sein“, sagte sie. „Wenn harte Zeiten kommen, nützt ein schönes Gesicht nichts.“

„Das trichterst du mir schon mein ganzes Leben lang ein. Aber ist es denn falsch, eine schöne Frau zu wollen?“

Sie nahm einen großen Schluck von dem kühlenden Tee. „Nein, natürlich nicht. Aber mach dir einfach bewusst, dass Schönheit nur die äußere Hülle ist. Das, was darunter ist, macht das Leben aus.“

Sie spielte mit der Kette aus Rubinen, die um ihren Hals hing. „Du erinnerst dich doch noch an diese Geschichte, oder?“

„Ja, als Vater dich mit diesem wunderbaren Geschenk verwöhnt hat.“

Sie dachte an die Liebe ihres Mannes zurück. „Du bist kostbarer als Edelsteine“, hatte er zu ihr gesagt und eine Halskette aus Rubinen hervorgeholt, ein verschwenderisches Geschenk – so verschwenderisch, dass ihr die Luft wegblieb. Damals hatte sie sich gewünscht, er hätte mehr Verstand und würde ihr Geld nicht für Dinge ausgeben, die vergänglich waren. Doch als sie jetzt die Kette in der Hand hielt, musste sie lächeln. Er war schon vor Jahren gestorben, aber sein Geschenk war immer noch ein Beweis für ihre andauernde Bindung.

„Dein Vater war ein großzügiger Mann.“

Was sie sich am meisten gewünscht hatte, nachdem sie angefangen hatten, das Bett miteinander zu teilen, war, als vertrauenswürdig zu gelten. Sie wollte, dass ihr Ja ein Ja war und ihr Nein ein Nein. Es nutzte nichts, wenn man sagte: „Ich möchte, dass du mir vertraust", das eigene Handeln jedoch nicht im Einklang mit diesen Worten war.

„Du brauchst eine vertrauenswürdige Frau", sagte sie deshalb zu ihrem Sohn.

„Das wünsche ich mir auch."

„Ich wollte genau das auch für deinen Vater sein. Aber gleichzeitig war ich mir bewusst, dass die Hingabe an den Allmächtigen Vorrang hatte und dass ich ihn um Weisheit und Kraft bitten musste. Ich weiß noch, dass ich damals gebetet habe: ‚Oh Herr, bitte beschenke mich mit deinen Segensgaben, damit auch ich meinen Mann beschenken kann. Mach mich zu einer Frau, die ihm etwas Gutes tut und Freude bereitet, und das sein ganzes Leben lang.'"

„Erzähl mir noch einmal von den mageren Jahren." Lemuel trank seinen Tee, während die Sonne durch die Fensteröffnung schien.

„In den ersten Jahren pickte ich den Schmutz und die Fremdkörper aus der Wolle unserer Schafherden und sammelte Letztere, um später etwas daraus zu machen. Ich merkte mir, wo wilder Leinsamen wuchs, und sammelte die Halme ein, um daraus Fasern zu machen. Frühzeitig spann ich Wolle und verwandelte die Fasern in schöne und wärmende Kleidung. Ich machte Decken und Bezüge für unser Zuhause, um uns im Winter vor den eisigen Temperaturen zu schützen. Gott war so gütig und schenkte uns, was ich brauchte, um unsere wachsende Familie zu schützen!"

Lemuel nickte gedankenverloren.

„Aber im Leben geht es nicht nur darum, den eigenen Lebensunterhalt zu bestreiten. Ich sehnte mich nach mehr", sagte sie.

„Wie meinst du das?"

„In meiner ganzen Ehe hat es mich immer nach Vielfalt verlangt – sie hat mich in Beschlag genommen, vor allem wenn es um unser Essen ging. Ich habe am Hafen Gewürze aus fernen Ländern eingetauscht und unseren Vorrat an Zimt und Gewürznelken erweitert, damit unser Haus gut riecht und das Essen, das ich dir und deinem Vater vorgesetzt habe, gut gewürzt war. Ich wusste, dass Lamm mit Minze und Kreuzkümmel besser schmeckt. Und gekochte Eier schmecken mit Dill viel besser."

Lemuels Gesichtsausdruck erhellte sich, als er an diese Gerichte dachte. „Ich bin für deine Vorliebe für Gewürze ausgesprochen dankbar", sagte er.

Als die Sonne hinter dem Horizont versank und den Raum langsam in Dunkelheit tauchte, erinnerte sie ihren Sohn daran, dass die frühen Stunden des Tages eine Herausforderung gewesen waren. Doch eine Ehefrau, die zeitig aufstand, war ein Segen für ihren Mann und ihre Familie, also hatte sie es sich angewöhnt. Sie verpasste doch auch etwas vom Leben, wenn sie länger schlief. In den frühen Morgenstunden, bevor die Sonne den Horizont rosa färbte, sang sie dem Allmächtigen Loblieder, während sie das Frühstück für alle vorbereitete. Anschließend rief sie die Mägde zusammen und gab ihnen ihre Aufgaben für den Tag. Gemeinsam taten sie alles, um das Haus zu einem Zufluchtsort für viele zu machen.

Lemuel räusperte sich. „Ich möchte, dass mein Haus auch ein Zufluchtsort wird."

„Das macht mich stolz, mein Sohn. Ich zweifle nicht, dass es das sein wird."

Dann erzählte sie Lemuel von ihren Aktivitäten außerhalb des Haushaltes. Nachdem Lemuels Vater gesehen hatte, dass sie diszipliniert und vertrauenswürdig war, übertrug er ihr mehr

Verantwortung. Er wusste, dass sie sich besser auf geschäftliche Dinge verstand als er, und so übertrug er ihr die Verantwortung für den Besitz und das Ackerland. Sie lächelte, als sie Lemuel von dem ersten Stück Land erzählte, das sie von dem Geld gekauft hatte, das sie mit dem Verkauf der überzähligen Kleidungsstücke verdient hatte, die sie aus der Wolle und dem Flachs gefertigt hatte. Das Feld lag nach Süden hin, und obwohl es steinig war, war es der perfekte Ort, um einen Weinberg zu pflanzen. Bei dem Gedanken an die anstrengende Arbeit griff sie sich an ihre schmerzenden Lendenwirbel. Sie hatte die Felsbrocken hochgehoben und daraus eine Mauer um den Weinberg gebaut. Sie züchtete Rebsorten aus den besten Beständen in Judäa und hegte die Pflanzen, als seien es ihre eigenen Kinder. Jahre später waren Traubensaft und Wein der Lohn ihrer Arbeit.

„In geschäftlichen Angelegenheiten", sagte sie zu Lemuel, „war ich im Dorf als gütig, aber scharfsinnig bekannt. Ich hatte einen Sinn für Zahlen, und es war mir wichtig, dass es gerecht zuging. Und ich verstand mich auf die Kunst, Profit zu machen, selbst wenn ich nur ein Bündel Minze oder eine Honigwabe aus einem vergessenen Bienenstock verkaufte."

Als die Sonne hinter dem Horizont verschwunden war, erinnerte sie sich daran, wie sie die Lampe angezündet, nach der Spindel und dem Faden gegriffen hatte und ihre Finger die Fasern drehten, um daraus ein Stück Stoff zu weben, mit dem sie ihre Hausgenossen wärmen oder das sie in der Stadt verkaufen konnte.

„Abends", sagte sie, „habe ich mich immer mit deinem Vater unterhalten. Wir gingen zusammen den Tag durch, erzählten uns, was gut und was schlecht gewesen war, und lachten viel. Obwohl selbst dann die Arbeit nicht vorüber war, waren die Abende der geselligste Teil meines Tages."

„Du vermisst Vater, nicht wahr?“

Dazu wusste sie nichts zu sagen. Wie sollte sie ihrem Sohn erklären, wie es zwischen ihnen gewesen war?

Sie erhob sich ein weiteres Mal, goss ihre Tassen wieder voll und zündete dann die Lampe an, die neben ihnen stand. „Eines ist auch sehr wichtig: Unser Gott hat uns immer Gelegenheiten gegeben, den Notleidenden zu dienen. Mein Herz hat schon früh für diejenigen geschlagen, die wenig oder gar nichts hatten. Ich habe mich zu den Witwen und Waisen, den Fremden und den Armen hingezogen gefühlt. Wie du weißt, gehe ich noch heute diesem wunderbaren Vorrecht nach, und ich bete oft, dass du in meine Fußstapfen treten wirst.“

„Natürlich, Mutter“, erwiderte Lemuel.

„Ich möchte, dass du weißt, warum ich das tue“, fügte sie hinzu. „Jedes Mal, wenn ich einem bedürftigen Menschen Nahrung oder Kleidung gebe, sehe ich Gott in dieser Person. Wenn du dir die Mühe machst, hinter den Schmutz auf den Gesichtern zu schauen oder in die leeren Augen der Hungernden, dann wirst du dort den Allmächtigen sehen. Ihnen zu dienen heißt, ihm zu dienen.“

Sie ermutigte ihren Sohn erneut, sich eine ehrbare Frau zu suchen, und sagte: „Dein Vater war am Stadttor immer wohlbekannt. Er kam seinen bürgerlichen Pflichten sehr treu nach.“

„War er ein guter Mensch?“, wollte ihr Sohn wissen.

Sie nickte. „Ja, er war der Beste.“

„Aber, Mutter, kannte man dich dort nicht auch?“, sagte Lemuel mit einem Zwinkern in den Augen und einer leicht neckenden Stimme.

„Ich habe meinen Teil dazu beigetragen“, sagte sie. „Damals habe ich viel Handelsware hergestellt – Betttücher, purpurne Gewänder, die man in Königshäusern hätte tragen können, taillierte Leinengewänder und Schärpen. Die Händler bei uns im Dorf und in den umliegenden Ortschaften kannten mich und vertrauten meiner Arbeit, wie ich dankbar feststellen durfte."

Lemuel lehnte sich zurück und verschränkte die Hände hinter dem Kopf. Ein Lächeln umspielte seine Lippen. „Ich erinnere mich noch an das Lied, das Vater über dich gedichtet hat."

Sie errötete, als sie an die Melodie und den Text zurückdachte.

Lemuel räusperte sich und sang dann in seinem besten Bariton. „Sie strahlt Kraft und Würde aus, und sie lacht und hat keine Angst vor dem kommenden Tag. Wenn sie spricht, sind ihre Worte weise, und sie erteilt ihre Anweisungen in freundlichem Ton." Er holte Luft und fuhr dann fort: „Sie weiß genau, was in ihrem Haus vor sich geht, und Faulheit kennt sie nicht. Ihre Kinder begegnen ihr mit Achtung und segnen sie." Bei diesen Worten stand er auf, zog sie auf die Beine und wirbelte sie im Dämmerlicht herum. „Es gibt viele tüchtige Frauen, doch du übertriffst sie alle!"

Er beendete das Lied mit einem Tusch und einem tiefen Trällern. Sie setzten sich wieder einander gegenüber hin. Eine Träne kullerte ihr über die Wange. Er beugte sich zu ihr und wischte sie ab.

„Weine nicht, Mutter. Es war doch ein fröhliches Lied, oder?"

„Das fröhlichste überhaupt. Es hat mich nur an Vaters Freude erinnert, das ist alles."

„Ich vermisse ihn auch. Ich hoffe, dass ich einmal so ein guter Ehemann werde wie er."

„Das wirst du, bitte den Allmächtigen einfach darum." Das Flackern der Lampe, die zwischen ihnen stand, erinnerte sie daran, dass es Zeit war, sich wieder ihrer Spindel zu widmen.

„Eine letzte Sache sollst du im Hinblick auf deine zukünftige Frau noch wissen", sagte sie dann zu Lemuel.

„Und was ist das?"

„Anmut kann täuschen und Schönheit vergeht, aber wenn eine Frau Ehrfurcht vor Gott hat, dann ist das lobenswert." Sie trank ihren Tee aus. „Wenn du so eine Frau gefunden hast, dann lass sie nicht mehr los. Und vergiss auch nicht, sie regelmäßig zu belohnen, genau wie dein Vater es getan hat. Er hat mich oft gelobt und mich nie davon abgehalten, mein Bestes zu geben. Er sorgte auch dafür, dass andere von all dem Guten erfuhren, das ich getan habe – und davon profitiere ich noch heute."

„Und genau das erhoffe ich mir für meine Ehe auch und genau dafür will auch ich beten." Er stand auf. „Ich sollte jetzt meine abendliche Arbeit zu Ende bringen."

Sie lächelte. Er hatte ihren Fleiß geerbt. Sie reichte ihm die Schriftrolle, die mit einem Leinenband zusammengebunden war. „Nimm das. Lies es später", sagte sie.

„Danke, Mutter." Er küsste sie auf die Stirn und verließ ihr Gemach, während draußen die Zikaden ihr Nachtlied sangen und sie wieder nach ihrer Spindel griff.

Die biblische Erzählung

Dies ist die einzige Stelle in der Bibel, an der König Lemuel erwähnt wird. Manche gehen davon aus, dass es sich dabei wahrscheinlich um einen heidnischen König gehandelt hat, der sich entschied, dem Gott Israels zu folgen.[1] Sein Name bedeutet übersetzt so viel wie „Gott geweiht". Einige Theologen glauben, „Lemuel" sei nur ein Pseudonym, hinter dem sich König Salomo verberge, und die Frau aus Sprüche 31 sei seine Mutter Batseba. Andere wiederum vertreten die Auffassung, dass es sich bei der

Frau aus Sprüche 31 nicht um eine reale Person, sondern lediglich um eine Metapher für Weisheit handle. Im gesamten Buch der Sprüche wird die Weisheit personifiziert und in diesem Abschnitt nimmt sie wirklich menschliche Gestalt an.

Ich habe beschlossen, diese Mehrdeutigkeit in meiner Geschichte beizubehalten. Daher habe ich das Ganze in Form eines Gesprächs zwischen Mutter und Sohn wiedergegeben, weil mir das Ganze so vorkommt wie eine Liste von Ratschlägen, die eine Mutter ihrem Sohn geben würde, der einmal heiraten möchte.

Wenn wir weiter lesen als nur bis zu ihrem Rat, keusch zu sein und sich nicht zu betrinken, kommen wir zu einem „berühmt-berüchtigten" Abschnitt – den Versen 10 bis 31. Diese 21 Verse sind poetischer Natur. Wie Psalm 119, so beginnen auch hier alle Verse mit dem jeweils nächsten Buchstaben des hebräischen Alphabets. Das Ganze ist ein Akrostichon – das Abc einer gottesfürchtigen Frau oder wie sich kluges Verhalten im täglichen Leben niederschlägt. Dadurch konnte man den Abschnitt leicht auswendig lernen oder aufsagen. Nach Ansicht vieler Theologen sind diese Worte jedoch an einen Mann und nicht an eine Frau gerichtet; *er* sollte sie auswendig lernen, nicht sie.[2] Sehen wir uns einmal den Anfang von Kapitel 31 an: „Dies sind die Sprüche Lemuels, ein Orakel, das seine Mutter ihn lehrte" (Sprüche 31,1). Die ersten Anweisungen in diesem Abschnitt sind an Männer gerichtet (Verse 2–9), anschließend folgt die Darstellung einer gottesfürchtigen Ehefrau. Das Kapitel endet dann erneut mit einer Anweisung an die Männer: „Sie soll für ihre Arbeit belohnt werden und ihre Taten sollen in der ganzen Stadt ihren Ruhm verkünden!" (Vers 31).[3]

Dieses Kapitel ist nicht an Frauen gerichtet!

Hinter dem Ausdruck „eine tüchtige Frau" steckt noch viel mehr, als es auf den ersten Blick den Anschein hat. Im Hebräischen wird an dieser Stelle der Begriff *Eschet Chajil* verwendet, was auch so viel wie „tapfer", „tüchtig" oder „ehrenwert" bedeuten kann. Der gleiche Ausdruck wird an anderer Stelle benutzt, um tapfere, zuverlässige Männer zu beschreiben, zum Beispiel in 2. Könige 24,14 und 2. Mose 18,21. In der Bedeutung des Wortes schwingt etwas von einem siegreichen Helden mit. Diese Frau ist also stark und mit Tapferkeit bekleidet.

Diese idealisierte tapfere Frau könnte tatsächlich die personifizierte Weisheit sein: „Sie ist wertvoller als die kostbarsten Edelsteine." Der Verfasser schrieb an anderer Stelle über die Weisheit: „Sie ist kostbarer als Edelsteine; und alles, was du dir jemals wünschen könntest, ist mit ihr nicht zu vergleichen" (Sprüche 3,15).

Dann kommt die Frage der Vertrauenswürdigkeit ins Spiel, als die Mutter ihren Sohn ermahnt. Ein Ehemann vertraut auf die Tugend seiner Ehefrau. Auch Martin Luther hat über seine Frau geschrieben: „Das größte Geschenk Gottes ist ein frommes, gütiges Weib, das Gott fürchtet und sein Haus liebt und mit dem man in vollkommenem Vertrauen leben kann."[4] Und nicht nur das. Eine gute Ehefrau bereichert ihren Mann auch – in dem hebräischen Wort dafür schwingt die Bedeutung von „plündern" mit. Sie bringt ihm Wohlstand. Ihre Güte ist rückhaltlos und hält ihr ganzes Leben lang an. Mit anderen Worten: Ihre Tugend ist unwandelbar. Sie ist beständig und zuverlässig.

Sie besitzt nicht nur diese inneren Eigenschaften, sondern ist nach außen auch noch fleißig und zielorientiert. Hier sollte man wohl noch betonen – vor allem für uns Frauen, wenn wir uns mit der aus Sprüche 31 vergleichen –, dass sie all das nicht an einem Tag erreicht hat. Dieses Akrostichon ist in der Vergangenheitsform geschrieben, und das bedeutet, dass rückblickend von ihren Werken berichtet wird – so ähnlich wie bei einem Nachruf, in dem ein gesamtes Leben festgehalten wird und nicht der

Schnappschuss eines einzelnen Tages aus dem Leben einer Person. Außerdem hatte diese Frau Dienerinnen, die ihr bei vielen ihrer Aufgaben halfen. Die beschriebenen Leistungen fußen also nicht auf den Anstrengungen einer einzelnen Person, sondern waren eine gemeinschaftliche Aufgabe. Beachtenswert ist auch, dass sie ihre Dienerinnen mit der gleichen Güte behandelt, mit der Israel nach Gottes Willen alle Außenstehenden und Arbeiter behandeln soll.

Wenn es in diesem Abschnitt heißt: „Sie strahlt Kraft und Würde aus" (Vers 25), sollten wir uns auch andere Übersetzungen anschauen. Dort heißt es zum Beispiel: „Kraft und Würde sind ihr Gewand" (Luther und Elberfelder) oder: „In Kraft und Würde ist sie gekleidet" (Neue evangelistische Übersetzung). „Sich kleiden" bedeutete damals auch, sich zu gürten, also einen Gürtel um die Taille zu binden, um sich für den Kampf zu rüsten. „Es bedeutet, sich für eine ‚heldenhafte oder schwierige Tat' bereit zu machen, wie zum Beispiel schnell zu rennen … aus Ägypten zu fliehen … körperliche Arbeit."[5]

Wenn sie aus Fasern Fäden spinnt, zeigt das, dass sie die damals gängige Technik beherrschte, so wie andere Matriarchinnen, die mit dem Spinnrocken und der Spindel arbeiteten – wie zum Beispiel Sarah, Rebekka und Rahel.

Im Gegensatz zum untreuen Volk Israel, das die Nöte der Bedürftigen ignorierte (und dafür ins Exil gehen musste), steht diese tugendhafte Frau geradezu für die *hesed* Gottes, die treue Liebe zu allen Menschen. Sie setzt das um, was wir schon bei Jesaja lesen können: „Lernt, Gutes zu tun. Schafft Recht, weist Übeltäter zur Ordnung. Verhelft den Waisen zu ihrem Recht. Tretet für die Witwen ein" (Jesaja 1,17).

Diese Frau ist sich bewusst, wie kalt es im Winter werden kann, und bereitet sich deshalb darauf vor. Sie ist wie die Ameise aus Sprüche 6,6–8: „Nimm dir ein Beispiel an der Ameise, du Faulpelz. Lerne von ihr und werde weise! Obwohl sie keinen Anführer, Aufseher oder Herrscher hat, arbeitet sie trotzdem den ganzen Sommer über und sammelt Nahrung für den Winter." Diese tapfere Frau ist selbstbeherrscht und hat die Zukunft vor Augen, weshalb sie sich auf schwere Zeiten vorbereitet. Im Hebräischen ist hier von „scharlachroter" Kleidung die Rede, was aber höchstwahrscheinlich „mit doppeltem Faden gewebt" bedeutet, also Kleidung, die bei kalten Temperaturen warm hält.[6] Dass sie auch purpurne Stoffe webt, veranschaulicht ihre Geschicklichkeit und ihre Liebe zu schönen Dingen. Um ein Kleidungsstück purpurrot zu färben, brauchte sie einen Farbstoff, der aus der Purpurschnecke gewonnen wurde, die an der phönizischen Küste vorkam.[7] Sie ist also sowohl weise als auch verschwenderisch – beides Eigenschaften Gottes.

Ihr Inneres bestimmt ihr Handeln – und was sie tut, das tut sie mit Hingabe. Dadurch sorgt sie nicht nur für ihren Haushalt, sondern rückt ihren Mann auch noch in ein gutes Licht. Sie verkörpert Sprüche 3,3: „Gnade und Treue sollen dir nicht verloren gehen. Trage sie wie eine Kette um deinen Hals und schreibe sie dir tief in dein Herz." Wenn sie lehrt, tut sie das mit *torat hesed*, was bedeutet, dass ihre Lehre immer in tiefer, treuer Liebe geschieht. Sie ist keine wütende Lehrerin in einem Klassenzimmer, sondern eine gütige Botschafterin für die, die lernen wollen.

Am Ende dieses Abschnitts sehen wir, wie wichtig es ist, Gott zu fürchten: „Eine Frau, die Ehrfurcht hat vor dem Herrn, soll gelobt werden" (Sprüche 31,30). Es ist zwar nicht falsch, schön und anmutig zu sein, aber seine Mutter erinnert Lemuel daran, dass diese Eigenschaften vergänglich sind. Doch ein guter Charakter hat Bestand und spielt ein ganzes Leben lang eine große Rolle. Das klingt auch am Anfang dieses biblischen Buches an. In Sprüche 1,7 heißt es: „Die Ehrfurcht vor dem Herrn ist der Anfang der Erkenntnis. Nur Narren verachten Weisheit und Selbstbeherrschung." Die Frau aus Sprüche 31 unterstreicht noch einmal den Zusammenhang zwischen Gottesfurcht und Weisheit.

Was bedeutet das für dich?

Die Frau aus Sprüche 31 wurde zwar von ihrem Sohn Lemuel nicht missverstanden, aber heute wird sie das oft. Diese antike Frau wird oft zu einem nahezu unerreichbaren Vorbild für moderne Frauen erhoben. Wir machen den Fehler, ihr unsere Kultur und unsere westlichen Vorstellungen überzustülpen und sie so zu einer vollkommenen Heiligen zu machen, die sich schier kaputtarbeitet. *Wir* verstehen sie also falsch, verkennen sie – und setzen uns damit unter Druck und schaden uns selbst.

Wir sollten uns dieser vorbildhaften Frau aus Sprüche 31 mit Gnade und Wahrheit nähern. Anstatt uns an einem schlechten Tag mit diesem großartigen Nachruf auf das gesamte Leben dieser Frau zu vergleichen, sollten wir uns lieber mit der gleichen Nachsicht betrachten, mit der Gott uns allen so großzügig begegnet. Die Frau, von der im letzten Kapitel der Sprüche die Rede ist, hatte zweifellos auch ihre schlechten Tage, hat oft versagt und schmerzliche und erdrückende Erfahrungen gemacht. Vergleiche deine schlimmsten Herausforderungen lieber nicht mit einer Blitzaufnahme ihres größten Erfolgs. Das sollten wir alle uns auf die Fahnen schreiben, denn leider wird in den sozialen Medien das Leben der Sprüche-31-Frau tagtäglich mit sorgfältig gestellten Fotos von Perfektion und Errungenschaften nachgestellt.

In Wahrheit sind wir alle irgendwie kaputt. Natürlich will Gott uns Hoffnung schenken und durch seinen Heiligen Geist Kraft geben, aber Tatsache ist, dass wir auf wackeligen Beinen durchs Leben stolpern und versuchen, uns durchzuschlagen und es so gut wie möglich zu bewältigen. Wir sind alle auf dem Weg der Heiligung (genau wie die Frau aus Sprüche 31). Und eines Tages wird Gott uns völlig wiederherstellen. Er wird uns einen neuen Körper schenken, alle Tränen abwischen und uns für das belohnen, was wir auf dieser Erde für ihn getan haben. Aber während wir uns zwischen dem Jetzt und dem Noch-Nicht bewegen, wird es uns besser gehen, wenn wir nur auf unseren eigenen Weg schauen, statt uns mit anderen zu vergleichen. Paulus hat den Galatern damals einen klugen Ratschlag gegeben: „Jeder achte genau auf sein eigenes Leben und Handeln, ohne sich mit anderen zu vergleichen. Schließlich ist jeder für sein eigenes Verhalten verantwortlich" (Galater 6,4–5).

Wir dürfen durchatmen und uns noch einmal bewusst machen, dass Sprüche 31 nicht an Frauen, sondern an Männer gerichtet war. Das Kapitel enthält eine dichterische, hoffnungsvolle Liste von Eigenschaften, nach der ein Mann bei der Wahl seiner Ehefrau Ausschau halten sollte, und will uns nicht unsere Versäumnisse vor Augen führen. Dass diese Frau sich ein Leben lang darum bemüht, all das zu erreichen, sollte uns zu denken geben, wenn wir mal wieder das Gefühl haben zu versagen. So geht es uns doch allen.

Sie ist nicht perfekt und wir sind es auch nicht. Und wenn wir uns wieder einmal im Stillen runtermachen, weil wir irgendwelchen Maßstäben nicht gerecht werden, dann gibt es etwas

Besseres, an das wir uns halten können. Wenn wir schwach sind, gibt das Jesus Christus die Möglichkeit, uns Kraft zu schenken. Wenn wir in dem Versuch, unsere Berufung als Jesus-Nachfolgerinnen auszuleben, scheitern, dann ist das die Leinwand, auf der er sein tollstes Kunstwerk malen kann. Wenn wir vermeintliche Perfektion anstreben und dabei auf unsere eigene Kraft vertrauen, ist das so, als würden wir mit Fingerfarben auf einen weißen Fetzen Stoff malen. Es ist dann kein Platz mehr für den gekonnten Pinselstrich des großen Künstlers. Wenn wir uns bewusst machen, dass wir fehlerhafte Menschen zu einem fehlerlosen Gott gehören, dann wird diese Vollkommenheit durch das, was Jesus für uns getan hat, plötzlich greifbar.

Wenn Paulus den Gläubigen in seinen Briefen Mut machen will, spricht er oft von Schwachheit. Die bekannteste Stelle habe ich bei Vorträgen und in Büchern schon oft zitiert. Paulus klagt darin über einen „Dorn im Fleisch", der ihm gegeben wurde, um ihn zu quälen. Er fleht Gott dreimal an, ihn davon zu befreien, aber Gott erinnert ihn an etwas sehr Überraschendes: In dem Bereich, in dem Paulus mit so großen Herausforderungen konfrontiert ist, kann Gott die größten Dinge tun. „Jedes Mal sagte [Gott]: ‚Meine Gnade ist alles, was du brauchst. Meine Kraft zeigt sich in deiner Schwäche'" (2. Korinther 12,9). Man sollte meinen, Paulus würde nun antworten: „Ja, das verstehe ich schon, aber bitte befreie mich doch davon." Nein, Paulus versucht, mit dieser Schwäche und dem Schmerz klarzukommen, und sagt dabei etwas sehr Unerwartetes: „Und nun bin ich zufrieden mit meiner Schwäche, damit die Kraft von Christus durch mich wirken kann. Da ich weiß, dass es für Christus geschieht, bin ich mit meinen Schwächen, Entbehrungen, Schwierigkeiten, Verfolgungen und Beschimpfungen versöhnt. Denn wenn ich schwach bin, bin ich stark" (Verse 9–10). Was mir hier besonders ins Auge springt, ist das Wort „damit“. Wenn wir uns bewusst sind, wie unzulänglich wir ohne Jesus Christus sind, verstehen wir auch, warum wir darauf angewiesen sind, dass er mit seinem Heiligen Geist in uns lebt.

Anstatt uns also selbst fertigzumachen, weil wir dem Ideal von Sprüche 31 nicht gerecht werden, lädt diese Bibelstelle dazu ein, unser Leben ehrlich unter die Lupe zu nehmen und uns der Wahrheit über unsere Schwächen zu stellen, *damit* wir die göttliche Kraftquelle anzapfen können, die Jesus-Nachfolgerinnen jederzeit zur Verfügung steht.

Denk noch mal über die Eigenschaften der Frau aus Sprüche 31 nach:

- tugendhaft
- fähig
- vertrauenswürdig
- bereichert andere
- gut
- fleißig
- opferbereit
- intelligent
- weise
- stark
- gütig
- mitfühlend
- treu
- voll Glauben
- gnädig
- kreativ
- uneigennützig
- behütet andere

- dienstbereit
- gottesfürchtig

An wen erinnert dich das?

Jesus hat all diese Eigenschaften verkörpert. Er hat sie vorgelebt. Die Frau aus Sprüche 31 gibt uns einen Vorgeschmack auf den, der kommen sollte, ein uneigennütziger guter Hirte, dessen opferbereites Leben alle Menschen zum Vater führen sollte, der uns alle geschaffen hat. Sein Ja war ein Ja. Man konnte seinem Wort vertrauen. Er war fehlerlos und seine Tugendhaftigkeit übertraf die tugendhaftesten Menschen auf dieser Welt. Er ließ sich bei allem von seinem Vater leiten und konnte sagen: „Ich habe dich hier auf Erden verherrlicht, indem ich alles tat, was du mir aufgetragen hast" (Johannes 17,4). Er verwirrte die vermeintlich weisen Pharisäer mit seiner Weisheit. Die meisten dieser Tugenden zeigten sich auf seinem Weg nach Golgatha. Seine große Kraft half ihm, sich nicht von seinem Weg in die Stadt abbringen zu lassen, in der ihn der Tod erwartete: Jerusalem. Er ertrug den Spott und die Schläge, weil er wusste, welche Belohnung ihn erwartete. Er glaubte fest, dass sein Vater ihn von den Toten auferwecken und so der ganzen Welt einen Neuanfang ermöglichen würde.

Wenn du Sprüche 31 liest, dann hoffe ich, dass du darin sowohl deinen Retter erkennst als auch, wie sehr du ihn brauchst. Er ermahnte seine Jünger zu warten, bis er zu seinem Vater zurückgekehrt war, weil dann der Heilige Geist kommen und sie dazu befähigen würde, so zu leben, wie er gelebt hatte.

Im 2. Kapitel der Apostelgeschichte lesen wir von der feurigen Gegenwart eben jenes Heiligen Geistes, der sich erst auf die Gläubigen niederlässt und sie dann erfüllt. Im gesamten Neuen Testament sehen wir gewissermaßen die Frucht des Heiligen

Geistes „in Aktion". Und diese Frucht erinnert an die Eigenschaften der Frau aus Sprüche 31. Merkst du, wie sich das mit den Beschreibungen in Galater 5,22–23 deckt?

- Liebe
- Freude
- Frieden
- Geduld
- Freundlichkeit
- Güte
- Treue
- Sanftmut
- Selbstbeherrschung

Wenn wir das gleiche Erbe hinterlassen wollen wie die Frau aus Sprüche 31, sind wir nicht nur auf Gottes Gnade angewiesen, wenn wir den Weg aus den Augen verlieren, sondern auch noch auf seinen Heiligen Geist Gottes in uns, der uns dazu in die Lage versetzt, richtig zu leben.

Also: Hör auf, dich mit ihr zu vergleichen, und fang an zu beten. Wenn du Gott darum bittest, werden sich in deinem Leben ihre Eigenschaften immer stärker ausprägen. Du musst dafür nur eines tun: dir eingestehen, dass du es ohne Gottes Heiligen Geist nicht schaffst.

Ein paar gute Nachrichten über dein wahres Ich

- Du hast dein ganzes Leben lang Zeit, ein bleibendes Erbe zu hinterlassen.
- Dein Einsatz zählt – egal, wie groß er ist.
- Du kannst dich immer bewusst dafür entscheiden, anderen zu helfen.
- Ganz gleich, was du über dein Aussehen denkst: Deine Seele kann immer wunderschön sein.
- Beziehungen bereichern dein Leben und schenken viel Freude.

Kurz nachgedacht

1. Was hast du bislang über die Frau in Sprüche 31 gedacht? Hat dieses Kapitel etwas daran geändert?
2. Hilft dir der Hinweis, dass sie all diese Dinge im Laufe eines gesamten Lebens erreicht hat? Bist du jetzt ein bisschen nachsichtiger mit dir selbst?
3. Welche der Eigenschaften dieser Frau aus Sprüche 31 bewunderst du am meisten? An welcher Eigenschaft arbeitest du gerade mit Gottes Hilfe?
4. Was bedeutet es in deinem Umfeld, Gott zu fürchten? Was hat das mit Anmut und Schönheit zu tun?
5. Wie unterscheidet sich unsere heutige Gesellschaft von der Kultur, in der die Frau aus Sprüche 31 gelebt hat? Was ist ähnlich? Was kannst du aus ihrem Leben lernen? Was kannst du getrost ignorieren?

Kapitel 9

Maria aus Magdala – die Besessene

Wenn die Leute nur dein früheres Ich kennen, ist es schwer, die eigene Vergangenheit abzuschütteln, das wusste Maria. Aber sie war nicht immer in der Lage gewesen, so klare Gedanken zu fassen wie diesen. Es hatte eine Zeit gegeben, in der sie von sieben bösen Geistern beherrscht worden war, die sie gezwungen hatten, sich auf Felsen zu werfen, obszöne Dinge zu kreischen und denen das Leben schwer zu machen, die sie eigentlich liebte. Es war ihr damals so vorgekommen, als stünde sie neben sich und würde von außen ein wildes Tier betrachten, das knurrte und um sich schlug, dem sie aber nicht Einhalt gebieten konnte. Sie war hilflos gewesen – das war ihr Schicksal.

Bis zu jenem Tag.

Dem Tag ihrer Befreiung.

Als die Gerüchte ihren Heimatort und damit auch sie erreicht hatten, hatte Maria sich noch in den Fängen des Bösen befunden. Die kleine Stadt Magdala lag direkt am See Genezareth und ihr Name bedeutete übersetzt „Turm". Aber das Wohlergehen ihres Städtchens interessierte sie wenig. Sie gab sich damit zufrieden, Stoffe zu färben, bis ihre Finger rot waren und ihre Augen brannten. Und an einem jener Tage hörte sie plötzlich den Namen „Jesus“ – eigentlich ein ganz gewöhnlicher Name in diesem Teil der Welt, aber die Art und Weise, wie ihre Freundin Sophia ihn aussprach, ließ Marias Herz schneller schlagen.

„Es gibt da einen Lehrer“, hatte Sophia ihr erzählt. „Sein Name ist Jesus.“

Während sie nach der Beendigung ihrer täglichen Arbeit auf der staubigen Straße unterwegs waren, wandte sich Sophia Maria zu und sah sie an. „Ich kenne dein Elend. Bei meiner Tante Abigail war es das Gleiche – sie wurde genauso gequält wie du. Aber eines Tages fiel sie Jesus auf, als sie sich wieder einmal am Straßenrand wand und die Kontrolle verloren hatte.“

Maria bekam große Augen. „Hat sie auch Stimmen gehört?“ Sie flüsterte die Frage nur, aus Angst, ihre Geschichte würde sich noch weiter herumsprechen.

„Viele Stimmen“, sagte Sophia. „Aber Jesus blieb stehen und ergriff ihre Hand.“

„Ist er Jude?“

„Ja, ein Lehrer, gottesfürchtig und gütig.“

„Und trotzdem hat er deine Tante berührt?“

„Es war so, wie ich dich jetzt berühre.“ Sophia nahm Marias Hand in die ihre und sah ihr in die Augen.

„Was ist dann passiert?“

„Meine Tante hat geschrien – so etwas wie: ‚Was willst du von uns, Jesus, du Sohn Gottes?‘“

Plötzlich brachen Verwirrung und Dunkelheit über Maria herein. *Sohn Gottes?* Die Stimmen in ihrem Kopf wurden immer lauter. *Kreuzigt ihn! Kreuzigt ihn! Kreuzigt ihn!* Maria wich zurück.

„Ich muss jetzt gehen“, sagte sie.

Aber Sophia legte ihr die Hand auf die Schulter. „Bitte hör dir das Ende der Geschichte an! Jesus brachte die wilden Stimmen zum Schweigen und sagte: ‚Verlasst sie!', und dann lag sie einfach weinend auf dem Boden und dankte Jesus aus tiefstem Herzen. Und seit diesem Augenblick singt sie nur noch."

Wann habe ich zum letzten Mal gesungen?, fragte Maria sich. *Gibt es für mich überhaupt noch so etwas wie Lieder?* Sie ließ ihre Freundin stehen, aber die Geschichte ließ sie nicht mehr los.

Vier Tage später munkelte man, dass Jesus an das Ufer des Sees kommen würde, und Maria verspürte den unwiderstehlichen Drang, nach ihm Ausschau zu halten. Sie befahl ihren Füßen zu laufen, aber ihr Verstand verfinsterte sich mit jedem Schritt mehr. *Er ist ein Scharlatan. Er wird dich umbringen. Er ist dein Feind*, tönten hämische Stimmen in ihrem Kopf. *Wenn er dich berührt, wirst du sterben.* Aber trotzdem ging Maria weiter mit schmutzigen Füßen am Seeufer entlang. Sie strich sich über ihr zerzaustes Haar und ihr Äußeres war ihr plötzlich peinlich. Die Stimmen hatten ihr alle Kraft geraubt, sodass sie jeden Anstand verloren hatte. Sie wusste, dass sie dunkle Ringe unter den Augen hatte, denn die Schreie des Bösen ertönten die gesamte Nacht hindurch und raubten ihr den Schlaf.

Keinen Schritt weiter!, zischte eine Stimme in ihr.

Gewöhnlich war sie dem hilflos ausgeliefert, aber diesmal glomm ein Funke Willenskraft in ihr auf, als sie das Gesicht des Mannes sah, der sie retten konnte, obwohl sie in diesem Moment noch nicht wusste, ob er stark genug war, die Geister aus ihr auszutreiben.

„Jesus", flüsterte sie.

Angesichts der riesigen Menschenmenge, die ihn hier am Seeufer umringte, hätte dieser Mann namens Jesus eigentlich gar nicht in der Lage sein dürfen, ihre schwache Stimme zu hören.

Doch er drehte sich um, sah ihr mit einem Blick in die Augen, der „Ich kenne dich" sagte.

Jesus sprach etwas zu einem muskulösen Fischer, der neben ihm stand, und kam dann auf sie zu.

Je näher er kam, umso mehr erregten die schrillen Schreie, die aus ihr hervorbrachen, die allgemeine Aufmerksamkeit. Sie hätte sich am liebsten mit einem Mühlstein in den See geworfen, um in der Tiefe zu versinken, aber Jesus sah ihr fest in die Augen, während sie ihm gleichzeitig Gotteslästerungen entgegenschrie. Er kam näher, und sie musste gegen das plötzliche Verlangen ankämpfen, sich selbst mit einem Stein den Schädel einzuschlagen.

Er griff nach ihrer Hand und im gleichen Augenblick war sie wie gelähmt. Dann fiel sie unter Krämpfen zu Boden. Wie schon so viele Male zuvor, stand sie gewissermaßen neben sich und konnte ihren Körper nicht länger kontrollieren. Sie bebte und hatte Schaum vor dem Mund. Diesen Kampf würde sie nicht gewinnen.

Jesus kniete sich nieder, und sein Gewand wurde staubig, als er ihren zitternden Kopf in seine Hände nahm und „Maria" sagte.

Sie schwebte immer noch über der Szene und war nicht in der Lage zu antworten.

„Verschwindet!", schrie er die Stimmen des Feindes in ihr an.

Einen schrecklichen Augenblick lang wand sich der Teufel in ihr und schrie laut auf. Aber schon im nächsten Moment durchflutete sie ein herrliches Licht, und sie war plötzlich wieder bei klarem Verstand, saß dort im Staub der Straße und sah einem Mann ins Gesicht, der die Liebe in Person war.

„Gebt ihr etwas zu essen und zu trinken", sagte der Mann namens Jesus zu seinen Begleitern. Sie befolgten seine Anweisung sofort. Das Wasser auf ihren Lippen schmeckte nach Leben, und das Brot, das sie ihr gaben, machte sie auf seltsame Weise vollständig satt. Jesus zog sie auf die Beine und sagte schlicht: „Folge mir nach."

Maria folgte Jesus, wo auch immer er hinging – wenn er andere von Dämonen befreite, Leprakranke und Blinde heilte und Menschen vom Tod zurückholte. Sie reiste mit den Zwölf – zusammen mit neuen Gefährtinnen wie Johanna, der Frau von Chuza, dem Verwalter von Herodes, und Susanna. Diese Frauen betrachteten es als ihr Vorrecht, für Jesus zu sorgen. Sie folgten ihm und lernten von ihm, ein Leben der Liebe zu führen. Sie brachten dieses Opfer gern, denn sie sahen es als Möglichkeit, immer mehr Menschen in das neue Königreich des Einen einzuladen, der die Menschen auf so wunderbare Weise frei machte.

Drei Jahre ihres Lebens gab sie dafür und hatte ihr qualvolles Dasein damals in Magdala fast vergessen. Das Böse schien so weit weg zu sein. Es gab keinen bösen Geist, der Jesus etwas entgegenzusetzen hatte. Aber als das dritte Jahr zu Ende ging, fiel ihr auf, dass das dämonische Treiben immer stärker wurde, während Jesus zunehmend ernster wurde. Man machte den Jesus-Nachfolgern das Leben schwerer. Die religiösen Führer wurden immer eifersüchtiger auf seinen „Erfolg", und Maria hätte schwören können, dass sie wieder die höhnischen Stimmen aus ihrer Vergangenheit hörte – aber dieses Mal nicht gegen sie gerichtet, sondern gegen ihn. Dass sie früher selbst besessen gewesen war, machte sie für solche Dinge sensibler. Sie musste mit ansehen, wie Petrus, der Fischer, vergeblich versuchte, Jesus davon abzuhalten, nach Jerusalem zu gehen. Jesus wandte sich zu ihm um und nannte ihn „Satan". Maria gefror das Blut in den Adern. Selbst die tapfersten Jünger konnten Satans eisigen Griff spüren.

Beim Passahmahl tat ihr Retter etwas Erstaunliches: Er nahm die Rolle eines Bediensteten ein und wusch seinen Begleitern die Füße. Dann forderte er sie auf, seinem Beispiel zu folgen: zu dienen, bei Tisch den letzten Platz einzunehmen und andere bedingungslos zu lieben. Anschließend hielt er inne und fügte beunruhigt hinzu: „Einer von euch wird mich verraten."

Als die Jünger der Reihe nach wissen wollten: „Bin ich es, Herr?", stellte sie sich die gleiche Frage. Würden die Stimmen zurückkehren und sie zwingen, Jesus zu verraten? War sie die Verräterin? Plötzlich fiel ihr auf, dass es einen Jünger gab, der diese schwerwiegende Frage nicht stellte – Judas Iskariot. Stattdessen tauchte er sein Brotstück genau im gleichen Augenblick in die Schale wie Jesus. „Beeile dich. Tu das, was du tun willst, bald!", sagte Jesus zu ihm. Judas nahm seine Sachen, einschließlich des Geldbeutels, den er immer so fest umklammert hielt. Er wandte sich noch einmal zu Maria um, seine Augen gelb vor Bosheit. Sie schauderte. Diesen Blick kannte sie nur zu gut. Sie fragte sich, ob sie schon bald wieder die beschwörenden Worte hören würde, die sie damals in Magdala immer vernommen hatte: *Kreuzigt ihn! Kreuzigt ihn! Kreuzigt ihn!*

Am nächsten Tag fröstelte Maria trotz der Morgenhitze, als sie auf das Unfassbare blickte: Jesus, ihr Retter, stand an diesem Folterinstrument, das eigentlich den schlimmsten Verbrechern vorbehalten war, Todesqualen aus. Sie wusste doch, dass es nie einen Menschen gegeben hatte, der so schuldlos war wie er, und doch hing er dort und rang um jeden Atemzug. Er versuchte, sich trotz der langen Nägel, die man durch seine Hände und Füße in das Holz des Kreuzes getrieben hatte, immer wieder hochzuziehen, um noch einmal Luft zu holen. Sie spürte, wie sie selbst versuchte, für ihn zu atmen – seine Qualen wurden zu den ihren. Maria hörte erneut höhnische Stimmen, doch es war nicht nur das Lärmen der frommen Leute und der sadistischen römischen Soldaten – nein, sie kannte diese Stimmen noch von damals, als sie ihre Sklavin gewesen war. Es war das Freudengeheul des Feindes, der mit seinem schrillen Gelächter die anderen dazu verführte, das Gemetzel vor ihren Augen zu genießen. Aber sie konnte und wollte sich daran nicht beteiligen.

Soldaten losten die Kleidungsstücke des Mannes unter sich aus, der mit wenig Tausende sattgemacht hatte. Maria zog sich der Magen zusammen und bittere Galle kam ihr hoch. Der Eine, der den Menschen wahre Gerechtigkeit gebracht hatte, litt unter diesem ungerechten Verfahren, das Juden und Römer angestrengt hatten. Er war verspottet, ausgepeitscht und geschlagen worden, bis seine Haut in Fetzen an ihm herabhing, doch Jesus hatte alles ertragen, sogar die Hammerschläge, die die Nägel in seine Hand- und Fußgelenke getrieben hatten. Als die Römer die drei Kreuze errichteten – Jesus hing in der Mitte zwischen zwei tatsächlichen Verbrechern, über ihm ein Schild mit der Anklage „König der Juden" –, drang das dumpfe Geräusch, mit dem die Balken in die Löcher im Boden plumpsten, ihr durch Mark und Bein. Jeder der Gekreuzigten schnappte nach Luft und schrie auf.

Sie hasste diesen Ort – Golgatha. Die Felsformation unterhalb der drei Kreuze ähnelte einem Totenkopf, über ihr lag der Geruch des Todes. Obwohl sie wusste, dass er die Macht hatte, zu seiner Rettung Engelscharen herbeizurufen, kannte sie jedoch auch seine resolute Entschlossenheit. Er war das Lamm, das für die Schuld aller Menschen geschlachtet würde, und deshalb würde er alles bis zum Ende erdulden.

Die beiden anderen Marias standen neben ihr, hielten ihre Hände umklammert und holten tief Luft. Da war Maria, die Frau von Zebedäus und Mutter von Jakobus und Johannes.

Maria aus Magdala hätte sie zu gern umarmt und ihr gesagt, dass alles wieder gut werden würde, aber wäre das nicht eine Lüge gewesen? Und dann war da noch Maria, die Mutter von Jesus. Dieser hatte seinen Begleiter Johannes aufgefordert, sie jetzt so zu behandeln, als sei sie tatsächlich seine Mutter.

Alle drei Marias hielten sich an den Händen, als Salome dazukam und einfach immer nur „Nein, nein, nein" rief.

Kopfschüttelnde Männer, Spott und böse Worte.

„Ha! Sieh dich nur an!", schrien sie.

„Du hast doch damit angegeben, dass du den Tempel niederreißen und in drei Tagen wiederaufbauen willst. Komm, zeig uns jetzt mal, was du kannst. Jetzt rette dich selbst! Wenn du wirklich Gottes Sohn bist, dann steig jetzt vom Kreuz herunter!"

Wenn sie nur wüssten, was sie da sagten.

Die religiösen Führer verspotteten ihn weiter. „Anderen hat er geholfen", höhnten sie, „aber bei ihm selbst scheint es nicht zu klappen!"

„Das soll der Messias sein, der König Israels? Wenn er das ist, dann soll er jetzt vom Kreuz heruntersteigen. Dann werden wir ihm glauben!"

Auch einer der Verbrecher, die neben Jesus hingen, beschimpfte ihn.

Maria zitterte. Drei Stunden später verschwand die Sonne am helllichten Mittag plötzlich vom Himmel. Eine unnatürliche Finsternis überkam die Menschen und sie wollte von diesem Ort flüchten, der vom Todesgestank durchdrungen war. Bedeutete es, dass sie zustimmte, wenn sie diesem höllischen Treiben zusah? Sollte sie sich aus Protest abwenden? Aber Maria sah Jesus, ihrem Befreier, in die Augen. Nein, sie würde die Kreuzigung *mit* Jesus zusammen durchstehen. Er brauchte gerade jetzt mehr denn je Menschen an seiner Seite. Er drückte sich noch einmal nach oben, schnappte nach Luft und brach dann zusammen, sodass er keine Luft mehr bekam.

Um drei Uhr nachmittags, der Stunde des Gebets, betete Jesus gehorsam: *„Eli, Eli lama asabtani?"*

Wenn Gott ihn wirklich verlassen hat, dachte sie, *dann sind wir alle zu einem Leben ohne Licht verurteilt.* Die hämischen Stimmen um sie herum wurden lauter. Sie flehte Gott an, sie vor diesen Stimmen zu bewahren, denn sie meinte ihre Nähe schier spüren zu können.

Einer der Umstehenden tauchte einen Schwamm in Weinessig und hielt ihn auf einem Stab hoch, damit Jesus trinken konnte. „Warte!", sagten die Leute. „Wir wollen sehen, ob Elia kommt und ihn rettet."

Aber nichts geschah.

Und er wurde auch nicht durch ein Wunder gerettet. Der Wundertäter, der Essen vermehrt und ausgeteilt und vielen so großzügig Heilung und Freiheit geschenkt hatte, wurde blass. Er stieß noch einen letzten Schrei aus, zog sich noch einmal an den Nägeln hoch, während sein letzter Atemzug zum Himmel aufstieg.

Im gleichen Moment brachen die Frauen um sie herum erneut in Tränen aus, und Johannes, der Jünger, gesellte sich zu ihnen. Ein römischer Offizier, der in ihrer Nähe stand und alles mit angesehen hatte, sagte nachdenklich: „Dieser Mann war wirklich der Sohn Gottes!"

Und was war jetzt? Dieser Sohn Gottes atmete nicht mehr.

Was konnte Maria aus Magdala noch tun? Der Sabbat verbot ihnen jegliche Arbeit, aber als sich der Himmel an diesem Samstag verfinsterte und die Sonne dem Horizont entgegenwanderte, ging sie mit Salome und Maria, der Mutter von Jakobus, und mit Josef von Arimathäa, der ein Grab zur Verfügung gestellt hatte, um wohlriechende Öle für die Einbalsamierung des Leichnams zu kaufen. Anschließend wurde das Grab von Soldaten mit einem großen Stein versperrt, damit keiner auf den Gedanken kam, die Leiche zu stehlen und zu behaupten, dass Jesus auferstanden sei.

Am Sonntagmorgen, noch vor Tagesanbruch, ging die bunt zusammengewürfelte Gruppe von Frauen zum Grab von Josef von Arimathäa. Unterwegs tauschten sie sich darüber aus, wie sie wohl den riesigen Stein am Eingang des Grabes wegrollen sollten. Doch dort angelangt, bemerkte Maria, dass der Stein bereits zur Seite gerollt war. Sie schlüpften durch die in Stein gehauene Öffnung eine nach der anderen ins Grab. Auf der rechten Seite saß ein junger Mann, ganz in Weiß gekleidet. Wer war denn das? Und warum strahlte er so?

„Ihr braucht keine Angst zu haben. Ich weiß, dass ihr Jesus von Nazaret sucht, den man ans Kreuz genagelt hat", sagte der Mann in Weiß. „Er ist auferstanden, er ist nicht mehr länger hier. Ihr könnt euch mit eigenen Augen überzeugen: Der Platz, auf dem er gelegen hat, ist leer."

Maria sah den leeren Steinblock, auf dem der Leichnam gelegen hatte, und auch die Grabtücher lagen unberührt darauf – mit Ausnahme eines Leintuchs, das dort zusammengefaltet war, wo der Kopf von Jesus gelegen hatte.

„Geht jetzt, so schnell ihr könnt, zu seinen Jüngern und zu Petrus und sagt ihnen, dass er euch nach Galiläa vorausgeht", fuhr der Mann fort. „Ihr werdet ihn dort sehen, genau so, wie er es euch zuvor schon angekündigt hat."

Aber sie konnte diesen Worten einfach nicht glauben. Sie ergaben für sie keinen Sinn. Lebendig? Das war unmöglich. Sie hatte von den religiösen Führern Gerüchte gehört, dass genau in dem Augenblick, als Jesus gestorben war, der riesige, schwere

Vorhang im Tempel, der das Allerheiligste abtrennte, in der Mitte von oben nach unten durchgerissen war, so als hätte Gott selbst ihn in seinem Schmerz zerrissen.

Atemlos rannte sie zu Petrus und Johannes und erzählte ihnen, was sie gesehen hatte. „Sie haben den Herrn aus dem Grab genommen, und ich weiß nicht, wo sie ihn hingebracht haben!", berichtete sie ihnen.

Die beiden Männer rannten zum Grab, aber obwohl Johannes zuerst dort eintraf, zögerte er. Erst als Petrus ihm vorausging, folgte er ihm hinein. Auch sie sahen die Leinentücher, aber keinen Leichnam, und waren verwirrt. Schließlich beschlossen sie, wieder nach Hause zurückzukehren. Sie waren ratlos – was konnten sie schon tun? Was sollte all das bedeuten?

In diesem Augenblick wurde sich Maria der Tragweite all der Ereignisse dieses Wochenendes bewusst. Sie spürte die Last all dessen, was sie gesehen hatte – das Trauma, einen lieben Freund verloren zu haben, die Verwirrung darüber, was das alles bedeuten sollte. Sollte der Messias nicht siegreich aus den Ereignissen hervorgehen? Sollte er sie nicht aus dem Würgegriff Roms befreien? Jetzt wusste sie nur eines: dass sie sich zutiefst einsam fühlte.

Sie betrat das Grab noch einmal, aber jetzt standen zwei weiß gekleidete Männer darin – hochgewachsen, mit breiten Schultern und selbstbewusst.

„Frau, warum weinst du?", fragten sie gleichzeitig und ihre Stimmen hallten von den steinernen Wänden des Grabes wider.

„Weil sie meinen Herrn weggenommen haben", antwortete sie, „und ich nicht weiß, wo sie ihn hingebracht haben."

Die Männer in Weiß schwiegen.

Sie wandte sich zum Gehen, als sie bemerkte, dass ihr jemand im Weg stand. War das der Gärtner, der nach dem Grab schauen sollte?

„Frau, warum weinst du?" Der Gärtner stellte ihr die gleiche Frage wie die beiden Männer. „Nach wem suchst du denn?"

„Herr, wenn Ihr ihn weggenommen habt, dann sagt mir doch bitte, wohin Ihr ihn gelegt habt, damit ich mich um ihn kümmern kann."

„Maria!", sagte der Mann. Etwas an seiner Stimme erregte ihre Aufmerksamkeit.

Jesus?

Wie konnte das sein?!

„Rabbuni!", rief sie. Sie fiel ihm zu Füßen, bemerkte die verheilten Narben an seinen Fußgelenken, umklammerte ihn und weinte. Wie konnte sie das, was sie erlebt hatte, mit dem in Einklang bringen, was sie nun hier vor sich sah?

„Halte mich nicht fest", sagte Jesus, „denn ich bin noch nicht zu meinem Vater aufgefahren. Geh zu meinen Brüdern und sage ihnen: ‚Ich kehre zurück zu meinem Vater und eurem Vater, zu meinem Gott und eurem Gott.'"

Und bevor sie auch nur die Chance hatte, ihm eine Frage zu stellen – was meinte er zum Beispiel damit, dass er zu seinem und ihrem Vater zurückkehren würde? –, war er auch schon verschwunden. Hatte sie das alles nur geträumt?

Nein. Jesus war in diesem Augenblick genauso real gewesen wie in dem Moment, als er sie von diesen sieben schrecklichen Dämonen befreit hatte. Sie erlangte die Fassung zurück und rannte zu den Jüngern. Atemlos kam sie schließlich bei ihnen an und rief: „Ich habe den Herrn gesehen!" Und dann überbrachte sie ihnen seine Botschaft.

Die biblische Erzählung

Zur Zeit des Römischen Reiches war es undenkbar, dass Frauen einen Wanderprediger begleiteten, geschweige denn dass sie ihn unterstützten. Frauen war es nicht gestattet, von einem Rabbi zu lernen – so etwas wie gemischtgeschlechtliche Schulklassen gab es zu der Zeit, als Jesus lebte, ebenfalls nicht. Im Judäa des 1. Jahrhunderts waren Frauen im Prinzip völlig machtlos. Dass Jesus sie auf vielfältige Weise in seinen Dienst einband (Versorgung, Gemeinschaft, Lehre), war also revolutionär – und skandalös.

Wenn man dann noch die Voreingenommenheit gegenüber Menschen, die einmal besessen gewesen waren, hinzunimmt, dann wird klar, wie sehr jemand wie Maria aus Magdala ausgegrenzt gewesen sein muss. Das Wort für „böse" (wie bei den sieben bösen Geistern, die die junge Maria gequält haben) ist nicht *kakos* (was das gewöhnliche „böse" bezeichnet), sondern *poneros*, was in etwa „aktiv böse" bedeutet – die böse Absicht, jemandem Leid zuzufügen.[1] Das Böse hatte Maria also nicht nur das Leben ein bisschen schwer gemacht; die junge Frau war vom absolut Bösen gequält worden und hatte zweifellos Stimmen gehört, sich selbst verletzt und nie Frieden gehabt. Dass sie es mit sieben Geistern zu tun gehabt hat (die Zahl der Vollkommenheit), bedeutet, dass sie sicherlich so traumatisiert war, dass sie sich nicht selbst helfen konnte. Ohne Jesus und seine Hilfe wäre sie für den Rest ihres Lebens in diesem Zustand geblieben.

Aber anders als in dem Gleichnis, in dem der ausgetriebene Dämon mit sieben anderen Dämonen zurückkommt, die noch schlimmer sind als er (nachzulesen in Matthäus 12,45), blieb Maria aus Magdala zeitlebens davon verschont. Das bedeutet, dass die Leere in ihr – nach ihrer Befreiung – vom Glauben an Jesus ersetzt wurde. Sie war jetzt gewissermaßen von ihm erfüllt.

Und an diesem Punkt kommt es zu einem Missverständnis. In der frühen Kirche stellten einige sie mit der Sünderin in Lukas 7,36–50 gleich, die die Füße von Jesus mit ihren Haaren getrocknet hat. Weil Maria aus Magdala dann gleich zu Beginn von Lukas 8 erwähnt wird, gehen einige davon aus, dass es sich um ein und dieselbe Person handelt. Aber es gibt keinerlei biblische Grundlage dafür, dass es sich bei Maria aus Magdala wirklich um diese Frau handelte. Stattdessen heißt es nach Aussage von Lukas 8,1–3, dass sie eine derjenigen ist, die als angesehene Bürger für Jesus gesorgt haben. Nachdem sie ihm begegnet war, führte sie ein gesittetes und hingebungsvolles Leben. Die Tatsache, dass sie besessen gewesen war, ist kein Indiz dafür, dass sie eine Prostituierte war.

Man hat sie auch mit Maria aus Bethanien verwechselt, der Schwester von Marta. Aber bei diesen Marias handelt es sich um unterschiedliche Personen. Vielleicht ist Papst Gregor der Große schuld daran, dass Maria aus Magdala einen so schlechten Ruf bekam. Er schrieb im 6. Jahrhundert: „Wir glauben, dass die, die Lukas eine Sünderin nennt und die Johannes Maria [aus Bethanien] nennt, die Maria ist, aus der nach Markus sieben Teufel ausgetrieben wurden."[2]

Andere waren der Ansicht, sie sei die Frau, von der in Johannes 8,1–11 berichtet wird – die man beim Ehebruch ertappt hat. Aber auch diese Behauptung wird nicht durch eine Bibelstelle gestützt.[3] Diese Frau wird nicht mit Namen genannt und in manchen Übersetzungen kommt dieser Abschnitt nicht einmal vor, weil ihre Geschichte erst später hinzugefügt wurde.[4] Diese Maria, die aus Magdala stammte, war eine der hingebungsvollsten Nachfolgerinnen von Jesus. Sie ist bei der Kreuzigung nicht davongerannt (wie viele der männlichen Jünger). Nein, sie ist mutig geblieben und hat den grauenvollen Anblick ertragen (nachzulesen in Markus 15,40–41; Lukas 23,49; Matthäus 27,55–56 und Johannes 19,25). Sie half dabei mit, Jesus einzubalsamieren und ihn für das Begräbnis vorzubereiten. Und Johannes zufolge war sie die allererste Person, die Jesus nach seiner Auferstehung traf (nachzulesen in Johannes 20,11–18).

Maria gehörte zu den großzügigen Gebern, die im 8. Kapitel des Lukasevangeliums genannt werden. Das griechische Wort, das hier mit „unterstützen" übersetzt wird, ist *diakoneo*, das hier im Imperfekt gebraucht wird. Das heißt, dass die Frauen, die Jesus unterstützten, das immer wieder taten. Sie waren beständig und aufopferungsvoll großzügig. Denn wie hätte Jesus ohne Unterstützung drei Jahre lang herumreisen, lehren, heilen und Dämonen austreiben können? Diese Frauen – Johanna, Susanna, Maria aus Magdala „und viele andere" (Lukas 8,3) – opferten, was sie hatten, damit die damals bekannte Welt Jesus kennenlernen konnte. *Diakoneo* beschreibt hier nicht nur eine andauernde Handlung, sondern es schwingen darin auch noch andere Bedeutungsebenen mit: „im Staub arbeiten", „durch den Staub rennen", „Dinge erledigen" oder „bei Tisch bedienen". Maria aus Magdala hat zusammen mit ihren Landsmänninnen die Art von Dienst praktiziert, die Jesus während seiner Lehrtätigkeit vorgelebt hat. Sie nahm sich zurück und war damit zufrieden, unbemerkt zu dienen. Ihr Opfer hat erst ermöglicht, dass wir alle die Gute Nachricht hören können.[5]

Maria hat Jesus nicht nur ausdauernd unterstützt, sie ist auch die Protagonistin einer der wichtigsten Szenen überhaupt. Wir können heute nicht erklären, warum sie den auferstandenen Jesus zunächst nicht erkannte oder ihn für den Gärtner hielt. Vielleicht sah sein auferstandener Körper anders aus als vorher – die Jünger haben ja später eine ähnliche Erfahrung gemacht. Einige Theologen vertreten die Auffassung, sie habe sich so schnell weggedreht, dass er sie von hinten angesprochen habe.[6] Andere meinen, ihre Tränen hätten ihr die Sicht genommen.[7] Was auch immer der Grund war: Erst als Jesus ihren Namen sagt, erkennt sie ihn. Das zeigt, wie vertraut die Beziehung der beiden ist.

Und ihre Antwort? Sie fällt zu Boden und betet ihn an. Voller Freude umklammert sie seine Füße.

Da hat Jesus eine Botschaft für sie – eine Botschaft von äußerster Wichtigkeit. Seine Worte geben gewissermaßen den Startschuss für das Evangelium, dass das Königreich Gottes anders werden wird, wenn er erst einmal beim Vater im Himmel ist. Maria rennt gleich zu den Jüngern, um ihnen zum ersten Mal von der Auferstehung zu erzählen: „Ich habe den Herrn gesehen!" Von der Besessenen zu einer Verkünderin des Evangeliums! Am Beispiel von Maria aus Magdala können wir sehen, wie gewaltig die Veränderung ist, die Jesus in jedem Leben bewirken kann – auch in dem von Menschen, die einst in der Gewalt des Bösen waren.

Was bedeutet das für dich?

Maria aus Magdala wurde offensichtlich ein ganzes Jahrtausend lang von den Kirchenführen verkannt. Ihr weitverbreiteter Vorname in Kombination mit schlampiger Recherche aufseiten der Gläubigen des 1. und 2. Jahrhunderts[8] hinderte viele daran, sie als die zu sehen, die sie wirklich war – eine Frau, die einmal von Dämonen besessen gewesen war, von Jesus aber davon befreit worden war und seither eine radikale Verwandlung erlebt hatte – hin zu einer treuen Jesus-Nachfolgerin.

Ich persönlich glaube, dass sie zu ihren Lebzeiten wegen ihrer Vergangenheit und ihrer Stellung in der Gesellschaft weniger verkannt als vielmehr unterschätzt wurde. Was können wir tun, wenn wir Ähnliches erleben? Wenn die Menschen uns auf unsere Vergangenheit reduzieren und uns dadurch zu Personen machen wollen, die wir nicht mehr sind, müssen wir der unangenehmen Wahrheit ins Auge sehen, dass manchen unsere Veränderung und Weiterentwicklung einfach nicht gefallen (werden). In meiner Kindheit war ich nicht nur sehr einsam, sondern erlebte auch ein Trauma, wodurch ich sehr zurückhaltend war. Ich beobachtete die anderen nur und zog mich oft in mein Zimmer zurück, weil mir die Erwachsenen in meinem Umfeld Furcht einflößend oder unverlässlich vorkamen. Aber hinter all dem Versteckspiel und der Angst verbarg sich ein eigentlich kontaktfreudiges Mädchen, das die Menschen zutiefst liebte.

Nachdem ich Jesus begegnet war, kam mein wahres Ich langsam zum Vorschein – und das war voller Lebenskraft und Freude. Ich wurde kontaktfreudig und extrovertiert. Ich schloss viele Freundschaften und war in der Highschool sehr beliebt. Du kannst dir sicher vorstellen, dass es mich wahnsinnig gemacht hat, wenn meine Verwandten Dinge sagten wie: „Mary ist ja so schüchtern." Bei diesen Worten sträubten sich mir die Nackenhaare – nicht, weil etwas falsch daran ist, schüchtern zu sein, sondern weil es auf mich nicht mehr zutraf.

Hast du etwas Ähnliches erlebt? Ich kann mir gut vorstellen, welches Geflüster sich Maria aus Magdala ihr Leben lang anhören musste.

Ist das nicht die Besessene?

Für wen hält sie sich eigentlich, dass sie jetzt das Evangelium verkündet?

Warum verbringt Jesus mit so jemandem Zeit?

Was kann aus Magdala schon Gutes kommen?

Die Menschen mögen es nicht unbedingt, wenn sich etwas ändert; wenn du dich veränderst und weiterentwickelst, dann bedeutet das für sie vielleicht, dass sie ihr Leben auch mal überdenken müssten. Oder vielleicht sind sie auch einfach nur bequem und wollen ihr Bild von dir nicht korrigieren. Es ist einfacher, dich in eine Schublade zu stecken, als die Veränderung willkommen zu heißen.

Deine beste Strategie im Kampf gegen die festgefahrene Meinung eines anderen ist Beständigkeit. Du kannst nicht beeinflussen, was andere über dich denken, aber du kannst dich vorbildlich verhalten, und zwar entsprechend dem neuen Ich, das Jesus dir ermöglicht hat.

Jesaja 43,16–21 veranschaulicht, wie man durch diese Veränderung „hindurchgehen" kann. Ich habe den Abschnitt in drei Teile unterteilt, um dir dabei zu helfen, deinen Weg besser zu verstehen.

Dein altes Ich

„Ich habe für eure Vorfahren einen Weg durch das Meer gebahnt und sie sicher durch die Fluten geführt. Das Heer der Feinde mit seinen Streitwagen und Pferden ließ ich ins Verderben laufen. Da lagen sie nun, die Helden, und standen nie wieder auf! Ihr Leben erlosch wie ein verglimmender Docht" (Jesaja 43,16–17; Hfa).

Wenn du deine Vergangenheit betrachtest, solltest du gleichzeitig nicht aus dem Blick verlieren, wie Jesus dich aus dieser Situation befreit hat. Maria aus Magdala hatte ganz sicher ihre eigene „Sklaven-Geschichte" zu erzählen, so ähnlich wie die Israeliten, die von ihrer Zeit unter der ägyptischen Tyrannei erzählen konnten. Wenn dich jemand verkennt oder versucht, dich auf deine Vergangenheit zu reduzieren, könntest du diese Worte entkräften, indem du zustimmst: „Ja, stimmt, so war ich mal." Und dann füge hinzu, wie gut Gott ist und wie er dich gerettet und verändert hat. Wenn andere ein falsches Bild von dir haben, könnte dir das die Tür öffnen, um ihnen von Jesus zu erzählen!

Dein jetziges Ich

„Doch ich sage euch: Hängt nicht wehmütig diesen Wundern nach! Bleibt nicht bei der Vergangenheit stehen! Schaut nach vorne, denn ich will etwas Neues tun! Es hat schon begonnen, habt ihr es noch nicht gemerkt? Durch die Wüste will ich eine Straße bauen, Flüsse sollen in der öden Gegend fließen" (Jesaja 43,18–19; Hfa).

In der Mitte dieses Abschnitts entdecken wir etwas Erstaunliches: Obwohl Gott das Volk Israel durch gewaltige Wunder aus der Sklaverei befreit hat, sagt er ihnen jetzt, dass sie das alles vergessen sollen – im Sinne von wirklich hinter sich lassen. Maria aus Magdala hat sich offenbar ebenfalls für diesen Weg entschieden. Sie hat sich nicht nur darüber gefreut, dass Jesus sie auf übernatürliche Weise frei gemacht hat, sondern hat ihre Vergangenheit auch hinter sich gelassen, hat ihr Vertrauen auf Jesus gesetzt, seinen Dienst mitfinanziert und war mit ihm unterwegs. Das verschaffte ihr die Gelegenheit, hautnah mitzuerleben, wie sich das Reich Gottes durch Wunderheilungen, Dämonenaustreibungen und übernatürliche Versorgung ausbreitete (wie zum Beispiel die Speisung der Fünf- und der Viertausend). Jesus tat viel mehr, als sie erwartet hatte.

Und das trifft auch auf dich zu. Ja, es ist wichtig, dass du die

Geschichte erzählst, wie Jesus dich frei gemacht hat, aber sie ist eben nur das „Es war einmal" zu deiner gegenwärtigen, ganz neuen Geschichte. Der Apostel Paulus macht das deutlich: „Kein Auge hat je gesehen, kein Ohr je gehört und kein Verstand je erdacht, was Gott für diejenigen bereithält, die ihn lieben" (1. Korinther 2,9). Das Beste kommt erst noch – es wartet darauf, dass du dich danach ausstreckst.

Ja, du bist in der Vergangenheit geheilt worden, aber du wirst auch heute geheilt – und im Himmel wirst du einfach vollkommen geheilt und lebendig sein. Gott wünscht sich, dass du wächst, dass du dich weiterentwickelst und auf deiner Reise der Heiligung vorankommst (Philipper 2,12). Andere haben vielleicht ein falsches Bild von dir. Freunde sehen dich vielleicht immer noch als die Person, die du einmal warst. Deine Familie versucht unter Umständen, dich verbal auf das Vergangene festzunageln. Aber Tatsache ist, dass Jesus dich immer wieder einlädt, deinem Weg weiter zu folgen, und durch die Kraft des Heiligen Geistes in dir tut er das Unmögliche. Er bahnt dir eine Straße durch die Wüste. Er lässt in der Ödnis Flüsse entstehen.

Dein zukünftiges Ich

„*Schakale und Strauße und alle wilden Tiere werden mich preisen, weil ich Wasser in der Wüste fließen lasse. Ich sorge dafür, dass mein geliebtes Volk auf seinem Weg genug zu trinken hat. Ich habe sie geschaffen und zu meinem Volk gemacht. Darum sollen sie mich rühmen und von meinen großen Taten erzählen*" (Jesaja 43,20–21; Hfa).

Wenn wir unseren Blick in die Zukunft richten, hilft uns das, widerstandsfähiger zu werden. Den letzten Satz – „Darum sollen sie mich rühmen und von meinen großen Taten erzählen" – hat Maria aus Magdala ganz sicher gelebt. Sie wurde von Dämonen befreit. Sie war mit Jesus unterwegs. Sie war die Erste, die einer dem Untergang geweihten Welt die Gute Nachricht verkündete!

Wenn ich Zuhörer ermutigen will, entschlossen ihrem Weg zu folgen, zitiere ich oft folgenden Abschnitt aus Mark Buchanans Buch *The Rest of God*. Er erzählt darin, dass er einmal eine Frau seelsorgerlich begleitet hat, deren Vergangenheit unvorstellbar kaputt war. Er fühlte sich als Pastor nicht in der Lage, sie da hindurchzubegleiten, so groß war der Kummer, von dem sie ihm erzählte. Er schreibt:

Und dann hat Gott mir genau im richtigen Moment eine Erkenntnis geschenkt – sie kam wie Manna vom Himmel. Er zeigte mir, dass ihre Vergangenheit zwar nicht mehr heil werden konnte, zumindest von meiner Warte aus nicht. Wenn da noch etwas Gutes dran war, das man retten konnte, dann wusste ich jedenfalls nicht, wie. Aber im gleichen Augenblick zeigte mir Gott, dass sie immer noch eine Zukunft hatte. Und die war gewaltig, unversehrt, makellos, strahlend … Ihre Vergangenheit war tragisch, und sie hatten allen Grund, sie zu beklagen. Aber ihre Zukunft war gigantisch, und sie hatten allen Grund, sich darauf zu freuen.[9]

Diese Worte treffen vielleicht auch auf dich zu. Wenn andere wegen deiner kaputten Vergangenheit auf dich herabschauen, dann entgeht ihnen dabei gleichzeitig, wie Jesus dich verändert. Geh weiter auf diese unberührte Zukunft zu. Selbst wenn andere dich in eine Schublade gesteckt haben, kann deine Entschlossenheit Zeugnis dafür ablegen, dass Gott nicht nur errettet, sondern dass er errettet, um uns einen Neuanfang zu schenken und eine viel bessere Zukunft.

Ein paar gute Nachrichten über dein wahres Ich

- Wenn man ein falsches Bild von dir hat, muss dich das noch lange nicht daran hindern, dein Licht für Jesus leuchten zu lassen.
- Gott liebt es, dich von all dem zu befreien, was dich belastet.
- Ganz egal, was in der Vergangenheit geschehen ist: Deine Gegenwart und deine Zukunft können dank Jesus viel besser werden.
- Manchmal brauchst du gar nichts zu tun, sondern einfach nur zusehen, was Gott tut – und dann anderen davon erzählen.
- Du hast eine Geschichte mit Jesus, von der du anderen erzählen kannst.

Kurz nachgedacht

1. In diesem Kapitel werden ein paar falsche Ansichten über Maria aus Magdala erläutert. Kamen dir ein paar davon bekannt vor (hast du z. B. geglaubt, sie sei eine Prostituierte gewesen)? Wo haben die Nacherzählung und die Erläuterung der biblischen Geschichte dir geholfen, diese junge Frau mit anderen Augen zu sehen?
2. Maria wurde aus dem Herrschaftsbereich der Finsternis in das Licht von Jesus versetzt. Hast du eine ähnlich krasse Geschichte? Was hast du hinter dir gelassen?
3. Welche Aspekte von Marias Geschichte schenken dir neue Hoffnung?
4. Gibt es jemanden in deinem Umfeld, der so treu zu Jesus steht

wie Maria damals? Wie sieht das Leben dieser Person aus? Was ist so anders an dieser Person?

5. Maria ging mit dem, was sie hatte, großzügig um. Wo könntest du mit dem, was Gott dir anvertraut hat, ähnlich großzügig sein? Gibt es vielleicht Dinge, bei denen Gott dir zu verstehen gegeben hat, dass du sie mit anderen teilen solltest? Was bedeutet es eigentlich, großzügig zu sein?

Kapitel 10

Phöbe – die Unbekannte

Das Gewicht von Paulus' Anweisungen lastete schwer auf Phöbes Schultern. Warum vertraute man ihr einen solchen Schatz an Worten an? Und wie sollte sie die unbekannte Welt zwischen Kenchreä und Rom durchqueren – sie war doch nur eine einfache Frau! Paulus wies die Empfänger seines Briefes an, sie willkommen zu heißen. Aber würde man sie auch wirklich freundlich aufnehmen? Und was noch wichtiger war: Hatte sie genügend Zeit mit der Botschaft und ihrem Verfasser verbracht, um den jeweiligen Zuhörern ihre Kerngedanken angemessen wiederzugeben?

Als Diakonin war sie mit verantwortungsvollen Aufgaben vertraut. Nachts lag sie so manches Mal wach und suchte immer wieder das Gespräch mit Jesus, ihrem Retter und Freund. Tagsüber hob sich ihre Stimmung ein wenig – die Sonne machte ihr immer wieder bewusst, dass Gottes Gnade jeden Morgen neu war.

Paulus ging an diesem Morgen im Innenhof nachdenklich auf und ab. „Der Augenblick unseres Abschieds ist gekommen …", sagte er schließlich.

Sie spürte sein Zögern. Phöbe rückte ihre *Palla* zurecht und hielt dann die rechte Hand schützend über die Augen. Das helle

Licht stand im Widerspruch zur Ernsthaftigkeit ihrer Unterhaltung. Sie saß auf der Steinbank, während Paulus ihr gegenüber weiter auf und ab ging.

„Ja, das ist er wohl", meinte sie schließlich.

„Ich vertraue dir." Aus seinen Worten sprach Entschlossenheit – kein Zweifel oder Unsicherheit.

Sie atmete hörbar aus und strich nervös mit den Händen über den abgenutzten Stein.

„Ich werde dich nicht enttäuschen", hörte sie sich sagen.

Aber es konnte so viel passieren zwischen ihrem Aufbruch und der Ankunft in der Hauptstadt des Römischen Weltreiches. Sie würde durch die gesamte bekannte Welt reisen, um die wichtige Botschaft zu überbringen. Es war ein langer Marsch mit mehreren Schiffsüberfahrten und dann wieder weiten Strecken, die sie zu Fuß würde hinter sich bringen müssen. Und dann war da noch die Untergrundgemeinde. Würde es ihr gelingen, Priska und Aquila in den ihr fremden Straßen Roms zu finden? War Verlass auf die Landkarte, die sie bei sich trug?

„Phöbe", entgegnete Paulus, „du weißt, was mir wichtig ist. Du hast mit mir um die richtigen Worte gerungen und bist mit meinen Aussagen vertraut. Du lebst diese Botschaft doch selbst. Der Gott des Himmels wird ganz sicher vor dir hergehen und bei dir sein. Er hat dir schon in so vielen Dingen Freiheit geschenkt, sollten wir ihm da jetzt nicht auch vertrauen?"

„Ja." Sie nickte und dachte an den Augenblick zurück, als sie die Gute Nachricht zum ersten Mal gehört hatte. Bis zu diesem Zeitpunkt war sie damit zufrieden gewesen, Apollo zu dienen, doch ihr Leben war letztlich völlig leer gewesen. Es war, als hätte Gott gewusst, wann sie kurz davorstand zu zerbrechen, und genau in dem Moment, als sie sich beinahe das Leben genommen hätte, hatte er einen Gläubigen geschickt, der ihr von Jesus erzählte: dass dieser ein schuldloses Leben geführt hatte, für die zutiefst sündigen Menschen – und damit auch für sie – einen grausamen Tod gestorben war, aber drei Tage später von den Toten zurückgekehrt war. Die Geschichte hatte sie zunächst gefesselt und dann ihr Herz erobert. Als sie mit ihrem neu gefundenen Glaubensgefährten gemeinsam gebetet hatte, hatte sie das Gefühl gehabt, der Himmel stünde offen. Freude überströmte sie, und sie fing an, eine andere Sprache zu sprechen. Seither war sie nicht mehr dieselbe, und obwohl ihre Familie ihr wegen ihrer „Verrücktheit", wie sie es nannte, das Leben schwer machte, gedieh ihr Glaube wie ein Feld voller Mohnsamen in der Sonne.

Die Sonne stieg höher und wärmte den Innenhof, während Paulus weiter auf und ab ging. „Du musst ihnen davon erzählen, wie es auf der Welt wirklich zugeht und dass sich Gott allen auf die eine oder andere Weise zeigt und sie daher nicht behaupten können, nichts von ihm zu wissen", sagte er.

„Natürlich. Darüber hast du doch am Anfang deines Briefes geschrieben." Sie sah auf die Schriftrolle, die Paulus in der Hand hielt, und rief sich alles noch einmal ins Gedächtnis. Wenn die Schriftrolle je in die falschen Hände geriet oder wenn sie sie aus Versehen ins Wasser des Mittelmeers fallen ließ, dann wäre die Botschaft doch noch in ihrem Gedächtnis vorhanden. „‚Letztlich wissen sie genau, dass es Gott gibt, aber sie wollen sich nicht von ihm abhängig wissen, geschweige denn ihr Leben von ihm bestimmen lassen. Das bleibt nicht ohne Folgen. Zunächst einmal beschäftigen sich solche Menschen in steigendem Maße mit Dingen, die ihnen letztlich nichts bringen. Zum anderen wird es in ihrem Inneren zunehmend finster. Sie behaupten zwar lautstark, dass sie alles im Griff hätten …'"

„‚… in Wirklichkeit sind sie aber von allem Möglichen abhängig'", beendete Paulus ihren Satz. „‚Sie tauschen die Herrlichkeit

Gottes gegen jede Art selbst gemachter Götzen ein.'" Mit diesen Worten setzte er sich zu ihr auf das Ende der langen Steinbank. Er legte die Schriftrolle zwischen sie. „Du hast die Worte gut gelernt."

„Mehr als das", sagte Phöbe, „ich will sie gut *leben*. Ich will den Menschen vorleben, wie gütig und mächtig Gott ist und wie viel Kraft das Evangelium hat."

Paulus sah sie mit seinen dunkelblauen Augen an und nickte. „Du bist wirklich eine Frau nach dem Herzen Gottes. Deshalb habe ich dich für diese Aufgabe ausgewählt."

„Es ist eine große Aufgabe." Sie berührte nachdenklich die Schriftrolle. „Ich werde deinen Auftrag treu ausführen", fügte sie hinzu.

„Phöbe, meine Schwester, du bist eine Dienerin, die vielen geholfen hat. Deshalb habe ich dich ausgewählt."

Sie spürte, dass sie errötete. Aber noch mehr als Paulus' freundliche Worte bewegte sie Gottes Wohlwollen, weil er sie mit so einer Aufgabe betraut hatte – dieses Meisterwerk zu Gläubigen zu bringen, die sich danach sehnten, seinen Sohn besser kennenzulernen.

Nun versammelten sich mehrere Mitglieder der Gemeinde von Kenchreä im Innenhof. Sie legten ihr die Hände auf und beteten inbrünstig für das Gelingen ihrer Reise. Als das letzte „Amen" von den Steinwänden widerhallte, sah sie mit feuchten Augen auf und dankte allen.

Paulus ergriff ihre Hand, sah sie noch ein letztes Mal an und sagte: „Gott mit dir, Phöbe aus Kenchreä."

Sie bekam wunde Füße von ihren Sandalen und viele Blasen, während sie dem Weg zur Küste folgte. Dort ging sie im Hafen an Bord eines nicht sehr seetüchtig wirkenden Schiffes und hoffte, dass es den unbeständigen Wassern und den Wetterumschwüngen standhalten würde. Sie kämpfte sowohl mit der Seekrankheit als auch mit der Einsamkeit. Sie bewachte den Beutel, in den sie sorgfältig die Schriftrolle gepackt hatte, mit ihrem Leben, was bedeutete, dass sie nur wenig Schlaf bekam. Als sie ihr erstes Ziel erreichte und dort an Bord eines anderen Schiffes ging, das sie näher an Rom bringen sollte, bezweifelte sie, dass sie die Kraft hatte, diesen nächsten Abschnitt ihrer Reise durchzuhalten. Aber sie hielt durch. Und bei jeder Gelegenheit, die ihr der Allmächtige schenkte, erzählte sie den heidnischen Seeleuten die Gute Nachricht von Jesus Christus. Die meisten machten sich darüber lustig, aber einer – Cassius – hörte ihr ernsthaft zu.

Als die lang ersehnte Sonne das Meer des Mittelmeers glättete, überhäufte Cassius sie mit Fragen. „Woher weißt du, dass Gott das Meer gemacht hat?“, fragte er, während er das vom Wetter gezeichnete Deck abschrubbte.

„Er ist nicht nur der Gott des Meeres“, sagte sie, „sondern auch des Himmels, der Erde und der Menschen. Viele haben Gott in einzelne kleine Gottheiten zerteilt, die jeweils über kleine Bereiche herrschen, aber unser Gott ist der Schöpfer aller Dinge – von allem, was du siehst.“ Sie machte eine ausladende Handbewegung.

„Und was hat das mit diesem Jesus zu tun?“, wollte er wissen.

„Er ist Gottes Sohn, der gesandt wurde, um ein schuldloses Leben zu führen und für unsere Sünden zu sterben, damit wir alle Vergebung erfahren können.“

„Das klingt doch nach Aberglauben.“ Er schrubbte weiter.

Phöbe erinnerte sich an die Worte in ihrer sorgfältig gehüteten Schriftrolle. „Wenn wir unser Vertrauen auf Jesus Christus setzen und auf das, was er für uns getan hat, nimmt Gott uns wieder an. Und das gilt für jeden, der daran glaubt, ganz gleich, wer er oder sie ist", erklärte sie weiter.

„Ich bezweifle, dass ein so mächtiger Gott möchte, dass ich ihm nachfolge. Du weißt ja nicht, was ich getan habe." Cassius räusperte sich.

Phöbe hielt sich die Hand über die Augen. „Mit diesen Gedanken bist du nicht allein", meinte sie. „Denn alle, Juden wie Nichtjuden, stehen vor Gott als Sünder und in unserem Leben findet sich nichts von der Herrlichkeit Gottes. Doch wir alle werden, ohne dass wir es verdient hätten, allein durch die liebevolle Zuwendung Gottes gerecht gesprochen. Das ist die Erlösung, die Gott uns durch Jesus Christus geschenkt hat. Denn ihm hat er das auferlegt, was wir eigentlich verdient hätten: die Strafe für unsere Schuld."

Cassius stellte noch weitere Fragen, während Phöbe aus der Schriftrolle zitierte und ihn mit dieser guten Nachricht vertraut machte. Und während sie das tat, bat sie Gott, das Herz dieses Mannes mit den rauen Händen zu öffnen. Als sie von Bord ging, betete sie, dass Gott die Saat, die sie gesät hatte, im Herzen des Mannes wachsen lassen würde.

„Cassius", sagte sie, als sie das Schiff verließ, „vergiss nicht: Gott liebt dich!"

„Danke", erwiderte er nachdenklich. „Ich werde deine Worte nicht so schnell vergessen."

Phöbe betete aber auch dafür, dass ihre Füße für den langen Marsch vom Hafen in die große, schreckliche Stadt Rom schnell Hornhaut bekommen würden. Sie wusste, dass sie nach Osten gehen und den Hügel überqueren musste, bis sie auf die berühmte Via Appia stieß, die Römerstraße, die sie nach Norden und schließlich direkt ins Zentrum der Stadt führte. Nachdem sie den ganzen Tag unter der sengenden Sonne marschiert war und ihre Füße schon beinahe blutig waren, fand sie schließlich eine Herberge, in der sie übernachten konnte. Als sie endlich die Tür ihres Zimmers hinter sich verriegelt hatte, ließ sie sich aufs Bett fallen und schlief, ohne vorher noch etwas zu essen. Sie erwachte bei Sonnenaufgang und setzte ihren Marsch fort.

Nachdem sie drei Tage gewandert und nachts in irgendwelchen Herbergen müde auf ihr Lager gesunken war, tauchte Rom schließlich vor ihr auf, eine Stadt in strahlendem Glanz – genauso wie die Geschwister in ihrer Gemeinde es beschrieben hatten. Phöbe zog unter ihrem langen Mantel die Karte hervor und studierte sie genau. Einmal rechts, dann zweimal links. Eine enge Biegung. Dann noch einige Schritte bis zu einer Sackgasse, wo sie an die Tür des Zeltmachers klopfen sollte.

Sie klopfte dreimal, genau wie Paulus es ihr aufgetragen hatte.

Im oberen Teil der schweren Tür öffnete sich ein kleines Fenster und sie sah das Gesicht einer Frau. „Ja?"

Phöbe holte tief Luft. „Ich bin Phöbe aus Kenchreä. Ich habe einen Brief des Apostels Paulus. Ist das das Haus von Priska und Aquila?"

Das kleine Fenster wurde abrupt geschlossen. Einen Augenblick lang – es kam Phöbe beinahe wie eine Ewigkeit vor – stand sie da und fragte sich, ob sie falsch abgebogen war oder sich bei den Schritten verzählt hatte. Das war in dieser Stadt mit den verwinkelten Gassen gut möglich. Aber dann quietschten die Scharniere der großen Tür und diese wurde geöffnet. Die Frau stand jetzt mit ausgestreckten Armen vor ihr.

„Ich bin Priska!", sagte sie, umarmte Phöbe und küsste sie auf beide Wangen.

Phöbe stieß den Atem aus, den sie gefühlt schon auf der ganzen Reise angehalten hatte. *Ich bin zu Hause*, dachte sie.

Priska bat Phöbe in das steinerne Haus. „Das ist unser Geschäft, unser Zuhause und unsere Gemeinde", erklärte sie. „Aquila und ich nehmen Gläubige auf, die mit uns zusammenarbeiten. Wir bieten denen Schutz, die verfolgt werden. Und wir müssen aufpassen, wen wir hereinlassen." Sie lächelte. „Als ich den Namen des Apostels hörte, habe ich mich so gefreut. Wir haben ihn schon so lange nicht mehr gesehen. Wie geht es ihm? Erzähl!" Sie bat Phöbe in den Innenhof und breitete eine Decke vor ihr aus. „Aber setz dich doch erst einmal, bevor du mir antwortest. Du bist sicher von deiner schweren Reise ganz müde."

Phöbe ließ sich auf die wunderschöne Decke sinken und nahm dankbar einen Becher kaltes Wasser. Dann griff sie in den Korb mit frisch gebackenem Fladenbrot. „Danke", sagte sie.

„Und was ist mit Paulus? Wie geht es ihm?" Plötzlich stand ein bärtiger Mann freudestrahlend vor ihr. „Entschuldige meine schlechten Manieren." Er setzte sich Phöbe gegenüber. „Ich bin Aquila. Ich kann es kaum erwarten, deinen Bericht zu hören."

„Lass sie doch erst einmal essen, Aquila. Ich weiß ja, dass du aufgeregt bist, aber sie ist bestimmt müde", wandte Priska ein.

Also brachen sie zusammen das Brot. Als sie die Mahlzeit beendet hatten, holte Phöbe die Schriftrolle aus ihrem Bündel. Sie rollte sie vorsichtig ganz auf und las dann vor: „‚Phöbe, eine Glaubensschwester, die sich in der Gemeinde von Kenchreä sehr eingesetzt hat, wird zu euch kommen. Ich möchte sie euch sehr ans Herz legen, damit ihr sie mit der ganzen Liebe Jesu aufnehmt und ihr beisteht, egal, in welcher Angelegenheit sie Unterstützung braucht.'" Sie errötete. „‚Sie selbst hat unzähligen Glaubensgeschwistern geholfen, nicht zuletzt auch mir selbst.'"

„Wir begrüßen dich, liebe Schwester", entgegnete Aquila.

Phöbe las weiter: „‚Grüßt bitte auch Priska und Aquila, meine Mitarbeiter im Dienste unseres gemeinsamen Herrn. Sie haben für mich ihr Leben riskiert, aber ich bin bei Weitem nicht der Einzige, der ihnen zu Dank verpflichtet ist. Neben ihrer eigenen Hausgemeinde gibt es noch eine ganze Reihe von Gemeinden, die ihnen von Herzen zu danken haben.'"

Lautes Lachen und Klatschen hallte von den Steinwänden wider. „Unser Freund Paulus hat uns nicht vergessen", rief Aquila.

Am nächsten Tag versammelte sich die kleine, aber treue Gemeinde bei Priska und Aquila. Obwohl Phöbe Paulus' Brief an diese Gemeinde auswendig gelernt hatte, wusste sie, dass es ihr leichter fallen würde, ihn genau so vorzutragen, wie Paulus es beabsichtigt hatte – in seinem Tonfall und mit der für ihn typischen Betonung –, wenn die Rolle vor ihr lag. Und so fing sie an: „‚Paulus, ein Diener Jesu Christi und zum Apostel berufen, grüßt alle, die genau wie er zu einem Leben mit Gott berufen sind, alle, die von Gott geliebt sind und zur Gemeinde in Rom gehören: Gnade und Friede schenke euch Gott, unser Vater, und unser Herr Jesus Christus!

Gott hat mich, warum auch immer, aus meinem Volk herausgerufen, um die Frohe Botschaft all dessen zu verkünden, was er durch seine Propheten schon im Voraus angekündigt hatte …'"

Die biblische Erzählung

Zum Glück habe ich schon einen Roman über Phöbe geschrieben und darüber, wie ihre Reise nach Rom wahrscheinlich verlaufen ist.[1] Dadurch habe ich schon viel Zeit mit der Recherche über ihr relativ unbekanntes und geheimnisvolles Leben verbracht. Sie hat in der frühen Kirche wirklich eine wichtige Rolle gespielt. Die meisten Theologen stimmen darin überein, dass derjenige, der einen Brief überbracht hat, dafür eine Empfehlung bekam, die meistens am Ende des Briefes stand. Wir haben in der Geschichte gelesen, was Paulus über sie schreibt (nachzulesen in Römer 16,1–2).

„Phöbe" bedeutet so viel wie „hell und strahlend", „rein" oder „strahlend wie der Mond".[2] Sie hat einen heidnischen Namen, den sie mit einer Titanin und diversen Personen aus der griechischen Mythologie teilt. Einige Theologen stellen einen Bezug zu einer weiblichen Form für Apollo her, dem Gott, dessen Name „der Strahlende" bedeutet.[3] Es war damals üblich, dass Christen ihre heidnischen Namen behielten, da diese, nachdem sie zum Glauben an Jesus Christus gekommen waren, ja keine Macht mehr über sie und keine Bedeutung mehr für sie hatten. Ihr Name war in gewisser Weise ihr Zeugnis: „Ich war einmal Heide (was man an meinem Namen ablesen kann!), aber jetzt bin ich eine ganz neue Schöpfung."[4]

Phöbe kam aus Kenchreä, einer blühenden Hafenstadt, etwa elf Kilometer östlich von Korinth, am Saronischen Golf.[5] Die Kirche, in die sie dort ging, fiel zwischen all den heidnischen Altären und Schreinen der Stadt bestimmt auf. Im nahe gelegenen Korinth hatte Paulus sich auf seiner dritten Missionsreise den Kopf kahl scheren lassen, um ein Gelübde zu erfüllen. Zu diesem Zeitpunkt haben sich die beiden vermutlich kennengelernt.

Das griechische Wort für „empfehlen", das hier im Original verwendet wird, ist *sunistao*, was wörtlich übersetzt „zusammensetzen" oder „präsentieren" bedeutet.[6] Wenn man etwas tiefer gräbt, stellt man fest, dass das Wort so viel wie „für jemanden die Hand ins Feuer legen" oder „jemanden als vertrauenswürdig oder beachtenswert empfehlen" bedeutet.[7] Diese Worte des Apostels an Aquila und Priska, die Empfänger des Römerbriefes, sind nicht ohne. Die Identität und Gegenwart des Boten waren von größter Bedeutung für die Gläubigen – er konnte ihnen versichern, dass ein Brief tatsächlich von Paulus verfasst worden war (oder einem der anderen Apostel, die Briefe an die ersten Gemeinden schrieben). Gleichzeitig war der Brief Phöbes Empfehlungsschreiben und die Art und Weise, wie Paulus den Empfängern zu verstehen gab: „Sie ist es würdig, diese Worte zu überbringen, und ich setze mein ganzes Vertrauen in sie." Paulus' Empfehlung konnte für Phöbe auf ihrer Land- und Seereise nach Rom auch Unterkunft und sicheres Geleit bedeuten.

Paulus beschreibt Phöbe in seinem Brief an die Gemeinde in Rom auf drei Arten: Sie „Schwester", „Diakonin" und „vielen eine Hilfe".

Phöbe ist zuallererst eine Schwester – nicht leiblich, sondern im Glauben. Sie wurde in die Familie Gottes aufgenommen, ist erlöst und befreit.

Dann ist sie auch eine Diakonin oder Dienerin in ihrer Ortsgemeinde – jemand, dem man die Aufgabe anvertraut, anderen zu helfen. Das gleiche Wort wird in Römer 13,4 auch im Hinblick auf die Regierung verwendet. Diese Aufgabe ging also mit einer bestimmten Autorität einher. Im 6. Kapitel der Apostelgeschichte können wir nachlesen, wie zum ersten Mal Diakone eingesetzt wurden, Personen, die die Aufgabe hatten, sich in den wachsenden Gemeinden um die zunehmenden Bedürfnisse der Witwen und Waisen zu kümmern: „Wählt unter euch sieben Männer mit gutem Ruf aus, die vom Heiligen Geist erfüllt sind und Weisheit besitzen. Ihnen wollen wir die Verantwortung für diese Aufgabe übertragen" (Apostelgeschichte 6,3). Stephanus, der erste Märtyrer und ein brillanter Redner, war einer dieser Sieben. Die Diakone wurden eingesetzt und „Gottes Botschaft breitete sich immer weiter aus" (Apostelgeschichte 6,7). Diakone waren also nicht nur Diener, die hinter den Kulissen irgendwelche unwesentlichen Aufgaben verrichteten; sie waren das Rückgrat des Gemeindewachstums und verbreiteten die Botschaft von der Errettung.

Paulus erinnert die Kirche, die damals noch in den Kinderschuhen steckte, in einem seiner Briefe daran, welche Personen sie zu Diakonen ernennen sollte:

Genauso ist es notwendig, dass auch die Diakone geachtete und glaubwürdige Menschen sind. Sie dürfen keine Trinker sein und nicht nach maßlosem Gewinn streben. Sie sollen mit gutem Gewissen so leben, wie es der Wahrheit des Glaubens entspricht. Bevor sie zu Diakonen ernannt werden, soll man ihnen andere Aufgaben in der Gemeinde übertragen, um sie zu prüfen. Wenn sie sich dabei bewähren, können sie als Diakone arbeiten (1. Timotheus 3,8–10).

Legt man diese anspruchsvollen Maßstäbe an Phöbe an, dann weiß man, dass man es mit einer vertrauenswürdigen, aufrichtigen und selbstbeherrschten Frau zu tun hat, die Verantwortungsbewusstsein und Großzügigkeit vorlebt. Sie liebt das Evangelium und lebt so, dass sie alle Prüfungen besteht, vor die sie gestellt wird.

Das Wort, das Paulus für „vielen eine Hilfe" verwendet, ist *prostasis*, was „über etwas stehen" bedeutet.[8] Dieser Begriff wird gewöhnlich für wohlhabende Patrone verwendet. Im Griechischen beschreibt das Wort einen Trainer für olympische Athleten. In der Bibelübertragung „Willkommen daheim" schreibt Paulus über Phöbe: „Sie selbst hat unzähligen Glaubensgeschwistern geholfen, nicht zuletzt auch mir selbst." Die Art und Weise, wie Phöbe dient, strahlt Autorität aus; es liegt in ihrer Natur, andere zu beschützen. Sie ist nicht passiv, sondern sehr aktiv und setzt sich für andere ein. Dass Paulus sie dafür ausgewählt hat, den Brief zu überbringen (sowie seine Verwendung des Begriffes *prostasis*), legt nahe, dass Phöbe auch wohlhabend war – dass sie eine Frau war, die mit ihren Mitteln die Gemeinde unterstützte.

Als Paulus sie also den Christen in Rom ans Herz legt, ist klar, welche Bedeutung hier mitschwingt. Phöbe ist ein bedeutendes Mitglied ihrer Gemeinde. Sie sollte wegen ihres Dienstes auf jeden Fall willkommen geheißen und geehrt werden. Die römischen Christen sollen sie *prosdechomai* – mit Gunst ernsthaft aufnehmen. Als Paulus schreibt, sie sollen sie auf ehrbare Weise willkommen heißen, meint er, sie sollen ihre Stellung würdigen. Man könnte auch sagen: „Die Begrüßung [von Paulus' Gesandter] soll genauso bedeutend sein wie die Position [die diese Person innehat] in der Familie Gottes."[9] Sie sollen ihr auch ganz praktisch helfen; das griechische Wort hierfür ist *pragma*, von dem sich der Begriff „pragmatisch" ableitet.

In der Antike waren die Überbringer solcher Briefe nicht einfach nur Postzusteller. Zu ihrer Aufgabe gehörte es auch, die Betonung jedes Satzes zu kennen und so sehr mit der Ausdrucksweise des Verfassers vertraut zu sein, dass sie den Brief „aufführen" und ihn im Tonfall des Autors vortragen konnten. Sie lasen den Brief nicht nur monoton herunter, sondern mit kraftvoller Rhetorik. Phöbe musste also bei Paulus gewesen sein, als er den Brief verfasste, oder sie musste zumindest viel Zeit mit ihm verbracht haben, um den Inhalt so gut wie möglich zu verstehen und auch, worum es ihm ging. Höchstwahrscheinlich hat sie den Brief auswendig gelernt, wie es viele in dieser Kultur der mündlichen Überlieferung taten. Sie musste auch gewusst haben, wie Paulus klang, wenn er ihn vorlas, um ihn dann ihren Zuhörern auf die gleiche Weise vorlesen zu können.

Was bedeutet das für dich?

Phöbe war treu, ohne viel Aufhebens darum zu machen. Sie diente still und erfüllte ihren Auftrag, war aber gleichzeitig auch mutig und plante ihre Reise über Land und Meer von Kenchreä nach Rom – die zweifellos gefährlich gewesen sein muss –, um sicher an ihr Ziel zu kommen. Sie wird sonst nirgends in der Bibel erwähnt, aber stell dir nur mal unsere Welt ohne den Römerbrief vor! Sie war eine bedeutende Abgesandte, und doch sind sich nur wenige bewusst, welch tragende Rolle sie gespielt hat.

Das vielleicht größte Missverständnis, mit dem Gläubige konfrontiert werden können, ist das der Bedeutungslosigkeit. In einer Welt des schnellen Ruhms, in der sich jeder danach sehnt, „jemand" zu sein, verlieren wir oft aus den Augen, dass in Gottes Reich das alles auf dem Kopf steht. Hier werden die Letzten die Ersten und die Ersten die Letzten sein. Um in der heutigen, von Popularität so besessenen Gesellschaft als Christinnen und Christen wachsen zu können, sollten wir unsere Herzen wieder neu auf das wahre Königreich ausrichten.

In Gottes Reich werden Unbekannte wie Phöbe mit bedeutenden Aufgaben betraut. In unserer Gesellschaft dagegen gelten nur die Superstars als bedeutsam. Wenn wir unsere Bedeutsamkeit also ausschließlich an unserem Bekanntheitsgrad, an unseren Followerzahlen etc. festmachen, kann es sein, dass alles zerbricht, wenn wir diese Anerkennung nicht länger genießen. Aufgaben, die aber im Reich Gottes bedeutsam sind, werden mit einem dienenden Herzen erledigt. Wir sind nicht etwa dann bedeutsam, wenn wir vor der Allgemeinheit gut dastehen, sondern wenn wir nur Einem gefallen wollen. Wie Johannes der Täufer rufen wir: „[Jesus] muss immer größer werden und ich immer geringer" (Johannes 3,30).

Jesus richtet unseren Blick auf die vermeintlich Geringen, aber wir haben oftmals nur die vermeintlich Großen im Blick. Doch wenn du dir die Gleichnisse anschaust, die Jesus erzählt hat, bist du vielleicht über seine Helden überrascht. Ein kleines, unbedeutendes Samenkorn wird zu einem großen Baum. Eine übergangene Witwe erfährt Gerechtigkeit. Ein kleines bisschen Hefe durchsäuert den ganzen Teig. Die Perle ist nur klein, aber von unschätzbarem Wert. Der jüngste Sohn wird von seinem Vater gefeiert. Der verstoßene Samariter ist der Retter in der Not – sehr zur Beschämung der religiösen Elite, die einen zusammengeschlagenen, blutenden Mann ignoriert hat. Ein einzelnes Schaf rechtfertigt es, dass der Hirte 99 andere zurücklässt. Mit seinen Worten erinnert Jesus uns an die Macht der kleinen Dinge: „Wer in kleinen Dingen treu ist, wird auch in großen treu sein. Und wer schon in geringen Angelegenheiten betrügt, wird auch bei größerer Verantwortung nicht ehrlich sein" (Lukas 16,10).

Wenn wir scheinbar sinnlose oder unbedeutende Aufgaben erfüllen wollen, müssen wir eine innere Kraft entwickeln, um Freude daran zu finden, das Richtige zu tun, selbst wenn die Belohnung vielleicht erst einmal ausbleibt. Wenn es mich geschmerzt hat, dass mein Dienst scheinbar „unbedeutend" war, habe ich mir immer ins Gedächtnis gerufen, dass diese Welt nicht alles ist. „Gib in aller Stille", ermahnt uns Jesus, „und dein Vater, der alle Geheimnisse kennt, wird dich dafür belohnen" (Matthäus 6,4). Gott sieht, wie sehr du dich abmühst. Für ihn ist dein treuer, stiller Einsatz von größter Bedeutung.

Wenn du dich unbedeutend fühlst, dann ruf dir doch einmal diese kraftvollen biblischen Zusagen ins Gedächtnis:

- Eines Tages werde ich Jesus sehen, und dann wird die allen verborgene Quälerei einen Sinn ergeben (2. Korinther 5,8; Titus 2,13).
- Ich werde ein unvergängliches Erbe bekommen, das nicht vergeht (1. Petrus 1,4).
- Wenn ich mich unbedeutend fühle, will ich meine Gedanken auf die Ewigkeit richten (Kolosser 3,2).
- Ich will geduldig auf das Wachstum warten, das Gott mir schenken wird (Jakobus 5,7).
- Wenn ich entmutigt bin, will ich den Blick auf die unsichtbare Welt richten (2. Korinther 4,8).
- Wenn ich mit Herausforderungen konfrontiert bin, will ich Gott bitten, mir die Augen für das zu öffnen, was wirklich um mich herum passiert (2. Könige 6).
- Meine Integrität ist wichtiger als meine gesellschaftliche Stellung (2. Petrus 3,11–14).
- Ich bekomme meine Belohnung vielleicht nicht hier, aber ich will voller Vorfreude auf meine Belohnung in der Ewigkeit warten (Hebräer 11,26).
- Wenn ich Stress habe und mich überfordert fühle, will ich daran denken, dass meine Schwierigkeiten nur von kurzer Dauer sind (2. Korinther 4,16–18).
- Auch bei Schwierigkeiten will ich standhaft bleiben, weil ich weiß, dass vor mir schon viele andere durchgehalten haben (Hebräer 11,13–16).
- Wenn ich verzweifelt bin und Angst habe, will ich daran denken, dass Gott im Himmel einmal alles neu und wunderbar machen wird (Jesaia 25,6–8).
- Wenn mich niemand beachtet, will ich daran denken, dass mein jetziges Leid nichts ist im Vergleich zu der Herrlichkeit, die mich einmal erwartet (Römer 8,18).

- Wenn ich unerfüllt bin, will ich mich an die Erfüllung erinnern, die auf mich wartet (Lukas 6,20–23).
- Angesichts von Missverständnissen konzentriere ich mich darauf, dass ich Jesus einmal von Angesicht zu Angesicht sehen werde (Offenbarung 22,3–4).
- Wenn ich lange vor irgendwelchen Herausforderungen stehe, will ich daran denken, wie kurz dieses Leben in Wirklichkeit ist (Jakobus 4,13–14).
- Wenn andere mit ihren Schätzen und ihrem Ansehen prahlen, will ich mich auf den Schatz konzentrieren, der ewig bestehen bleibt (Matthäus 6,19–24).
- Wenn ich hier nicht belohnt werde, will ich mich auf die Belohnung in der Ewigkeit konzentrieren (2. Korinther 5,9–10; 1. Korinther 4,5; Matthäus 25,14–30).

Andere Menschen bekommen von den meisten Aspekten unseres Lebens gar nichts mit. Aber der Prophet Sacharja warnt uns, die kleinen Anfänge nicht zu verachten (Sacharja 4,10). Wenn wir der Lüge Glauben schenken, dass wir immer unbedeutend sein werden, werden wir vielleicht den nächsten Schritt nicht gehen, den wir eigentlich gehen müssten. Wir dürfen in dem Wissen ruhen, dass Gott uns versteht, und wenn er uns eine Aufgabe anvertraut, dann kann er schon das Ergebnis sehen. Wenn wir uns von der Meinung anderer ablenken lassen, wird unser Glaube nie Füße bekommen.

Phöbe mag eine unbekannte neutestamentliche Heldin sein, aber Gott war sie sehr wohl bekannt. Höchstwahrscheinlich hatte sie eine enge Beziehung zu ihrem Retter, war regelmäßig mit ihm im Gespräch und gehorchte ihm. Sie diente ihrer Gemeinde in Kenchreä sicherlich treu und im Stillen mehrere Jahre lang, bevor ihr die großartige Aufgabe übertragen wurde, Paulus'

Brief nach Rom zu bringen. Lass dich davon ermutigen, dass sie gehorsam war. Als sich die Gefahr vor ihr auftürmte, trotzte sie der Angst und machte sich auf den Weg in das Unbekannte. Sie lebte im Glauben an den Sohn Gottes – nicht an andere und deren wechselhafte Ansichten, sondern an den Gott, der ihr immer treu gewesen war.

In dem Maße, in dem du standhaft bleibst und dich geistlich weiterentwickelst, selbst wenn andere dir deine Bedeutung absprechen, in dem Maße hast du eine tiefe, beständige Beziehung zu dem Einen, der dich erschaffen hat. Ja, vielleicht brechen die Wogen und Stürme der falschen Meinungen anderer über dich herein, aber deine Füße stehen fest auf dem Fundament von Jesus Christus. Sei jemand, der treu seiner Botschaft folgt. Denn dann bist du wie ein Mann, „der ein Haus auf massiven Fels baut. Auch wenn der Regen in Sturzbächen vom Himmel rauscht, das Wasser über die Ufer tritt und die Stürme an diesem Haus rütteln, wird es nicht einstürzen, weil es auf Fels gebaut ist“ (Matthäus 7,24–25). Bau dein Lebenshaus nicht auf dem unsicheren Untergrund der Meinung anderer darüber, wie du dein Leben gestalten solltest. Jesus warnt uns davor, das zu tun: „Doch wer auf mich hört und nicht danach handelt, ist ein Dummkopf; er ist wie ein Mann, der ein Haus auf Sand baut. Wenn der Regen und das Hochwasser kommen und die Stürme an diesem Haus rütteln, wird es mit Getöse einstürzen“ (Verse 26–27).

Psalm 40 tröstet mich in dieser Hinsicht schon seit Jahren, denn er berichtet in gewisser Weise davon, wie Gott einem Menschen Halt schenken kann:

Geduldig hoffte ich auf die Hilfe des Herrn,
und er wandte sich mir zu und hörte mein Schreien.
Er rettete mich aus dem Sumpf der Verzweiflung,

aus Matsch und Schlamm.
Er stellte mich auf festen Boden
und gab meinen Füßen festen Halt (Psalm 40,2–3).

Und genau das hat er sicher auch für die ehemals heidnische Phöbe getan: Er hat sie gerettet. Sie ist ihm im Verborgenen treu geblieben. Und dann hat Gott ihr eine wichtige Aufgabe anvertraut. Damit will ich sagen: Gib niemals auf. Geh immer wieder den nächsten Schritt. Vertraue darauf, dass das, was du im Stillen für Gott tust, in der Ewigkeit einmal bedeutsam ist. Stille Treue erwartet großen Lohn. Dein Publikum, der Schöpfer des gesamten Universums, versteht dich bedingungslos, und er wird deine Arbeit belohnen.

Mach dir beim Lesen des Römerbriefes bewusst, dass Gott durch scheinbar unbedeutende Menschen Außergewöhnliches tun kann. So ist unser Gott eben. Er ist auf der Suche nach treuen Seelen und schenkt ihnen dann seine Kraft. „Die Augen des Herrn blicken über die ganze Erde, um die zu stärken, deren Herzen ganz ihm gehören“ (2. Chronik 16,9). Ich wünsche dir, dass du so bist wie Phöbe – setz dich ganz für Gott ein und lass dich von ihm zu Abenteuern einladen!

Ein paar gute Nachrichten über dein wahres Ich

- Gott hat dir alles gegeben, was du brauchst, um die Aufgaben auszuführen, die er dir anvertraut.
- Gott ist immer bei dir – auch und gerade dann, wenn der Weg steinig wird.

- Du bist nie allein, auch dann nicht, wenn du dich einsam fühlst.
- Dein Gehorsam gegenüber Gottes Berufung ist etwas Wunderschönes.
- Gott sieht dich, deine Träume und deine Fähigkeiten.

Kurz nachgedacht

1. Hat dich irgendetwas an Phöbes Geschichte überrascht? Jetzt, wo du weißt, dass es üblich war, dass der Überbringer eines Briefes diesen „aufführen" musste (sodass es die Absicht und den Tonfall des eigentlichen Verfassers widerspiegelte), wie ändert das deine Sicht von Phöbe?
2. Wann hat Gott dich zum letzten Mal aufgefordert, einen schweren Weg einzuschlagen? Was ist passiert? Wo war Gott dir dabei treu?
3. Was wäre die Bibel wohl ohne den Römerbrief? Was würde uns fehlen, wenn ihn niemand nach Rom gebracht hätte?
4. Welche von Phöbes Eigenschaften hättest du auch gern? Warum?
5. Phöbe war höchstwahrscheinlich Heidin, bevor sie Christus begegnet ist. Ihr neues Leben unterschied sich deutlich von ihrem alten. Wie hat Jesus Christus *dein* Leben verändert?

Schlusswort

Nie mehr missverstanden und verkannt

Danke, dass du dich auf diese Reise durch die Bibel begeben hast, um zehn missverstandene, verkannte, aber auf ihre Weise mutige Frauen kennenzulernen. Ich hoffe, dass du Eva, Hagar, Lea, Rahab, Noomi, Batseba, Tamar, die Frau aus Sprüche 31, Maria aus Magdala und Phöbe jetzt besser kennst und verstehst. Ich hoffe, dass ihr mutiges Handeln auch die Art und Weise bereichert, wie du in dieser Welt voller Schubladen und Missverständnisse lebst.

Es kann tröstlich sein, sich vor Augen zu führen, dass diese Welt und alles, was man heute für wertvoll und bedeutsam hält, vergänglich sind. 1. Johannes 2,15–17 bringt das sehr prägnant auf den Punkt:

Hört auf, diese Welt und das, was sie euch anbietet, zu lieben! Denn wer die Welt liebt, zeigt, dass die Liebe des Vaters nicht in ihm ist. Denn die Welt kennt nur das Verlangen nach körperlicher Befriedigung, die Gier nach allem, was unsere Augen sehen, und den Stolz auf unseren Besitz. Dies alles ist nicht vom Vater, sondern kommt von der Welt. Doch diese Welt vergeht mit all ihren Verlockungen. Aber wer den Willen Gottes tut, wird in Ewigkeit leben.

Ich hoffe, dass du dieses Buch mit genau dieser Haltung zuklappst – mit einer neuen Sicht auf die Dinge, die bei Gott bedeutsam sind, und einem richtigen Blick auf die sich immer wieder ändernde Meinung anderer. Irgendwann wird der Zeitpunkt kommen, an dem wir nicht länger das Verlangen verspüren, anerkannt und verstanden zu werden. Wenn du den Lauf deines Lebens vollendet hast, wird alles gut werden. Gott wird alle Tränen abwischen. Zerbrochene Beziehungen werden der Vergangenheit angehören. Was bleibt, ist unsere Beziehung zu Gott.

Lass nicht zu, dass die Schubladen, in die dich die Menschen stecken, dein Verhalten bestimmen. Werden andere dich falsch verstehen? Ja. Wirst du die Menschen falsch verstehen, die du liebst? Ja. Aber Gott ist derjenige, der dich sieht, hört und vollkommen versteht. Er wird dich verteidigen. Hiob bringt das schön auf den Punkt: „Verbürge du dich für mich, Gott, denn es wird kein anderer für mich einstehen" (Hiob 17,3). Selbst wenn dich für den Rest deines Lebens keiner mehr versteht, wenn alle dich verkennen, wird doch Gott alles verstehen, was du durchmachst. Er wird für dich kämpfen. Vertraue auf die Verheißung aus Jesaja 54,16–17:

Ich habe den Waffenschmied geschaffen,
der das Feuer unter der Esse schürt.
Auch den Verderber habe ich geschaffen,
dessen Aufgabe die Vernichtung ist.
Doch keine Waffe, die gegen dich geschmiedet wird, wird erfolgreich sein.

Und wer dich vor Gericht verklagt, den wirst du widerlegen.
Alle diese Dinge werden den Dienern des Herrn zugutekommen;
von mir wird ihre Rechtfertigung ausgehen.
Ich, der Herr, gebe darauf mein Wort!

Gott hat das letzte Wort, das einzige Wort, das ewig von Bedeutung ist. Vertraue darauf, du Missverstandene, Verkannte und in Schubladen Gesteckte.

# Danksagung

Ich bin so dankbar für das Team von *Salem Books*, das sich für dieses Manuskript eingesetzt, es feingeschliffen und verbessert hat. Und ich stehe in Cynthia Ruchtis Schuld, meiner fantastischen Agentin, die mich beim Schreiben dieses Buches ermutigt hat.

Ich danke dem Autoren-Gebetskreis, der seit mehr als einem Jahrzehnt für mich betet, und das bei jedem Buch! Mein Dank geht an Kathi, Sandi, Holly, Renee, Caroline, Cheramy, Jeanne, D'Ann, Darren, Dorian, Erin, Helen, Katy G., Katy R., Anita, Diane, Cyndi, Leslie, Liz, Rebecca, Sarah, Tim, Tina, Nicole, Tosca, TJ, Patrick, Jody, Susan, Becky, Dena, Carol, Susie, Christy, Alice, Randy, Paul, Jan, Thomas, Judy, Aldyth, Sue, Brandilyn, Lisa, Richard, Michele, Yanci, Cristin, Roy, Michelle, Ocieanna, Denise, Heidi, Kristin, Sarah, Phyllis, Emilie, Lea Ann, Boz, Patricia, Anna, Kendra, Gina, Ralph, Sophie, Anna, Jodie, Hope, Ellen, Lacy, Tracy, Susie May, Becky, Paula, John, Julie, Dusty, Tabea, Jessica, Cheri, Shelley, Elaine, Ally und Amy. Danke für eure treuen Gebete und dafür, dass euer Herz für dieses Buch schlägt.

Ich bin so dankbar für den theologischen Scharfsinn meines Mannes Patrick.

Und ich danke dir, Jesus! Du verstehst besser als jeder andere, was es heißt, missverstanden und verkannt zu werden. Du hast ein menschliches Leben geführt und kannst meine Schwachheit nachempfinden und mir den richtigen Weg zeigen. Ich bin so froh, dass du mich siehst und hörst.

Anmerkungen

Kapitel 1:
Eva – der Sündenbock

1 Joey Cochran: „When Adam Named Eve“. CBMW.org, 13. November 2013. https://cbmw.org/2013/11/13/when-adam-named-eve
2 Oswald Chambers: „Ein ‚Nein‘ von Gott“. In: *Mein Äußerstes für sein Höchstes*. Blaukreuz-Verlag: Wuppertal, 1998, S. 291.

Kapitel 4:
Rahab – die Hure

1 Robin Ngo: „Rahab the Harlot?“, *Biblical Archaeology Society*, 23. September 2013. https://www.biblicalarchaeology.org/daily/people-cultures-in-the-bible/people-in-the-bible/rahab-the-harlot
2 Ebd.

Kapitel 6:
Batseba – die Misshandelte

1 Tirzah Meacham: „Female Purity (Niddah)“. *Jewish Women's Archive*. https://jwa.org/encyclopedia/article/female-purity-niddah
2 *Blue Letter Bible*, „lāqah“, https://www.blueletterbible.org/lang/lexicon/lexicon.cfm?t=kjv&strongs=h3947

3 „David's Rape of Bathsheba and Murder of Uriah (2. Samuel 11–12)". *Theology of Work*. https://www.theologyofwork.org/old-testament/samuel-kings-chronicles-and-work/the-golden-age-of-the-monarchy-2-samuel-1-24-1-kings-1-11-1-chronicles-21-2/davids-successes-and-failures-asking-2-samuel-1-24/davids-rape-of-bathsheba-and-murder-of-uriah-2-samuel-11-12

4 Definition von *nacham* in: *Bibel Hub*, https://biblehub.com/hebrew/5162.htm

Kapitel 7:
Tamar – die Missbrauchte

1 „What Did It Mean to Tear One's Clothes in the Bible?" *Got Questions*. https://www.gotquestions.org/tear-clothes-Bible.html

2 *KJV Dictionary: desolate*, https://av1611.com/kjbp/kjv-dictionary/desolate.html

3 Oswald Chambers: „Gestern". *Mein Äußerstes für sein Höchstes*. Blaukreuz-Verlag: Wuppertal, 1998, S. 571–572.

4 Die Autorin hat viele dieser Verheißungen gemalt und verkauft sie in ihrem Etsy-Shop in Form von Karten. etsy.com/shop/marydemuthart

Kapitel 8:
Die Frau aus Sprüche 31 – die Vollkommene

1 Eine Darstellung der verschiedenen Personen, die König Lemuel gewesen sein könnten, findet sich bei Dr. Claude Mariottini, Dozent für Altes Testament: „Who Was King Lemuel?", 18. Mai 2009. https://claudemariottini.com/2009/05/18/who-was-king-lemuel

2 Eine Auseinandersetzung mit dieser Theorie findest du bei Rachel Darnell: „The Proverbs 31 Husband". *Fathom*, 1. Mai 2018, https://www.fathommag.com/stories/the-proverbs-31-husband

3 Ebd.

4 David Guzik: „Proverbs 31 – The Wisdom of King Lemuel". *Enduring Word Bible Commentary*. https://enduringword.com/bible-commentary/proverbs-31

5 Ebd.

6 Siehe Sprüche 31,21. *Pulpit Commentary, Bibel Hub*, https://biblehub.com/commentaries/pulpit/proverbs/31.htm
7 Siehe die Anmerkung zu phönizischem Purpur: „Phoenician Trade, Seafaring, Purple Dye and Mining". *Facts and Details*. https://factsanddetails.com/world/cat56/sub371/item1982.html

Kapitel 9:
Maria aus Magdala – die Besessene

1 „Luke 8 Commentary". *Precept Austin*. https://www.preceptaustin.org/luke-8-commentary
2 Sarah Pruitt: „How Early Church Leaders Downplayed Mary Magdalene's Influence by Calling Her a Whore". History.com. https://www.history.com/news/mary-magdalene-jesus-wife-prostitute-saint
3 Siehe auch: James Caroll: „Who Was Mary Magdalene?". *Smithsonian Magazine*, Juni 2006. https://www.smithsonianmag.com/history/who-was-mary-magdalene-11956548
4 Siehe auch: Chris Keith: „Manuscript History and John 8,1–11", *Bible Odyssey*. https://www.bibleodyssey.org/passages/related-articles/manuscript-history-and-john-81-811
5 „Luke 8 Commentary". *Precept Austin*. https://www.preceptaustin.org/luke-8-commentary
6 Siehe auch Jimmy Wallace: „Why Didn't Mary Recognize the Resurrected Jesus?". *Cold-Case Christianity*, 12. Januar 2015. https://coldcasechristianity.com/writings/why-didnt-mary-recognize-the-resurrected-jesus
7 Siehe auch Paul Brown: „Why Are You Crying?" *Western North Carolina Conference*, United Methodist Church, 3. April 2018. https://www.wnccumc.org/blogdetail/why-are-you-crying-11128107
8 Carroll: „Who Was Mary Magdalene?" zur Frage, inwiefern die frühen Kirchenväter ein falsches Verständnis von Maria von Magdala hatten.
9 Mark Buchanan: *The Rest of God*. Thomas Nelson Publishers, Nashville 2007, S. 209–210.

Kapitel 10:
Phöbe – die Unbekannte

1 Wenn du mehr über *A Perilous Journey* erfahren willst: https://www.shop-guideposts.org/fiction/ordinary-women-of-the-bible-book-6-perilous-journey.html

2 Siehe „Lockyer's All the Women of the Bible – Phebe, Phoebe", *Bibel Gateway*. https://www.biblegateway.com/resources/all-women-bible/Phebe-Phoebe

3 „Romans 16,1–4 Commentary", Precept Austin, aktualisiert am 29. Juni 2020. https://www.preceptaustin.org/romans_16_word_studies

4 Ebd.

5 „Cenchrea – a port of Cornith". HolyLandPhotos Blog, 27. Mai 2021. https://holylandphotos.wordpress.com/2021/05/27/cenchrea-a-port-of-corinth

6 „Romans 16,1–4 Commentary".

7 Ebd.

8 Ebd.

9 Ebd.